蜀汉帝国

The Shu Han Empire

宿巍 著

辽宁人民出版社

© 宿巍　2024

图书在版编目（CIP）数据

蜀汉帝国 / 宿巍著 . — 沈阳：辽宁人民出版社，2024.3
　　ISBN 978-7-205-10858-8

　　Ⅰ . ①蜀… Ⅱ . ①宿… Ⅲ . ①中国历史—研究—三国时代 Ⅳ . ① K236.07

中国国家版本馆 CIP 数据核字（2023）第 178242 号

出版发行：辽宁人民出版社
　　　　　地址：沈阳市和平区十一纬路 25 号　邮编：110003
　　　　　电话：024-23284191（发行部）　024-23284304（办公室）
　　　　　http://www.lnpph.com.cn
印　　刷：河北朗祥印刷有限公司
幅面尺寸：145mm×210mm
印　　张：11.25
字　　数：280 千字
出版时间：2024 年 3 月第 1 版
印刷时间：2024 年 3 月第 1 次印刷
责任编辑：贾　勇　赵维宁
封面设计：人马艺术设计·储平
版式设计：一诺设计
责任校对：吴艳杰
书　　号：ISBN 978-7-205-10858-8
定　　价：78.00 元

序言

中国古代的历史演义很多,为何《三国演义》热度经久不衰?因为一股英雄之气。这股英雄之气来自哪里?来自蜀汉。众多的演义只是故事,但蜀汉是真的传奇。故事可以复制,但传奇只能由英雄来书写。

三国因蜀汉而与众不同,因蜀汉而流传千古。

失去蜀汉的三国,便只剩下北方的曹魏与东南的孙吴。曹魏的故事也只剩下平定北方,南征失败,权臣篡位的平淡冗长的帝国衰亡三部曲。在随后开始的南北朝,这类故事将反复上演,一点儿也不新奇。至于孙吴,则刷尽下限,将计谋的阴暗面展现得淋漓尽致。

失去蜀汉的三国,多是平庸与乏味,如同之后的众多王朝,很快就会被忘记。因为严重的同质化,诸子争位,后宫争宠,权臣争斗。这类故事在历代王朝屡见不鲜。

只有蜀汉不同,在蜀汉并不算很长的历史上写满了奋斗。蜀汉的历史写尽一群不甘平凡的英雄奋进前行的传奇，字里行间都透露着一股令人荡气回肠的英雄之气。

刘备织席贩履仍胸怀大志，意欲匡复天下，虽颠沛流离而百折不挠，不改其志，三顾茅庐，赤壁鏖兵，终成三分帝业。白帝托孤，更彰显其胸怀与志略。

诸葛亮感刘备三顾之恩、托孤之重，夙兴夜寐，呕心沥血，食不甘味，寝不安席，南征北战，倾力北伐，欲兴复汉室，克复中原，陨落五丈原，出师未捷身先死，鞠躬尽瘁，死而后已。

姜维感念诸葛丞相的知遇之恩，矢志于北伐，九伐中原，虽屡遭挫败，而心志更坚。邓艾偷渡阴平，众心皆散。姜维仍欲扶大厦于将倾，挽狂澜于既倒，图谋复国，最后喋血蜀宫，以身殉国。

千载之后，仍令人感叹追思者，三国之中，唯有蜀汉。

目录

百折不挠——来自底层的奋斗 …………………………………… 001

机会留给有准备的人——从国相到州牧 ………………………… 013

四战之地——刘玄德的徐州岁月…………………………………… 025

待时而动——刘备在荆州的日子…………………………………… 043

三顾茅庐——隆中对策蜀汉的建国纲领…………………………… 047

孙刘联盟——诸葛亮出使江东……………………………………… 055

赤壁鏖兵——刘备命运的转折之战………………………………… 068

跨有荆益——刘备入川……………………………………………… 080

单刀赴会——孙刘平分荆州………………………………………… 100

北争汉中——刘备称王……………………………………………… 109

痛失荆州——关云长败走麦城……………………………………… 134

蜀汉建国——刘备称帝……………………………………………… 156

夷陵之战——舍船就步的悲剧……………………………………… 163

永安托孤——诸葛亮临危受命……………………………………… 185

平定南中——诸葛亮南下平乱	198
孟达败亡——司马懿千里奔袭上庸城	213
出师北伐——兵进陇右	221
声东击西——佯攻陈仓实取二郡	243
安居平三路——汉军的攻势防御	257
卤城之战——诸葛亮与司马懿的主力会战	265
秋风五丈原——鞠躬尽瘁,死而后已	282
蜀汉内斗——两败俱伤	293
萧规曹随——后诸葛亮时代	302
姜维第一次北伐——兵进西平	309
姜维第二次北伐——进攻陇西	313
姜维第三次北伐——洮西大捷	316
姜维第四次北伐——段谷之战	323
姜维第五次北伐——骆谷长城之战	327
姜维第六次北伐——侯和之战	329
剑阁拒敌　偷渡阴平——蜀汉亡国	332

百折不挠——来自底层的奋斗

很多事情学生时代是看不懂的，只有经历过岁月的沧桑，承受过社会的磨砺，才能对曾经书本上的道理有更深刻的体会。

"百折不挠"这个词不是随便用的。经历一次挫折，百分之九十九的人都会重新开始。经历十次挫折，可能百分之四十的人会从头再来。但经历过一百次挫折，能重新奋起的人不会超过百分之一，而刘备就属于这百分之一，也只有刘备才当得起"百折不挠"这四个字。

二十岁，豪气壮志激情满满，不足为奇。三十岁，依然满怀激情，也不难做到。但到了四十岁，还能充满斗志的人已经为数不多。因为他们中的大多数人早已被岁月磨平了棱角，选择随波逐流。

而赤壁之战时，已四十八岁的刘备却仍旧不服输，依旧披坚执锐、身先士卒，因为他还有理想，因为他从未想过放弃，他还在为他的理想而努力奋战，与比他小十岁的周瑜、比他小二十岁的诸葛亮并肩战斗，这种执着的精神令人不能不敬佩。刘备的事业到了此时，其实才真正起步，而属于他的机会，完全是他自己拼出来的。

在当时，刘备四十八岁的年龄已经是爷爷辈了。但他依然不肯放弃，至于结局，我们都知道，他是中国历史上为数不多的从平民到皇帝的人。刘备的人生足够坎坷也足够励志，他的经历跌宕起伏，更是堪称传奇。

刘备与诸葛亮做了最大的努力，试图挽救危局兴复汉室，却出师未捷身先死。虽然如此，他们依然令后世之人尊崇膜拜。鞠躬尽瘁，死而后已，是不畏艰险，努力奋进的精神的象征。蜀汉在后世之所以深得人心，备受推崇，原因即在于此。为理想而战的人永远令人尊重。

刘备，字玄德，汉景帝之子中山靖王刘胜的子孙，汉室宗亲，幽州涿郡涿县人。

刘胜的儿子刘贞在元狩六年（前117）封涿县陆城亭侯。刘备便是出自刘贞一脉。刘贞后因酎金失侯，这也是当年汉武帝削弱诸侯的常用招数。刘贞被封在涿郡，他的子孙从此便定居幽州，在这片土地上繁衍生息。

虽然被剥夺侯爵之位，但刘贞的子孙在幽州依旧很有地位。刘备的爷爷刘雄、父亲刘弘都在州郡为官。

刘雄还被本郡举为孝廉，担任过东郡治下的范县县令。举孝廉入仕是汉代的常规途径，大家都很熟悉，但过程却并不容易。因为汉制，一郡之中，每二十万人才能推举孝廉一人。刘雄能被举孝廉本身就说明他在本郡的身份地位非同一般。如此规模的选拔比例，寻常百姓岂能入选，能入选的都是当地的世家豪门。

刘备的宗室身份经常遭人质疑，其实大可不必。

从刘雄到刘备，中间只隔一代，刘雄既为汉室宗亲一郡之望，又曾出仕州郡，必受各方瞩目，岂容他人冒充。

刘备从小就表现出与众不同的领袖气质，虽是孩童却常常语出惊人。他家庭院中有一株桑树，枝繁叶茂形如车盖。《三国志·先主传》记载："先主（刘备）少时，与宗中诸小儿于树下戏，言：'吾必当乘此羽葆盖车。'"叔父刘子敬听到后赶紧捂住刘备的嘴，说你小子别胡说，这是要诛九族的。他叔父为何这么说呢？因为羽葆盖车是天子之车。刘备的话等于说长大以后我要当皇帝，也难怪他叔父会这么紧张。

这里要注意的是，"与宗中诸小儿戏"这句话，这说明刘氏宗族是聚族而居。从秦汉至明清，有传承的世家大族都是聚族而居，那么刘备的身世就更加可信。

不仅刘备自己是汉室宗亲，而且他们那个村很可能都是汉室宗亲。

说起来，汉室宗亲其实并不高贵。两汉四百年，宗室子孙多不胜数。像刘备那种全村都是汉室宗亲的实在很寻常，那个时代，说遍地都有汉室宗亲也不算夸张。

亲戚虽多也分亲疏远近。东汉开国皇帝刘秀是西汉长沙定王刘发的后人。刘备是西汉中山靖王刘胜的后代。刘发与刘胜都是汉景帝刘启的儿子。但三百多年过去，很多远支宗室逐级降等，甚至已经沦为平民。

刘备家境的急剧衰落在于他父亲刘弘的早逝。在那个时代，男人是一家之主，真正的顶梁柱。刘弘的去世不仅使家庭收入锐减，也让刘备失去了父亲的庇护与照顾。

小刘备与母亲相依为命。为了维持生计，母子俩落魄到要靠织席贩履才能勉强度日。

如果仅靠母子二人，刘备很难出人头地，因为财力、资源、人脉他都不具备。好在刘备不是一个人，他的背后还有宗族。

十五岁那年，刘备与同宗刘德然向前九江太守本郡大儒卢植求学。

刘备的卓然超群让他在众多宗族子弟中脱颖而出。有族中长辈看中了刘备，愿意资助他，这位长辈就是他的同学刘德然的父亲刘元起。

起初，刘元起的妻子对此颇有微词，但刘元起告诉妻子："吾宗中此儿，非常人也。"刘备是靠自己的努力赢得的机会。在这个世界上，很多付出都是要求回报的，同宗也不例外。你有价值，人家才会投资。

拜师卢植后，刘备认识了一个人，公孙瓒。两人同在卢植门下求学。公孙瓒年长于刘备，于是前者便成了后者的师兄，但这两人对读书都不太感兴趣。

刘备喜欢音乐，喜欢交游，喜欢华美的衣服，就是不喜欢读书。公孙瓒的情况估计也差不多，爱好相同才能玩到一起，甚至他俩的求学经历都很相似。公孙瓒是纯底层出身，但人长得帅，被当地太守看中，做了太守的女婿，从此飞黄腾达。

不久，卢植又被朝廷征召，刘备的学业被迫提前结束。公孙瓒与刘备只好相互道别各自回家。

对公孙瓒与刘备而言，从卢植那里学到的东西实在有限，当然，这也不是重点，他们真正在意的是师从名师卢植的经历。因为从此之后，他们对外的身份就是卢植的门生。

公孙瓒因为岳父的关系步入仕途，被举孝廉，很快就被任命为涿县县令，在这里又遇到分别不久的师弟刘备。

不同于师兄，刘备只能自谋生路。他回到家乡涿县后广交豪杰。

刘备宽德仁厚，深得人心，很多青年慕名而来投奔刘备，其中最有名的两个人，一个是关羽，字云长；另一个是张飞，字翼德。之前，他们一个亡命天涯，一个沽酒屠肉，共同点是都郁郁不得志。在遇到刘备之后，他们才终于有机会施展抱负，并在历史上留下赫赫声名。

底层出身的奋斗者要想获得跨越式发展，超越阶层，不但要赶上好的时代，还要遇上对的人。从这点上说，关羽与张飞是幸运的，他们不仅赶上了好的时代，更遇上了对的人。

相比之前被世家豪门把持的察举制与之后被士族操控的九品中正制，三国时代是留给平民子弟为数不多的实现跃升的窗口期。

刘备得到关羽、张飞两员熊虎之将如虎添翼。兄弟三人朝夕相处，形影不离，昼则同席，寝则同床，恩若兄弟，情同手足。在未来三十多年南征北战的岁月里，关羽与张飞更成为刘备的左膀右臂。

有人说刘备何其幸运，得到关羽、张飞两个万人敌的猛将。但对关羽、张飞而言，又何尝不是如此。他们是彼此的贵人，相互成就。

《三国志·先主传》说刘备"好结交豪侠"，但同时又说他"少语言"，不爱说话却喜欢交友，似乎很矛盾，其实不矛盾。因为答案就在本传中，刘备"善下人，喜怒不形于色"。

别看此时的刘备才二十岁出头，但已经早早显露出一位卓越领导者所应具备的素质。喜怒不形于色，胸有城府，不会让人一眼就看穿，但同时又善于沟通，不管你是谁，刘备都能跟你聊到一起，这也是一种本事，而且是很大的本事。交流不一定要夸夸其谈，善于倾听懂得欣赏，更能赢得好感交到朋友。

三国的开国君主，刘备的出身是最高的，汉室宗亲；但起点却是最低的，形同布衣。

但刘备靠自己的努力仅用数年时间便在家乡干得风生水起，形成一股以他为中心的不容小觑的地方势力。

证据就是已经有人主动出资赞助他了。此时的刘备身边已经聚集起一批忠于他的属下，人有了，还要有装备。可是枪矛铠甲都需要钱，问题在于刘备没钱，他的两个兄弟比他还穷。

虽然刘备早就不用靠卖草鞋来维持生计了，但他依然是一个在底层奋斗的年轻人，同许多年轻人的情形相似。青年刘备有理想有梦想有激情有魄力，但囊中羞涩。

这时，往来于塞外与中原贩马的中山商人张世平、苏双拿出大笔资财赞助刘备，支持其扩大队伍招兵买马。

商人都是重利的，他们舍得投入只是因为他们想获得更大的回报。这种回报不一定是金钱方面的，他们期待得更多的可能是安全。本质上，他们是利益上的交换。

那时的边塞并不安宁，贩马又是大宗生意，那是古代的暴利行业。因此安全最为重要，而幽州是从塞外到中原的中转站。他们肯资助刘备，足以说明刘备在幽州的影响力已经非同一般。

同宗刘元起的资助使刘备通过宗族筛选，中山富商的赞助帮助刘备通过社会筛选。每一次筛选都是一次跨越，每一次筛选都是一次对自己的超越。

与凭借家族势力、资源一步到位的袁绍、曹操相比，刘备有理由自豪。因为他完全是凭自己的表现赢得的机会。

但因起点的不同，刘备在前进的道路上注定要遭遇比袁绍、曹操更多的挫折。也因为起点的差距，刘备要达到相同的高度要比袁绍、曹操付出更多。

在袁、曹看来可能不是问题的问题，在刘备那里就是大问题，比如最重要的根据地。袁绍轻而易举夺取冀州，曹操更是被请进兖州。相比之下，刘备的经历则极为坎坷。后来，机缘巧合，刘备也算顺利入主徐州，但很快就在各方围攻下丢失。直到赤壁之战后，刘备才获得一块稳固的根据地——荆州四郡。

寒门为何难出贵子？因为阶层固化的时代，世家子弟与寒门子弟的资源完全不在一个量级，却要在一个赛道竞争，这是一场极不公平的比赛。世家的起点往往是寒门付出毕生努力也触摸不到的终点。

承平年代，刘备这辈子也很难跟袁绍、曹操这些京城里的豪门公子产生交集。但如果是乱世就不同了，官僚士大夫们构建的秩序被打乱，原本的平行线也会相交。

汉灵帝中平元年（184）的春天，中原爆发黄巾之乱，黄巾军几乎是一夜之间席卷全国。黄巾军来势凶猛，攻势凌厉，官军抵挡不住，连连败退，各地告急的文书雪片般飞向京城。

眼看局势就要失控，汉灵帝被迫解除党锢并接受宗室刘焉的建议，将部分州的刺史改为州牧，下放权力，让各地州牧自行组织军队，选派官员，筹措粮饷，围剿黄巾军。

于是集军、政、财权于一身的州牧摇身一变成了割据一方的军阀。黄巾军很快就被平定，但国家的主人已经不是汉灵帝。很快，皇帝就悲哀地发现，他已经失去对国家的控制。原来这场持续数月的战乱,最大的赢家是地方豪强。

在黄巾之乱中,战场上的主角是来自禁军的名将皇甫嵩与朱儁、曹操、孙坚、董卓、卢植都是配角,至于刘备,以他当时的官职、兵力及所承担的任务只能算龙套。

战后,论功行赏,皇甫嵩领冀州牧。曹操升济南国相。刘备也以军功被任命为冀州中山国安喜县的县尉。

州牧相当于省长,国相等同于郡守,至于县尉,只是县公安局局长。州郡县逐级递减,真实地反映出他们当时所处的地位。

然而,就是这个小小的县尉,刘备也未能保住。

东汉王朝的崩溃首先是财政的崩溃,其次才是军事上的溃败。汉灵帝靠卖官赚钱在历史上是出了名的。他为啥要卖官,难道他不知道这么做的危害?他知道,那为何还要做呢?因为财政已经接近崩溃,不卖官立刻就会崩溃,卖官至少还能挺一阵子。皇帝靠税收已经收不上来钱了。那钱都去哪里了?钱都跑到地方豪强的口袋里了。

东汉的地方豪强实行的是内循环,庄园经济,农耕社会的所有需求基本能在内部解决。全国各地遍布豪强地主的大庄园,这意味着土地的高度集中,土地兼并,大地主越来越多,自耕农越来越少。国家的税收主要来自农民而不是地主。因为农民不敢不交税,而地主懂得"合理避税",长此以往,豪强越来越肥,朝廷越来越穷。

为了维持国家的运转,汉灵帝只能不停地卖官。可是官位是有限的,怎么才能多卖钱呢?汉灵帝有他的办法,对高级官员就调动他们的岗位,只要去新单位报到就要交钱;对中下级官员就没那么客气了,直接免官,至于理由那从来都不是问题。欲加之罪，何患无辞。腾出来的岗位还能再拿去卖钱，又能多赚一笔。

在又一轮的裁员风暴下，刘备也上了名单。刘备的朋友多，消息灵通，他通过路边社知道自己要被"优化"。很快，上级派来巡视的督邮便来到安喜县住进馆驿。

按照常规流程，督邮的职责是巡视督察，既然来到地方就要走访调查找人谈话，对督察对象县里的主要官员发现问题更要当面质询。

可是来到安喜县的这位督邮来了之后，谁也不见，整日闭门不出，就在馆驿里待着，哪儿也不去。为何这般操作？因为结果已经注定，调不调查都要罢免，那又何必费事呢！

这位督邮来之前肯定是清楚刘备底细的，知道刘备上面没人，也不怕得罪刘备，所以他连流程都省了，演都不想演，过场都不想走，就想到时直接宣布结果，然后拍拍屁股走人，回去交差。对没有后台的新人刘备，他连敷衍都懒得敷衍。

虽然明知督邮为何而来，但刘备还是想尽力争取一下，毕竟是在战场上出生入死拼来的官，就这么丢了，实在不甘心。

刘备抱着最后一线希望来到馆驿求见督邮。可是，满怀诚意而来的刘备却吃了闭门羹，督邮压根不想见他。

刘备虽然是初入官场，但起码的规矩还是懂的。就算是要罢免他，至少也要给个理由，可是，督邮不想给他理由。督邮的傲慢态度激怒了刘备。

受《三国演义》的影响，大众对刘备的印象严重偏离事实。刘备可不是那个只会哭鼻子，靠摔孩子，收买人心的刘皇叔。虽然他确实经常打败仗，也经常败得很惨，但刘备从始至终都是有血性的汉子、讲义气的英雄。

刘备被督邮的傲慢激怒了。血气上涌的刘备直接冲进馆驿，二话不说，将督邮捆住吊起来打，皮鞭沾凉水狠狠揍了一顿，将督邮打得皮开肉绽，连连求饶，算是出了一口恶气。随后，刘备将印绶挂在督邮的脖子上，与关羽、张飞离开安喜。

《三国演义》将这件事安在了张飞头上，因为小说是有其人物设定的。刘备在《三国演义》里是一位仁慈宽厚的长者，鞭挞督邮这么粗暴的事，不符合刘备的人设。而张飞在小说里性情暴躁，动不动就醉酒打人，放在他身上，大家都会觉得合情合理，一点儿也不会奇怪。于是，三弟张飞就为大哥刘备背了这口锅，且一背就是千年。

鞭打督邮，痛快是痛快了，但县尉肯定是做不成了。刘备也不在乎，既然要被裁撤，与其被人驱逐，灰头土脸地走，不如就这么潇洒地去。

如果是承平之世，留下鞭打上级的记录，对于缺乏背景的刘备来说很难再在官场立足。

寒门子弟的试错成本是很高的，因为他们是孤军奋战，一两次大错，可能这辈子就翻不过来了。

但对拥有雄厚资本、广泛人脉的各种"二代"们来说，相同的错误，结局却是完全不同的。"二代"们顶多回到家缓两天，然后换一个地方重新开始。

三国时代，刘备就是寒门的代表，曹操就是那个"二代"。

刘备那个远支宗室的身份在他尚未功成名就时对他一点儿用都没有。虽然有宗室的名号，但刘备却是个纯粹的底层。

曹操年轻时，各种闯祸。但曹操他爹是太尉，朝里有人好做官。曹操虽然经常闯祸，但有他爹给他擦屁股。曹操依然很任性地行走在官场上，日子过得相当滋润。

本来经过督邮事件，刘备这辈子差不多就要告别官场了。但这是乱世，而乱世里最多的就是机会。刘备又是一个善于抓住机会的人。

中平六年（189）四月，汉灵帝留下一个摇摇欲坠、支离破碎的帝国，驾鹤西去。他是解脱了，却将麻烦留给了他的妻儿还有他的大舅子何进。他死后不到半年的时间就发生了四起宫廷政变。

四场政变都与何进有关。士人代表的何进的部下袁绍劝外戚何进诛杀宦官，但何进的妹妹何太后不同意。袁绍就给何进出主意招外兵进京胁迫太后。之后的事情大家都知道了，董卓进京，何进被杀，京城大乱。

但很多人不知道的是，当时何进招的外兵不止董卓一路。他还派出很多人去各地募兵，派张辽去冀州募兵，派鲍信去兖州募兵，派毋丘毅去扬州丹阳募兵。其中，毋丘毅这支南下募兵的队伍里就有之前因鞭挞督邮而逃亡在外的刘备。

苦等数年，刘备终于等来了报效国家的机会。路过徐州下邳时，他们遇上了一伙贼寇，关键时刻，刘备挺身而出打跑了这些毛贼再立新功。刘备当即被任命为下密县丞。

火线立功，火线封赏，如果东汉朝廷一直有这种效率，国家也不至于沦落至此。不知为何，刘备在下密未待多久便去职，转到高唐做县尉，不久，刘备晋升为县令。但刘县令在这里干的时间也不长，一群贼寇来到高唐，可能是这伙贼寇的人数比较多。刘备未能将其击退，自己却被赶出县城。刘备只得带着部队北上投奔他的师兄公孙瓒。

此时，公孙瓒与袁绍为争夺地盘大打出手，正在用人之际，加上刘备又是他的师弟，两人有同窗之谊，便收留了刘备让他做别部司马。刘备的腾飞正是从投奔公孙瓒开始的，这多亏当年的拜师求学，刘备才能与公孙瓒待在一个圈子。

刘备如果不是当年拜师卢植就融不进公孙瓒的朋友圈，那兵败之后，他大概率要回乡进行二次创业。虽然以刘备的本事，即使回乡创业也能干出一番事业，但他的影响和成就会远远低于他在历史上所取得的，更不要说三分天下有其一，成为蜀汉帝国的开国皇帝。

刘备的师兄公孙瓒与袁绍正在冀州开战。与此同时，公孙瓒任命的青州刺史田楷与袁绍的儿子袁谭也为争夺青州展开厮杀。

因为刘备之前一直在青州活动，下密、高唐都是青州的属县，公孙瓒便派刘备带着本部人马回到青州帮田楷的忙。刘备很珍惜这来之不易的机会，在战场上表现得格外卖力。多次立功后，初平二年（191），刘备被提拔为平原县令。

从中平元年（184）到初平二年，刘备从安喜县尉到下密县丞，从高唐县尉到高唐县令再到平原县令。七年过去，刘备依然是个县级干部。

从安喜尉到下密丞，再到平原令，刘备靠的都是军功。可是，他的仕途只能用坎坷来形容。在安喜被官场排挤罢官，在高唐被土匪围攻丢官，刘备一直很努力，但他的每一步走得都很艰辛。这大概是底层奋斗者最真实的写照。

机会留给有准备的人——从国相到州牧

刘备这一路走来可谓一步一个坑，步步惊心。刘备不知道，在前进的路上他还会遇到更多的坑。

对寒门子弟而言，人生路上处处是坑。因为你没有关系缺少资源，也很少有人会指点你，掉进坑里就很平常了。这是很考验一个人的意志的。

掉进一个坑，好不容易爬出来，才走两步又掉进一个坑。这时候是待在坑里，还是爬出来向前进，就是特别艰难的选择。待在坑里固然不舒服，但出去可能还会掉进下一个坑。很多人选择待在坑里不出去了，用当今的流行语叫躺平。但也有很多人选择爬出去，不管前面是深坑还是坦途，咬着牙也向前走。很明显，刘备属于后者。

在师兄这里，刘备不用担心官场的排挤，只要有业绩就会被奖励，至少是公平的。以刘备的能力注定他不会久居人下，很快因为表现出色，刘备再次获得提升，从平原令晋升平原相。东汉实行郡国并行制，诸侯国相级别等同于州郡太守。

虽然官做大了，级别高了，但刘备还是一如既往，始终如一，不骄不躁，保持本色，与人交往不分高低贵贱，一视同仁。

刘备喜欢结交各路豪杰，凡是来投奔他的，不论身份如何，刘备必与之同席而坐，同篮而食。刘备打动人的从来不是权势富贵而是尊重真诚。

刘备对各路豪侠推诚以待，大家对刘备更是倾心仰慕。刘备的诚心相待感动了很多人，甚至包括想刺杀他的人。

平原国有个叫刘平的人，可能出身于富贵之家，是当地的豪强。这人看不起刘备。谁都知道刘备曾织席贩履，刘备对此并不在意，但有人在意。比如这个刘平就是一个，他派出刺客想要刺杀刘备。

对此，刘备并不知情，对刺客热情款待，就如平时待客那般，席地而坐，同桌而食。刘备的坦诚相待把刺客都感动了。这么好的人，连刺客都不忍心下手，直接对刘备坦白，如实相告，然后拜辞而去。

燕赵之地自古多慷慨悲歌之士。刘备能赢得各路豪侠的敬慕，原因在于刘备自己就是一位路见不平拔刀相助，救人于危难的豪侠。英雄惜英雄，好汉爱好汉。豪侠们愿意追随刘备也就在情理之中了。

随着刘备在青州日久，他的英雄之名也远播四方，很快就有人向他求援了。

发出求救的是青州北海国相孔融。为何向刘备求救？一是二人同在青州，相距不远；二是刘备素有仁义之名，能救人之困。

孔融其人就不需多做介绍了。此君以让梨闻名天下。他是孔子的二十世孙，饱读诗书，名满士林。

但此君恃才傲物，遇谁怼谁，碰谁得罪谁。董卓专权，他不买账。曹操掌权，他出言讥讽。代价就是，董卓对他进行谋杀式升迁，明知孔融只是个学者却偏偏派他去青州黄巾军最集中的地方。董卓是想借刀杀人，他也差点就得逞了。孔融来到青州果然就陷进贼窝。孔融不会理政更不懂军事，被黄巾军管亥部围攻，危在旦夕。

孔融派太史慈闯重围到平原向刘备搬兵。刘备听说是孔融求救，惊讶之情溢于言表，因为一直以来，刘备留给世人的都是边地武人的形象。汉室宗亲的身份要等他成为州牧后才管用。

刘备内心渴望成名，希望被认可，特别是来自士人阶层的肯定，因为只有获得他们的承认才算真正跻身于上层。

刘备当即派出三千精兵交给太史慈去救孔融。刘备当时只是平原相，他的兵也不多，能派去三千人已经是诚意满满，很不容易了。

管亥听说刘备救兵将至，也很给"面子"，当即撤围而去。孔融对刘备的救命之恩心怀感激，总想找机会报答。孔融也是一个很重情义的人，他能报答的方式就是给刘备做宣传，此后逢人便说刘备的好。

相同的话，不同身份的人说效果是不同的。很多人喜欢对别人讲道理，他们总希望以理服人，可是他们忽视了最重要的一点，普通的道理都很简单也很容易懂，别人不是不懂道理，是不喜欢听你讲道理，原因在于身份。

当你的身份远高于对方，能力足以碾压他的时候，你怎么说都是对的，怎么讲都是有道理的，他也愿意听。他服从的不是道理是讲道理的人，更准确地说是讲道理的人的身份。

孔融虽说打仗不行，但舆论造势却是一把好手，这是他的专长。在孔融卖力的吹捧之下，刘备在青徐士大夫圈迅速蹿红。这个效果，可能刘备自己都未想到。

袁绍的同乡汝南名士许劭、许靖曾搞出一个月旦评，对政治上层的各色人等进行评价鉴定。本来只是个民间的品评，想不到大家还都很买账。东汉是个"士气高涨"的时代，士人的影响力超乎常人想象。一个好评可以让人一夜之间身价暴涨，一个差评也足以令人名誉扫地、前程尽毁。

很多人为了仕途不惜用各种见不得光的方法求好评。这个问题曹操最有发言权。

曹操年轻的时候干的那些事儿就不用多说了，据说最出名的是伙同他的好哥儿们袁绍趁人家办婚礼去偷新娘子。曹操的行为处事，即使以今天的标准，也是个典型的纨绔子弟。许劭这种名士自然是看不惯的。曹操求许劭给他个好评，但许劭不理他。曹操最后是连哄带骗才得到一个"治世之能臣，乱世之奸贼"的评语。

曹操是求人给好评。刘备是人家主动帮忙做宣传。做人的差距就是这么大。

士人群体在当时的政治影响非同寻常，不跟他们搞好关系，不管你是郡守还是州牧，位置都坐不稳。对于这点，曹操很快就会出来给大家现身说法。

自董卓进京掌控朝政，原本摇摇欲坠的东汉朝廷算是彻底散架了。原因在于董卓不按套路出牌，胡搞乱搞，他被人搞死不算，国家也被搞乱。

袁绍、袁术、曹操这些世家子弟不愿与董卓合作，纷纷出逃，在关东各据州郡，随即起兵，打着讨伐董卓的旗号干着兼并友军的勾当。这些人嘴里喊着主义，心里全是生意。

等董卓死后，他们连口号也懒得喊了，直接开启混战模式。

很快在关东就形成了分别以袁绍、袁术兄弟为首的壁垒分明的两大阵营。

袁绍这边有他的好哥儿们曹操，还有也是名士出身的汉室宗亲刘表。袁术那边则联合公孙瓒、陶谦共同对付他哥袁绍。

此时刘备还是给师兄公孙瓒帮忙的小师弟。孙坚也还在袁术手下为将。曹操更是帮大哥袁绍站脚助威的小弟。三国的三位实际开创者此时都还在做别人的小弟。

当时的形势是，公孙瓒占据幽州在最北边，在他南面的是割据冀州的袁绍以及据守兖州的曹操。在袁绍与曹操的南边则是盘踞徐州的陶谦。至于更南面的荆州的刘表，长期处于"打酱油"的角色，除了窝在淮南的袁术，大家都不怎么在意他。

六大军阀分成三组，捉对厮杀。

幽州公孙瓒对阵冀州袁绍；

淮南袁术对阵荆州刘表；

徐州陶谦对阵兖州曹操。

这里只说陶谦与曹操的纷争。陶谦的南面是盟友袁术，体量比他大得多，就说围在袁术身边的那些山贼土匪，陶谦也搞不定。他只能选择向北发展。

而曹操的情况也差不多，他的北面是大哥袁绍，冀州地广兵多，袁绍在很长时间里都是最强军阀。曹操混不下去的时候还想过投靠大哥，以他的实力跟大哥翻脸等于直接白送。直到官渡之战袁绍的实力都吊打曹操，所以，曹操要扩张也只能选择向南。

一个北上，一个南下，迎面相撞，打起来不意外，打不起来才意外。但意外还是发生了，先动手的居然是陶谦。

因为陶谦认为袁术地广兵多不容易对付，曹操知道此时必须背靠袁绍才能生存。双方都认为对方好打，但打起来陶谦才发现，他完全不是曹操的对手，被揍得很惨，损兵折将，典型的偷鸡不成蚀把米。

而头脑发热的陶谦接下来又干了一件更蠢的事，派人追杀曹操的老爹曹嵩一家。曹操跟陶谦打仗的时候，他爹曹嵩还在徐州。曹嵩反应够快，但跑得不够快，被人追上，全家被杀。

初平四年（193）秋，曹操亲率大军杀进徐州，连下十余城，所过之处，鸡犬不留，前后杀徐州百姓数十万，泗水为之不流。杀人屠城的曹操与写出"白骨露于野，千里无鸡鸣"的曹操是同一个人。

陶谦连战连败，退守郯城，不得不向他的盟友求助。此时他的盟友只剩下一个公孙瓒。南面的袁术不但不救援，手早就伸到了徐州的广陵，不趁机打陶谦就算不错了。

兴平元年（194）春，陶谦向公孙瓒告急求救，后者派田楷、刘备领兵救援徐州。

此时田楷的主要任务是跟袁谭争青州，不会长期待在徐州，所以真正的救援主力不是田楷而是刘备。陶谦能依靠的也只有刘备，清楚这点才能理解陶谦后面的操作。

陶谦知道他跟曹操是血海深仇，必须有一支能长期驻守的援军，由一个能征善战的将军来统领，才能帮助他挡住曹操，守住徐州。

在陶谦看来，也只有刘备跟他的部队符合条件。其实，陶谦不缺精兵，他的老家丹阳盛产精兵。陶谦一个扬州人能在徐州做州牧，靠的就是手下悍勇善战的丹阳兵。陶谦不缺精兵缺的是良将，而刘备就是陶谦心目中的良将。

陶谦希望刘备能留下来帮他守徐州。为此，陶谦开出了极为优厚的条件，先是将四千丹阳精兵拨给刘备归其指挥，然后又上表朝廷以刘备为豫州刺史。

之前刘备只有兵数千，将不过关羽、张飞、赵云而已，头衔还是平原相。陶谦从兵力到官职给刘备全面升级，这个变化简直是脱胎换骨。

刘备当初是带着队伍投奔公孙瓒的，并非其嫡系，从始至终都具有相对的独立性。刘备与公孙瓒的关系大概类似于孙策与袁术，这种关系本身就不牢固，因此面对陶谦的热诚相邀，面对改变命运的机会，刘备选择接受邀请，当即告别田楷率部加入陶谦阵营。

从国相到刺史，这又是一次跨越，而从织席贩履到封疆大吏，刘备奋斗了整整十年。从这时起，刘备正式以一方诸侯的身份与袁绍、袁术、曹操等各路诸侯并驾齐驱，同场较量。

曹操这时因军粮将尽主动退兵，但大家都清楚，曹操还会再来的。

曹操也果然不让大家失望，仅仅过了三个月，他又来了。

兴平元年（194）四月，曹操第二次南下徐州。

陶谦比上次有了些底气，因为现在徐州有刘备了。

不过此时刘备本人并不在徐州，而在豫州。

这是陶谦的意思。

陶谦表奏朝廷让刘备做豫州刺史，表奏只是走个程序，此时关中那个朝廷政令不出长安。陶谦之所以敢这么做，是因为他的地盘里有小沛，虽然小沛距徐州很近却属于豫州。

陶谦让豫州刺史刘备屯兵下邳西北的小沛抵挡曹操。徐州真正的精华在下邳、彭城、东海。刘备驻守的豫州小沛更靠近曹操的兖州而远离陶谦在徐州的大本营下邳，属于纯外围阵地。

不论从豫州还是兖州进攻徐州，从小沛沿泗水顺流而下走水路即可到彭城，越过彭城就是下邳。曹操上次走的就是这条路线。

陶谦这是摆明让刘备在外线与曹操死磕，阻挡曹军进入徐州。陶谦希望刘备能在小沛挡住曹操。但他想不到，曹操改路线了。

第二次南下徐州，曹操走的是东线，由尼蒙谷地沿沂水支流而下，沿沂水河谷而进，绕过刘备重兵防守的小沛，从琅琊国方向杀进徐州。

曹军穿越尼蒙谷地要经过徐州军据守的华县与费县，这两县本属兖州，是陶谦去年派兵占领的。陶谦之所以主动挑起战争，目的就是夺取兖州的这两座县城，封锁尼蒙谷地，加大徐州的东线防御纵深。这跟陶谦占领小沛加强徐州在西线的防御是一个道理。

西线由刘备坐镇小沛防守，东线的防御陶谦交给了臧霸等泰山众将。

陶谦对曹军可能进攻的两个方向都做了准备，但曹军比他准备得更充分。

陶谦以为曹军的主攻方向会是刘备驻军的西线，在这里部署了更多的兵力。想不到曹操走的是东线。陶谦误判曹军的主攻方向，臧霸等人组织的防线被曹军轻松突破，徐州军顿时陷入被动。

陶谦一面令部将曹豹在郯城东面阻击曹军，一面紧急召在小沛布防的刘备回援。刘备的援兵与曹豹的部队会师后在郯城以东与曹操率领的曹军主力展开决战。

但刘备也未能挡住曹操，防线被冲乱，徐州军大败。陶谦见连刘备都不是曹操的对手，彻底慌乱了，收拾包袱准备逃回丹阳老家。

眼看曹操就要将徐州收入囊中，就在这时他的后院起火。曹操信任的朋友陈宫跟张邈背叛了他，迎接吕布入主兖州。

从即将据有两州，到差点无家可归，局势变化之快令曹操措手不及，仅仅几天的时间，形势完全逆转。曹操之所以遭遇背叛，就在于他得罪了兖州士人，杀了兖州名士边让。还是之前说过的，士人集团是万万不可得罪的。

陈宫、张邈叛曹，得利的不仅仅是吕布，还有陶谦跟刘备。

陶谦已经做好了放弃徐州的准备，想不到突然峰回路转，曹军撤了。

然而，花甲之年的陶谦经不住持续的打击病倒了，过去的一年里他承受了太多战争带来的压力，收到的不是城池失守就是被屠城的消息，精神已经趋近崩溃。

当年年底耗尽精神、精疲力竭的陶谦便撒手而去。临终前，徐州牧陶谦嘱托别驾徐州东海人糜竺，请刘备主持徐州大局。陶谦的原话是："非刘备不能安此州。"

《三国演义》写陶谦三让徐州于刘备，很多不读正史的人便信以为真，将之视为又一个退位让贤的传统故事而津津乐道，然而事实果真如此吗？当然是否定的，以今度古，可想而知。人性是自私的，历史上真实的陶谦远不是小说演义写的那么高尚。

陶谦有两个儿子，他是有继承人的。不传位给儿子却要传给外人，极其反常，凡事反常必有缘故。

如果陶谦确实对糜竺说过让刘备执掌徐州的话，那也不是让贤。徐州是著名的四战之地，也是各方诸侯觊觎的目标。

北面的曹操、南面的袁术都在打徐州的主意。特别是曹操，他的凶狠暴虐，经过两次徐州之战，徐州百姓对此已然刻骨铭心。陶谦与曹操又有杀父之仇，于公于私，曹操都不会善罢甘休，虽然暂时退去，但只要时机成熟，再次南下几乎是肯定的。

陶谦现在的这些部下包括他的儿子们都不是曹操的对手，这点应该也是众人的共识。只有刘备尚能与曹操一战，陶谦也只能将儿子、部下以及徐州托付给刘备，因为他也没有更好的选择。请刘备接管徐州是陶谦在战时背景下被迫做出的决定。

陶谦其实不是在让而是体面地退出，不是他的丹阳小集团的退出而是他的家族的退出。陶谦想退出纷争保全家族，但他的丹阳小集团在徐州是既得利益者，他们不肯走，但靠他们的能力又守不住徐州，那就只有请有能力的人带领他们保卫徐州。刘备就是那个有能力的人。

徐州的陶谦旧部丹阳小集团在曹操军事压力下也被迫接受刘备的领导，尽管有些不情愿。

徐州本地集团以世家大族为代表更希望有统帅能力的人领导他们守住徐州。刘备以往的经历比如救孔融让徐州的士人们对其很有好感。

丹阳兵与徐州士人都同意刘备入主徐州，这才是刘备进入徐州接管政权的基础。至于陶谦本人的态度到这时其实已经不是很重要了。

真正"让"徐州的不是陶谦而是刘备。

当糜竺率领徐州政治班底来小沛请刘备的时候，刘备的第一反应就是"让"。这是十分标准又十分正确的政治操作，符合中国传统的政治品德。中国文化的一个主要特征就是谦虚。不管实力有多强，专业水平有多高，都要谦逊严谨，摆低姿态。

如果人家刚提出请求，这边就接受，那就是不懂规矩，显得肤浅浅薄，会受世人鄙视的。刘备说："袁公路近在寿春，可以请他嘛。"这是真心话吗？当然不是。后来，刘备与袁术为徐州大打出手就是明证。而且这两人也没有交情，这种好事怎么也轮不到袁术。

典农校尉徐州下邳人陈登对刘备说："公路骄豪，非治乱之主。今欲为使君合步骑十万，上可以匡主济民，下可以割地守境；若使君不见听许，登亦未敢听使君也。"东汉称郡守为府君，称刺史、州牧为使君。因为刘备这时的官职是豫州刺史，所以陈登这么称呼他。陈登是徐州地方实力派的代表，他的表态至关重要。陈登公开力挺刘备，这令刘备信心大增。

北海相孔融也对刘备说："袁公路岂忧国忘家者邪！冢中枯骨，何足介意！今日之事，百姓与能。天与不取，悔不可追。"孔融是士人的代表，与刘备是生死之交，他的话在士大夫中是有分量的。

好了，这下刘备放心了。以糜竺为代表的徐州政治班底欢迎他，以陈登为代表的徐州地方势力支持他，以孔融为代表的士人力挺他。刘备终于表明态度，接受邀请，入主徐州。

之前，刘备的"让"不仅是政治姿态，也是政治策略。他当然愿意去徐州，但在去之前还要看徐州各方势力的态度，这些人才是能决定他能否顺利接班的关键。在徐州主要的政治势力明确表示支持他后，刘备这才放心也才能表明态度。

但也有人表示反对，刘备做豫州刺史时的别驾陈群就劝刘备不要去，理由是此时的徐州是不折不扣的烫手山芋。

徐州内部本土势力与陶谦的丹阳系是有矛盾的，刘备也有自己的团队，进去后原本的双边关系就变成了三角关系，局势会更复杂。徐州外部面临曹操的军事威胁，袁术甚至已经对徐州南面的广陵郡进行政治渗透。不久的将来，吕布也会加入进来，那时的徐州更热闹。

徐州内外矛盾重重，危机四伏。陈群正是看到这些危机才劝刘备不要往火坑里跳。

这些刘备当然清楚，但他依然决定前往徐州，明知山有虎，偏向虎山行。

陶谦为何让徐州给刘备，正是因为这些风险。如果没有风险，陶谦会传位给刘备吗？给自己的儿子不好吗？让自己的嫡系接班不好吗？怎么着也轮不到刘备吧。放在承平之世，徐州牧这个位置，刘备是没有机会坐的，但乱世给了刘备机会。而刘备能上位靠的是能力，军事能力。刘备从县尉到国相，再到刺史靠的都是军功。不管别人如何质疑刘备的军事水平，这都是客观事实。

任何时候都是风险与机遇并存，机会越大往往风险也越大，刘备深知这一点，他很清楚以他的底层出身要实现阶层跨越必须冒险，这个险冒得值得，欲戴王冠，必承其重。

四战之地——刘玄德的徐州岁月

刘备入主徐州,第一个跳出来反对的居然是袁术。因为在他的规划里徐州早就是他的地盘了,现在却被刘备抢先,袁术大为恼火,而且这人极其势利眼,看不起刘备。

建安元年(196),袁术带兵来抢地盘。刘备虽然之前在辞让徐州的时候捧过袁术,但那不过是场面话,刘备心里也看不起这个家伙。

听说袁术打来,刘备丝毫不怵,点起兵马,整军迎战。

刘备与二弟关羽领兵南下拒敌,留下三弟张飞守下邳。刘备率军与袁术军在盱眙、淮阴一线形成对峙,双方相持数月,互有胜负。

之所以打成平局,主要是刘备兵力有限,属于他的嫡系部队很少。陶谦留下的丹阳兵名义上归他指挥,打起来未必听他的,不少丹阳兵留在下邳不在前线。刘备来徐州的时间不长,还来不及整合队伍,袁术就打上门了。袁术其实也是算准了这点才敢主动进攻。

见正面打不开局面,袁术开始用阴招儿了。这也是他的一贯风格。袁术打仗不在行，但背后使坏却很有一套。

他派人找到吕布要其在刘备背后捅刀。吕布在兴平二年（194）被陈宫、张邈请进兖州，在背后狠狠捅了曹操一刀，差点要了曹操的老命。幸亏曹操的老大哥袁绍及时出手，曹操得到援助经过一年苦战才打跑吕布。

兵败之后的吕布一路南逃来徐州投奔刘备。吕布的操守，大家都是知道的，刘备也很为难，左思右想最后还是收留了他，而这正是刘备倒霉的起点。刘备将吕布安排在小沛，他曾经驻扎的地方。

吕布这厮是不讲道德的。刘备在他走投无路时收留他，而吕布是如何"报答"刘备的呢？背叛，从背后偷袭刘备。这是个名副其实的白眼狼。

吕布在收到袁术的请求后，立即答应，没有丝毫犹豫，当即率兵从小沛出发沿泗水而下，水陆并进直扑下邳。

这时的下邳城早已乱成一团，起因是陶谦旧部丹阳兵与刘备的部队发生冲突。陶谦部将曹豹与刘备三弟张飞在城里直接动手，打了起来。曹豹也派人向吕布求援，但曹豹不是张飞的对手，很快就被张飞斩杀。怎奈丹阳兵已然集体反水。丹阳系将领许耽主动打开城门迎吕布进城。张飞被前后夹攻，寡不敌众，突围败走。刘备留在下邳的老婆孩子都成了吕布的俘虏，但吕布还算有点人性，没有为难刘备的妻儿。

刘备听说后院起火，只能紧急撤退，但部队走到下邳，得知这里已被吕布占领，部队瞬间溃散。估计逃走的大多是丹阳兵，他们跟城里反叛的部队是一伙的。

刘备只能收拢愿意追随他的士兵向东进攻广陵，想以广陵作为休整的根据地，再决定下一步的行动。但广陵已被袁术占领。刘备与袁术在广陵发生战斗，本来以刘备的实力可以吊打袁术，但此时的刘备军，因为大本营失守，士气低落，军心已乱，被袁术军击败，退守海西。

到这时，刘备军已经陷入进退两难的困境，前有袁术，后有吕布，腹背受敌，缺兵少粮，很快便出现粮荒，甚至发生人吃人的惨剧。

疾风识劲草。在刘备最困难最需要帮助的时候，曾在刘备入主徐州时立下大功的糜竺将自己的家产尽数献出以助军用。

糜家是徐州富豪，家资巨亿，仅依附的家仆佃户就有上万口，那时一个县也不过才几万人。糜竺一点儿也没有吝惜，全捐出来，帮刘备渡过难关。刘备的家眷都在吕布那里。糜竺又将自己的亲妹妹嫁给刘备，真是情意难得。

刘备是可共患难也可共富贵的仁义君子。糜竺在徐州两个关键时刻的鼎力相助，这份情义，刘备终生不忘。后来，刘备建国称帝，给予糜竺的待遇是最高的。从这点就能看出，刘备是个重情义的汉子。

尽管糜竺倾尽家财，刘备军得以勉强支撑，但刘备也十分清楚，这不是长久之计。

形势对刘备很不利，此时江淮之间的两大势力袁术跟吕布联手坑他，一个对他使阴招儿，一个对他下黑手。他们都是刘备的仇敌。但现实是以刘备现在的实力，这两个人他一个也打不过。当下刘备要考虑的首要问题不是报仇而是如何在袁术与吕布的围攻下生存下去。

可能很多人都曾遭遇过相似的情形，被出卖，被坑害身陷困境而不知所措，如果曾经或正在遭受，那么你一定要往下看。刘备接下来的做法堪称逆境中崛起反杀的教科书级操作。

读历史就是要汲取古人的智慧，他们走过的弯路要避开，他们有益的经验要学习。因为历史总是惊人的相似。

不要以为过去的事情很遥远，其实大多数时候，古人做的我们今天也在做，历史不仅仅会相似，很多时候其实也会重复。

读史明智。

请记住这句话。

为实现反杀报仇雪恨，必须忍辱负重，刘备做的第一件事就是投奔吕布。刘备要去投奔那个坑害他的人。

因为此时的刘备处境危险，事实上已经处于吕布与袁术的包围之中，他的部队又极其脆弱，突围希望不大。

刘备之所以去投吕布也是经过深思熟虑的。因为他看出来，吕布跟袁术也有矛盾，因为他们俩都想要徐州，而徐州只能有一个主人。现在这里的主人是吕布，不是袁术，这就是他们矛盾的根源。

刘备跟袁术是仇敌，一点儿缓和的余地都没有。但吕布不同，当初是刘备在吕布落魄时收留了他，吕布欠他的人情。而吕布夺徐州后也未加害刘备的妻儿。双方还没有彻底撕破脸，这就是机会。

更重要的是，吕布也很清楚袁术对徐州图谋不轨，而他是靠丹阳兵的叛变夺的徐州，他在徐州的基础也很脆弱。

袁术打仗的水平虽然很拉胯，但毕竟他的体量摆在那里，对吕布是实实在在的威胁。与地广兵多的袁术相比，吕布是弱的一方，他需要刘备以制衡袁术，至少暂时需要。

正是因为以上原因，刘备做出了投奔吕布的决定，这是他复仇的第一步。

对这两个仇敌，刘备恨之入骨，但君子报仇，十年不晚。事实上，刘备报仇也未用十年，两年后，吕布被干掉，又过了两年袁术也死了。这两个人虽然不是刘备所杀，但也可以说是间接死于刘备之手。

吕布收留了刘备，将刘备安排在小沛居住，他住进了下邳。

原来的主人成了客人。

原来的客人成了主人。

有一个词形容这种现象——鸠占鹊巢。

两人相见的场景应该很尴尬，但吕布的脸皮厚，刘备又是心有城府喜怒不形于色的老江湖，所以，至少场面上是过得去的。

吕布也让刘备做豫州刺史。刘备在徐州奋战两年，从豫州刺史又做回豫州刺史。吕布则自称徐州牧。

对于这个结果，吕布是很满意的，但袁术是很不满意的。他出兵又出力，结果让吕布吃现成的。这让袁术如何肯罢休。

直接出兵从吕布手里夺，袁术可没有那个把握。人中吕布，马中赤兔，吕布可不是好惹的。

袁术又开始用阴招儿了。不过，这次下手的对象从刘备换成了吕布。不久之后的一天深夜，吕布军中发生兵变，吕布的部将郝萌突然率部袭击吕布府邸。这次叛乱吕布事前毫不知情，被打了一个措手不及，慌乱中连盔甲也顾不上穿，只穿了一身睡衣逃进都督高顺的军营。高顺的部下号称陷阵营，是吕布军的精锐。高顺随即带兵平叛，杀入吕府将郝萌杀退；混战到天亮，郝萌的部将曹性见败局已定，干脆杀了郝萌将功抵罪再次归顺。

吕布知道这是袁术在他背后搞鬼，但此时也不便翻脸，只能装作不知，此事草草收场。

但袁术可不是个省油的灯，一计不成，又生一计。袁术主动联系吕布表示希望两家联姻，为自己的儿子向吕布的女儿求婚。政治联姻也是老套路了。袁术是想以联姻绑定吕布，他真正的目标是刘备。

双方就联姻刚刚达成协议，袁术就迫不及待地动手了。他派手下大将纪灵领兵三万进攻刘备，但袁术显然低估了吕布的智商。

虽然在大家眼中吕布是个有勇无谋的人，但吕布可不是好忽悠的。他一眼就看穿了袁术的把戏。刘备屯兵的小沛在下邳的西北。袁术已经在他的南面，如果允许袁术的势力深入徐州腹地，他就会被袁术C形包围。所以当刘备向他求救时，他毫不犹豫地答应了。

吕布的部将们看不出其中玄机，还在那里幸灾乐祸，说将军您平时总想杀刘备，现在好了，不用咱们动手，袁术就替您做了。吕布却说，袁术若击破刘备，以他的个性为人必然北连泰山诸将，到时我们就都在他的包围圈里了。刘备必须救。

在群雄之中，吕布的谋略属于垫底的水平，尚有如此见识，遑论他人。

吕布亲自带兵去救刘备，而他只带了一千人。要知道，纪灵可是带了三万，就算这里面有水分，至少八九千也是有的。吕布只带一千人，怎么看也不像是去救援的，虽然他很厉害，但用一千人去打一万人，还是有点悬。他是不是自信过头了？当然不是，这又是吕布的一个过人之处。

四战之地——刘玄德的徐州岁月

吕布确实是来救刘备的,但这并不意味着他要跟袁术开战。谁说救人就要打仗,吕布用实际行动告诉大家,他是来劝架的。

接下来,吕布就上演了他人生之中的巅峰之作,辕门射戟。

既然是来劝和的,吕布自然不用带很多兵马。刘备要救,但袁术也不要翻脸,剩下的就只有劝架了。

吕布刚刚夺得徐州,此时他最需要的是稳定。这时候千万不要打仗,更不能在徐州的后院小沛打。虽然吕布很讨厌刘备也不喜欢袁术,但现在他们只能共存。

吕布只带一千人是向袁术方面表示诚意,带这么点人说明只是来调停的不是来打仗,如果真想开战也不会带这么少的人。吕布这么做还有一层深意,示威。

吕布的兵本就不多,就算全拉出来也比不过袁术,但吕布的兵都是精兵,战斗力碾压袁术军。吕布充分利用了他的骁勇之名。你袁术军虽有三万,我只有一千,但我这一千人站在你面前就足以压制你。

事实也的确如此,纪灵听说吕布来了,虽然只有一千人,但也乖乖收兵不敢造次。吕布感到很有面子。他要的就是这个效果,吓唬纪灵也是做给刘备看的。因为刘备也是他的潜在对手。

吕布在小沛西南安营扎寨,请纪灵跟刘备到营中饮宴。双方当然都要给吕布面子,准时赴约。

席上,吕布对纪灵说:"玄德,吕布之弟,为诸君所困,故来相救。吕布不喜斗,只喜解斗。"言罢,吕布令军士将他的长戟立于营门,然后他取来弓箭,弯弓搭箭瞄准长戟,做这些时还不忘回头看向众人说:"诸君但观布射戟小支,若能射中,你们当罢兵停战;如射不中,任你们两方厮杀。"吕布随即开弓放箭,正中长戟小支,众人惊叹,明日各自散去。

吕布在向双方炫耀武力,这哪里是来劝架,分明是恫吓。辕门射戟的大戏全程都是吕布一个人在表演。大家都不想看但又不得不看,脸上写满尴尬。

吕布在用武力"说服"双方,大家虽然心里不爽,但表面上也不得不热情鼓掌强作欢颜。

吕布以为他很成功,其实不是,他不过是用武力暂时压服住袁术。因为刘备本来就是受攻击的一方,当然希望和平。袁术是进攻一方,结果来了之后,啥也没干,出席了一次饭局,看了一场吕布的个人表演,然后就结束了。这次出战,袁术一点儿实惠也没捞着,全程都在看吕布炫技。吕布一个专场表演就将其成功劝退。袁术的老脸算是丢尽了。

相比张扬的吕布、出丑的袁术,刘备就显得低调多了。刘备这个时期一直都在闷声发大财。

等吕布寻思过味来,刘备已经聚集起一万多人的队伍。吕布想不到刘备在他眼皮底下不声不响居然发展得这么快。这下,吕布发现对他威胁最大的已经不是远在淮南的袁术,而是近在小沛的刘备了。

吕布不能容忍刘备坐大,直接带兵打上门。世事真是多变,就在不久之前,吕布还在表演辕门射戟帮刘备,如今却刀兵相见,要打刘备。这翻脸的速度也实在有点快,不快也不行,因为刘备发展得更快。

刘备在徐州的人望之高,吕布只有羡慕嫉妒恨的份儿。但论打仗,这时的刘备还不是吕布的对手,毕竟队伍才拉起来经不住"风吹雨打"。

很快，刘备的部队就被打散，不得不北上投奔曹操。

对兵败来投的刘备，曹操给予了热情的接待，热情到给人造成一种错觉，以为他们是老友重逢。而实际上，仅仅两年前，他们还是战场上的对手。

曹操表奏朝廷册拜刘备为豫州牧，给兵给粮，全力支持。刘备得到补充后又回到小沛召集旧部积草屯粮，接着跟吕布对战。

因为之前陶谦、吕布给刘备的待遇就是豫州刺史，曹操怎么也不能低于这个标准。论起来州牧的地位还在刺史之上，但对刘备来说区别还真不大，因为不管是刺史还是州牧，刘使君此时所能控制的豫州仅仅只有小沛一座城。

刘备来找曹操时，有人就劝曹操杀了刘备，说刘备此人有英雄之志，必不能久为人下，今不早图，后必为患。

曹操向郭嘉征求意见。郭嘉说刘备确实是英雄，但刘备不能杀，至少现在不行。刘备有英雄之名，今穷困来投而主公杀之，将有害贤之名。杀一人而失天下之心，主公与谁定天下！曹操听了大笑，说我也是这么想的。

刘备的众多事迹，细思极恐。想想看，刘备最近两次投奔的都是想杀他的人。之前的吕布、现在的曹操都有过杀他的念头。

吕布要杀刘备的想法很早就有，从他向刘备背后捅刀的时候就有了。人们通常都会痛恨背叛自己的人，殊不知，那些背叛你的人比你恨他更恨你。因为你的存在时时会提醒他自己有多卑鄙。

吕布也是如此，他的部将们都知道他想杀刘备，而且不止一次，这种想法应该出现过很多次，说明这事就不是秘密，几乎是半公开的。刘备不可能不知道，但刘备在败走海西时还是决定去投靠吕布。这不是自投罗网主动送上门吗？不是，去找吕布确实有危险，但刘备不怕，原因在于他对吕布有用。

刘备知道吕布需要他来制衡袁术。虽然是兵行险着，但刘备很清楚自己的价值。只要袁术对吕布还有威胁，他就是安全的。这点之前吕布说得也很明白了。任何时候，人的能力都是安身立命之本。对别人有价值就是最大的资本，关键时刻能救命，刘备就是例子。

曹操战徐州的时候与刘备是敌人。刘备得徐州的时候，曹操的脸色也不会多好看。那刘备为何还要来投曹操？这跟刘备投吕布是一个道理：曹操也需要刘备。而刘备清楚这一点，看似很冒险，其实很安全。所以即使有人劝曹操杀刘备，曹操也不会答应。曹操需要刘备做什么呢？那就是对付吕布。

对徐州动心思的可不止吕布跟袁术，曹操动手比他俩都早。但曹操也很忙，他要打张绣、征刘表，还要应付北面的袁绍，一时抽不开身，但徐州也是必须拿下的，将刘备安插在徐州可以牵制吕布、袁术，消耗敌人，等时机成熟再出兵夺取徐州。

刘备正是看透了吕布跟曹操的心思才敢冒险。当然，如果有更稳妥的方式，谁也不愿冒险，问题在于作为来自民间的奋斗者，刘备可选的路并不多，他只能以身试险。而这并不是刘备冒险经历的终章，后来刘备跑到京口去找他大舅子孙权借荆州就差点回不来，因为孙权的都督周瑜主张扣押刘备。但孙权不同意，原因也很简单，孙权更需要刘备。他需要刘备来帮他分担长江防线共同抗曹。刘备能够全身而退靠的还是他的能力。

因争徐州，刘备与吕布、袁术成为仇敌，刘备不会忘记被人下黑手背后捅刀的深仇。但靠他自己是很难复仇的，那就只能借力打力，刘备借的就是曹操的力。投奔曹操是刘备复仇的第二步，也是最重要的一步。他在等机会杀回去。

刘备知道曹操早晚会对徐州下手。吕布跟袁术都是刘备的敌人，也是曹操的敌人。刘备与曹操这时有着共同的敌人，而敌人的敌人就是朋友。

曹操挥师南下之际就是刘备报仇雪恨之时。

建安二年（197）正月，曹操首征张绣失利，损兵折将，长子曹昂也死于此役。而曹操的老大哥袁绍不但不安慰还出言讥讽。要不是曹操实力尚弱，袁、曹关系会提前决裂，官渡大战恐怕会提前爆发。

自曹操迎汉献帝定都于许县，袁、曹之间便已产生裂痕，这让曹操不得不加紧南下。曹操深知必须尽快搞定南线的吕布跟袁术，一来可以壮大实力，二来在与袁绍开战时也可避免两线作战。

但曹操也想不到袁术会如此配合他。曹操兵败宛城才回到许县，就收到袁术于寿春称帝的消息。敏锐的曹操立刻意识到，他的机会来了。

袁术的狐朋狗友很多，但有用的只有两个，呈南北分布，即南面的孙策与北面的吕布。

称帝这种事儿也就利欲熏心的袁术能干出来，但凡智商正常的人都不会做。

但袁术偏偏要干，说明他已经在找死的路上越奔越远，追都追不上了。

孙策跟吕布听说袁术称帝，做出了相同的反应，步调一致，整齐划一，就跟事前商量好的似的，同时宣布与袁术划清界限，分道扬镳，表示作死的是袁术，与他们没关系。

曹操在得知消息后也是第一时间送出"温暖"，给孙策、吕布加官晋爵。孙策暂且不管，此时曹操重点收买的是吕布。

曹操送给吕布的是左将军的官帽，这个官职好像有点熟悉，没错，相同的名号曹操后来也送了一顶给刘备。而刘备当上左将军主要的功劳就是协助曹操干掉前任左将军吕布。

对左将军，其实吕布并不感冒，他真正想要的是徐州牧。虽然他自称徐州牧，但那个未获朝廷认可是不合法的。好在派去办事的人靠谱，将吕布忽悠过去。

曹操稳住吕布就开始攒队伍揍袁术。曹操连败袁术，将其势力赶出淮北。

建安三年（198）九月，整整一年过去了，吕布终于寻思过味了。他被曹操忽悠了。他得到的只是一个左将军的虚衔，啥实惠也没捞到。于是，吕布转身又跟袁术勾搭上了。

吕布派部将高顺、张辽领兵进攻小沛的刘备，正式与曹操翻脸。曹操得知消息派大将夏侯惇前去救援，怎奈夏侯惇不是高顺的对手，援兵被击退。不久，小沛城破，刘备单骑出奔。

曹操收到败报，知道必须自己亲自下场了。

十月，曹操不顾众人劝阻，亲自率军南下三战徐州。

曹操出手果然不同凡响，嚣张的吕布立即被打回原形，退守下邳，被曹操围着打。

曹操听从郭嘉的建议引泗水灌城，这下吕布成了困兽，想出都出不去了。

围城两月，吕布还在咬牙硬撑，可部下们快疯了。大家觉得跟着吕布是死路一条，不如开城投降。于是，吕布被部下们出卖，背叛者终究为人所背叛。

吕布被捆成粽子押到曹操面前，成为阶下囚的吕布一眼就看到了坐在曹操旁边的刘备。

直到这时，吕布还心存侥幸求刘备帮他说说情，他忘了当初他把刘备坑得有多惨。吕布又对曹操说绑他的绳子有点紧，能不能给他松一松。曹操大笑，说缚老虎怎能不绑紧些，说着就让旁边人给吕布松绑。

这是个危险的信号，刘备可不想放过这个反复小人，及时送上"助攻"，对曹操说，曹公难道忘记吕布是怎么对待丁原跟董卓的吗？一句话惊醒梦中人，曹操说，对呀，这家伙跟谁害谁，当即下令将吕布推出去处死。吕布气得大骂刘备："大耳贼最没有信义！"一个最不讲信义的三姓家奴临死前居然骂别人不讲信义，吕布死前还来了一次黑色幽默。

曹操擒杀吕布夺得徐州。刘备也与妻儿团聚，皆大欢喜，然而，刘备却被曹操带回许县，看来还是对刘备不放心。

曹操上表朝廷以刘备为左将军，与之十分亲密，出则同舆，坐则同席。

曹操对刘备礼遇有加，可刘备却并不开心，因为这不是他想要的生活。

如果长期留在这个被曹操把持操纵的朝廷，那他的左将军、豫州牧就真的只是头衔了。

志向高远的刘备自然不甘心沦为政治花瓶，总想找机会远走高飞，但又怕被曹操觉察，整日小心翼翼，生怕露出马脚惹来杀身大祸。

小说《三国演义》为表现刘备的低调隐忍，特意安排刘备在他的左将军府邸种菜浇园以麻痹曹操,但这个情节设定并不高明。如果刘备真是一个专心于耕田种菜的农民,他怎么可能成为群雄争霸中的一员,还一度为徐州之主。这么一个人怎么可能甘心做一个菜农,这个戏演过了。这套所谓的韬晦之计只能是欲盖弥彰,提前暴露自己。

刘备当然不会这么笨,他的伪装很成功,至少骗过了曹操。

关于这一点,在小说《三国演义》里还有一个故事,即著名的"青梅煮酒论英雄"。

话说一天,曹操请刘备过府饮酒。曹操以青梅煮酒款待刘备,席间,两人说到天下英雄,曹操问刘备:"玄德,你看当今天下谁是英雄?"曹操话一出口,刘备就明白了他的用意。刘备何其人也,纵横江湖二十年,体察人心,洞悉人性。

曹操的用意是想让刘备夸他,但不能直接夸,要夸得含蓄、夸得婉转,要夸得有技巧、夸得有水平。如果刘备直接说,当今称得上英雄的,只有曹公您了,那就不好玩了。

刘备很聪明,不提曹操也不说自己,先后举出袁术、袁绍、刘表、孙策,但都被曹操一一给否了。两人配合得相当默契,刘备知道说出这些人曹操肯定会否的,但刘备必须这么说,因为这也是曹操期望他做的。这些人说出来就是当绿叶的,为的是衬托曹操。刘备明白曹操的心意,如其所愿,将袁术、刘表这些人拉出来挨个给曹操喷,这俩人都是戏精。

待气氛烘托到位,曹操看着刘备,终于说出了他准备已久的经典台词:当今天下,能称得上英雄的,也只有你我二人了。此话一出,当场就把刘备吓呆了,筷子都掉到地上,正巧此时有雷声响过,刘备赶紧借机掩饰,说这雷声真大,可把我吓坏了。

曹操哈哈大笑，这也意味着刘备安全了。

刘备配合曹操演戏，让曹操精神愉悦。曹操自然也就放松了对刘备的看管。

青梅煮酒确有其事，很多人都把这个故事当作曹操欣赏看重刘备的证据。

其实不然，从曹操后来的种种表现看，他确实欣赏刘备，但尚未将刘备当作与他争夺天下的主要对手。

彼时曹操最大的敌人仍是袁绍。说只有刘备与他是英雄，不过是酒桌上的经典互吹。酒桌上的话听听就行，不必当真。如果曹操真的将刘备看得比袁绍还重，他怎么可能放走刘备，走的时候还拨给刘备很多兵马，这于情于理都说不过去。

刘备在等待机会离开许县，脱离曹操的掌控。

机会很快就来了。

自宣布称帝后，袁术就成了人人喊打的过街老鼠，彻底陷入孤立。

建安四年（199），骄奢淫逸的袁术在淮南终于混不下去了。他打算放弃寿春北上去投奔那个一直被他鄙视的哥哥袁绍。但是吧，他跟他哥之间还隔着一个曹操。如果早两年，那时的袁绍与曹操还在蜜月期，他可以畅行无阻，但现在不同了，这俩人已经闹翻，曹操是不会让他过去的。

但曹操不打算亲自出手，因为他要抓紧备战对付袁绍。拦阻袁术的工作，曹操交给了刘备。

领受任务的刘备以迅雷不及掩耳之势，迅速出发，跑得飞快，唯恐曹操反悔。

曹操果然反悔了。因为郭嘉给他讲明了利害，刘备不能放。

但刘备已经跑远，追也追不上了。

袁术要北上必然经过徐州下邳，在这里他遇到了老对头刘备。仇人见面，分外眼红。

刘备封锁大路，明确告诉袁术，此路不通。袁术见此情形只能打道回府，哪儿来的回哪儿去。袁术为何这么听话？因为他的实力告诉他，必须听话。众叛亲离的袁术已经没有横的本钱了。

刘备也很"热情"带兵给袁术"送行"，送出去很远。这个痛扁落水狗的机会，刘备岂能放过。袁术被刘备追着打，部队也被打散。六月，袁术病死于江亭，这下真成了冢中枯骨。刘备终于报了当年之仇，坑过他的两个仇人，吕布、袁术都被他弄死了。

刘备完成任务却不打算走了。刘备杀徐州刺史车胄，留关羽守下邳，自己又回到熟悉的老地方小沛。

刘备知道曹操不会放弃徐州，而他选择亲自顶在第一线，这次他不是为别人而是为自己守徐州。

刘备的号召力不是一般的大，数月之间就聚众数万人，还派使者与袁绍通好，共同抗曹。

刚刚劫杀人家的弟弟就跑去找哥哥搞联合，有点魔幻，但袁绍一点儿也不介意，热情回应，表示愿意与刘备联合，南北夹攻曹贼。之所以出现这么难以置信的事，还是因为此时袁绍与刘备有着共同的利益，因为他们有着共同的敌人，曹操。

在这个前提下，其他的小矛盾都不值一提，统统要给主要矛盾让路，敌人的敌人就是朋友。反曹操就是袁绍现在最大的政治主张。

曹操派司空长史刘岱、中郎将王忠来战刘备，却完全不是刘备的对手，很快就被刘备打跑。

建安五年（200）正月，曹操亲率大军前来。这大大出乎刘备的意料。刘备之所以这么吃惊，原因在于他算准了，袁曹开战在即，曹操的注意力都在北方，著名的官渡战役即将打响。这个时候，曹操是没有时间南下的。这是当时大部分人对局势的认知，包括曹操的众多部下们。

但曹操从来不走寻常路，尽管遭到众人反对，曹操还是决意南下，明确支持他的人只有郭嘉。因为郭嘉最大的特点就是出奇制胜，也不喜欢走寻常路。只有他俩认识到刘备的重要性远远大于袁绍。尽管此时袁绍的实力是最强的，但刘备的发展潜力是最大的。

曹操也玩了一把闪电战，他有骑兵的优势。刘备还未察觉，他已经带人杀过来了。

曹操的速度是真快。说曹操，曹操到，这个谚语能流传千年是有它的道理的。

当斥候报告说曹操大军将至时，刘备还不相信，亲自带人去看。结果就是，他看到了熟悉的旗号，曹操真的来了。

刘备的反应也是教科书级别的。他告诉我们，危急时刻，保命第一！留得青山在，不怕没柴烧。

刘备逃跑的时候相当狼狈，他连城都来不及回，老婆孩子也顾不得了，直接北上投奔袁绍。

守在下邳的二弟关羽也被迫进了曹营。

袁绍听说刘备来投，亲自出城迎接，而且袁绍真的是高接远迎。这个远有多远呢？二百里。能享受这个待遇的，整个三国也只有刘备一人。

袁绍为何如此看重刘备？当然是看中了刘备的价值。刘备受到袁绍超规格礼遇，与曹操厚待刘备，目的都是一致的。

曹操需要刘备收拾袁术。

袁绍需要刘备对付曹操。

被礼遇受优待的前提是你要有本事，面子都是自己挣出来的。

袁、曹对决，刘备是重要的第三方势力。刘备的部队虽然被打散了，但刘备的影响力还在，特别是在曹操的后方徐州，刘备的号召力可以说是振臂一呼，应者云集。

虽然袁绍的实力对曹操具有压倒性的优势，但袁绍的原则是团结一切可以团结的力量，尽最大可能去孤立对手，以最小的代价取得最大的战果。

为此，袁绍先后联络过孙策、张绣、刘表，但军阀们的反应冷淡。张绣甚至直接投了曹操。只有刘备站队袁绍，就冲这点，袁绍也要热烈欢迎刘备的到来。

七月，官渡战役陷入阵地战模式，正面战场打不开局面，这时刘备的重要性就体现出来了。

袁绍的家乡汝南的黄巾军刘辟起兵响应袁绍。刘备被袁绍派去开辟第二战场。

由于曹操的主力都集中在官渡前线，后方空虚。刘备在曹操的大后方汝南、颍川之间，往来纵横，自许县以南，躁动不安。

曹操于是派曹仁率骑兵闪击刘备，将其击溃。

刘备回到河北劝袁绍南连刘表并自告奋勇主动表示愿意前往荆州。刘备率本部人马再次回到汝南。直到袁绍官渡战败，曹操亲自带兵到汝南，刘备才不得已南下荆州投奔刘表。

待时而动——刘备在荆州的日子

来到荆州,刘备再次体验到宾至如归的感觉。刘表也亲自出城迎接,以上宾之礼厚待刘备,还拨给刘备兵马,将荆州北面与豫州相邻的新野作为刘备的屯兵之地。

荆州新野的战略价值就相当于豫州小沛,刘表的意思与陶谦大体相同,都想让刘备驻守北边为他们抵抗曹操。

不过,官渡之战之后的七八年里,曹操的主要精力都用于征战河北,很少南下。这就让守在新野的刘备很闲,刘备在荆州度过了他这一生中难得的悠闲岁月。

但就如同在许县,刘备在新野过得也不开心,他是闲不住的人。他是有追求的人,可他偏偏遇上了一个不爱折腾、没有追求的刘表。

当时人对刘表的一致评价只有四个字,自守之贼。郭嘉更是颇为不屑地称刘表"坐谈客耳"。纵观刘表的事迹生平,他确实对得起对他的评价。

群雄混战,逐鹿中原,吕布、袁术、公孙瓒、袁绍,你方唱罢我登场,十分热闹。刘表就待在他的荆州隔岸观火,看着群雄们你争我夺很是淡定。

其实，刘表不是一个没有能力的人。当年，他仅凭朝廷的一纸诏令单骑定荆州，有如此胆色足以说明他是有能力的。

不过，这是个英雄辈出的时代，相比同时代的各路英豪，刘表多少还是显得逊色一些。他还很有自知之明，很早他就认识到他的能力仅限于荆州，北面的曹操、东面的孙权，他跟他们都干过架，互有胜负，占不到便宜但也不吃大亏，基本能守住地盘。

其实，刘表是有机会的，很多机会。曹操扫平河北袁氏足足用了七年。这个时间足够给刘表搞事情，但他却依然选择坐观成败，按兵不动。

袁尚、袁谭在河北与曹操鏖战陷入僵持时，曹操的后方是最脆弱的，也是刘表最大的机会。谁都知道，一旦曹操搞定了袁氏兄弟，下一个轮到的就是他。可是，刘表用实际行动证明他是一个坚定的和平主义者。眼看着盟友覆亡，仍坚持不肯出手相助。袁曹对峙期间，刘表只派刘备做过短暂的出击很快便又撤回，就是那次著名的"火烧博望坡"，但要说明的是，那是刘备自己干的，那时刘备还不认识诸葛亮。

等袁尚与袁谭同室操戈打起内战，刘表就只会写信劝架，说一些一文不值的套话，一点儿实际的动作都没有。郭嘉说他是"坐谈客"真是一点儿也不冤枉他。

建安十二年（207）春夏之际，曹操亲自率军远征塞外，意在彻底铲除袁氏以及打击支持袁氏的乌桓。但曹操的这个举动遭到大多数人的强烈反对，至于反对的理由跟袁氏兄弟还有乌桓关系倒不大，他们担心大军远出，刘表会趁机北上袭击许县。准确地说，他们担心的不是刘表而是刘备。

诸将皆曰："今深入征之，刘备必说刘表以袭许，万一为变，事不可悔。"他们不担心关中诸将，不担心江东孙权，却偏偏担心刘表跟刘备，足以说明曹操同刘表、刘备的紧张关系。这也从侧面说明，曹操远征归来南下荆州将是必然的选择。

众人都持反对意见，只有郭嘉坚定地支持曹操，并当众点破刘表与刘备之间的微妙关系。郭嘉说："表坐谈客耳，自知才不足以御备，重任之则恐不能制，轻任之则备不为用。"

刘表想重用刘备，又怕自己控制不住刘备。不委以重任吧，刘备又不会为他卖命。郭嘉将刘表的尴尬心理描述得精准到位。

曹操的远征大军还是出发了。

刘备得知曹操出塞远征，果然劝刘表趁机出兵，而刘表也果然不辜负郭嘉对他的评价，执意不从，白白错过良机。

直到曹操班师凯旋，刘表才萌生悔意，对刘备说，后悔当初不听他的话。刘备对这个不争气的宗室兄长也真是没辙，只能好言安慰，说以后还有机会。其实，他们都清楚，刘表不会再有机会。因为北方已定，曹操即将南下，而首当其冲的必是荆州。

老迈昏庸的刘表已经指望不上，刘备明白事到如今他只能靠自己。

来荆州的这七年，刘备其实也没闲着，他广泛结交荆州上层，努力扩大自己的朋友圈。

不善言辞的刘备却喜欢交友，因为他不是用言语去打动对方而是用魅力来收揽人心。荆州是刘备的福地，他的建国班底基本上是在荆州成形的。

数年之后，刘备入蜀，随同前往的军师庞统是荆州襄阳人，大将黄忠、魏延分别是荆州南阳人与荆州义阳人，士兵当然也是以荆州人为主，可以说，刘备率领入川的是名副其实的荆州兵团。

刘备的荆州班底确立于赤壁之战以后，但他很早就开始布局了。

荆州士人大都被刘备拉拢。荆州大姓如庞统的庞氏、马良马谡兄弟的马氏、习祯的习氏、向朗向宠叔侄的向氏等，这些在当地举足轻重的大族在赤壁之战后集体奔向刘备。

而基础工作肯定是在赤壁之战前，因为一个在地方有影响的大家族其政治倾向不可能是临时起意，也不会是仓促之间做的决定，肯定是经过深思熟虑之后做出的选择。

刘备想必也做了大量的情感沟通，因为相比曹操、孙权，他的实力是最弱的。

后来，诸葛亮去江东谈联合抗曹，对孙权说，刘豫州英才盖世，众士仰慕，若水之归海。考之荆州士人的抉择，这真不是说大话，而是实事求是。蜀汉帝国的骨干力量基本是荆州人。

刘表其实也并非一无是处，至少在他主政的十余年里保证了荆州的稳定。在战火纷飞的年代，这点太重要了。谁不想过安稳舒适的日子，谁又愿意整天提心吊胆地生活。中原陷入混战，大批中原名士南下荆州避乱。

名士之乡的颍川便有许多士大夫来到荆州，他们中的很多人与刘备都产生过交集。其中，有两个人特别重要，一位是司马徽，还有一位是徐庶，他们都是颍川人，也都在荆州与刘备相识。而这两个人都向刘备推荐了一个人，诸葛亮。

刘备真正改变命运是从认识诸葛亮开始，也正是诸葛亮提出的隆中对策为刘备指明了前进的方向，而隆中对策也成为未来蜀汉的建国纲领。

三顾茅庐——隆中对策蜀汉的建国纲领

刘备曾向司马徽访寻名士，请他推荐。为何要找司马徽呢？因为司马徽是荆州知名的士人品鉴家，有着广泛的人脉与极高的知名度。荆州的司马徽就相当于中原的许子将，他们干的都是同一个工作，人才品鉴，品评鉴定。

他们说的话在上层是有分量的。这点曹操最有体会，当初为求许子将的一个好评，曹操不惜使用流氓方式也要许子将给他做评价，足以说明这种名士评语带来的影响非同一般。太尉的儿子曹操是不愁没有官做的，但他还是厚着脸皮求好评，因为当时的士大夫看重这个，想融入圈子，名士的推荐必不可少。

司马徽知道刘备所求是能辅佐他平定天下的大才，便说："儒生俗士，岂识时务，识时务者在乎俊杰。""识时务者为俊杰"的成语即出自此处。刘备自然要追问此间谁为俊杰，司马徽说："伏龙、凤雏。"刘备又问："伏龙、凤雏是何人？"司马徽这才说："诸葛孔明、庞士元。"诸葛亮，字孔明。庞统，字士元。

司马徽与诸葛亮、庞统的关系是亦师亦友，交情至厚。司马徽给诸葛亮与庞统的评语是通晓天下大势的俊杰，而伏龙、凤雏是诸葛亮、庞统的雅号。

与司马徽不同,徐庶是把自己荐给刘备。而刘备对徐庶也颇为器重,两人相处融洽。

不久之后,徐庶见时机成熟便也向刘备推荐诸葛亮,因为徐庶也是诸葛亮的朋友。

刘备于是亲自上门来请诸葛亮出山,去了三次,也可能是多次,才请到诸葛亮。这就是历史上著名的三顾茅庐。

长篇古典历史小说《三国演义》将三顾茅庐的故事写得很精彩,但其实历史有时比小说更精彩。

长期以来,刘备的三顾茅庐都被视为求贤若渴、礼贤下士的典范。然而,历史的真相远不是这么简单。

《资治通鉴》将三顾茅庐的时间放在建安十二年(207),大体是准确的。

刘备来荆州是在建安六年(201),而他三顾茅庐请诸葛亮是在建安十二年前后,中间相差六年之久。这固然有诸葛亮年纪尚轻正耕读于南阳的原因,但也有很多不便于明说的因素。

为何是建安十二年?因为这一年中原发生了一件大事,曹操彻底铲除了他的劲敌河北袁氏,基本统一北方,这意味着荆州的前景黯淡,安全形势大为不妙。

仔细翻阅史料便不难发现,多年以来,曹操饱受两线作战的困扰,北线的压力来自袁氏,南线的压力起初是吕布、袁术,后期主要就是刘表。

官渡之战时,吕布、袁术早已是冢中枯骨,但曹操两线作战的焦虑却达到顶点,因为刘备、刘表的存在令他寝食难安。这时,曹操最讨厌的是刘备,但最担忧的却是刘表。

从这时起，曹操只要北上就会担心被抄后路，他不担心江东的孙策、孙权，也不担心关中的马腾、韩遂，他担心的就是刘表。因为只有刘表站队袁氏，也只有刘表有这个实力。而为了干掉河北袁氏兄弟，曹操又不得不频繁北上，由此担忧南线引发的焦虑也与日俱增。曹操的头越来越疼了。

刘表在曹操的黑名单上已经待很久了。之所以到现在刘表还能平安无事主要就是袁氏兄弟对曹操的牵制，令曹操分身乏术，如今河北袁氏不复存在，那接下来，曹操要对付谁，显而易见。除了刘表还能有谁！这点荆州从上至下都很清楚，这也引发了荆州上层的集体焦虑。除去一心降曹的，大部分人都对荆州的未来心存忧虑。

刘表在袁、曹之争中的表现不仅令刘备大失所望，也让荆州士人对他不抱期望。刘表病死于建安十三年（208），推想可知，建安十二年的刘表不仅年迈体衰而且已经重病在身时日不多，至于他的两个儿子刘琦、刘琮，众所周知，难当大任。

荆州需要新的领导人，这个人必须有能力，才能抵抗曹操保卫荆州；这个人必须有威望，才能制衡各派势力保持荆州的长期稳定。按照这个标准，刘表父子三人不在考虑范围之内，符合以上条件的只有左将军刘玄德。

司马徽举贤与徐庶荐友便是发生在这个大背景下，刘备需要贤才，荆州更需要刘备。

刘备三顾茅庐请的是诸葛亮，但又不仅仅是诸葛亮，还有那些对刘表失望又不愿降曹的荆州士人以及他们背后的荆襄大族。

此时的诸葛亮是耕读于南阳隆中的书生。只是他的身份不仅是书生也是荆州士人的代表。

诸葛亮，字孔明，徐州琅琊人。他的叔父诸葛玄与荆州牧刘表是好友。曹操攻掠徐州，屠杀百姓，诸葛亮姐弟四人随叔父诸葛玄南下，几经辗转来到荆州。

此后，诸葛家便与荆州上层通过联姻的方式深度绑定。诸葛亮娶了黄承彦的女儿。黄承彦与刘表分别迎娶了蔡氏姐妹，他们是连襟。黄承彦是诸葛亮的岳父，刘表是诸葛亮的姨夫。

诸葛亮的大姐嫁给蒯祺，这个蒯祺是蒯良、蒯越的侄子。刘表初到荆州找的谁？就是蒯良跟蒯越。

诸葛亮的二姐嫁给庞德公的儿子庞山民。庞德公还有一个侄子叫庞统。庞德公与司马徽也是好朋友。

荆州八大家族：蔡氏、蒯氏、庞氏、黄氏、马氏、向氏、杨氏、习氏，他们彼此通过联姻、师生、同门等方式相互交融，这是一个超大型的朋友圈。

诸葛亮与蔡氏、蒯氏、庞氏、黄氏都有姻亲关系，与马氏、向氏、杨氏、习氏的关系也相当之好。马氏的代表马良与诸葛亮称兄道弟，至于马谡就更不用多说了。向氏的代表向宠更是被诸葛亮写进《出师表》，"性情淑均、晓畅军事"说的就是他。杨氏的代表是杨仪，大家也很熟悉，诸葛亮北伐的时候他是长史随军筹谋策划。习氏代表习隆，这个人大众相对陌生，诸葛亮去世后，上书朝廷请求为诸葛亮立庙的人里面就有他。

看过这些，你还以为诸葛亮是耕读于南阳的普通书生吗？诸葛亮志存高远，常常将自己比作管仲、乐毅，这二人一个是春秋名相，一个是战国名将。诸葛亮的理想就是出将入相。事实证明，这些他都做到了。而且，诸葛亮做得比他的偶像们更好。

希望刘备主动去请诸葛亮的不是徐庶而是背后倾向于刘备的

荆州大族。他们在考验刘备的诚意，合作的诚意。诸葛亮是这些人推举的代表，年轻但富有才华的诸葛亮是最适合的人选。

因为背后的那些人不便出面，毕竟，此时荆州还是刘表父子在掌权。所以，只能通过这种方式谈合作。

相似的操作，在不久之后的赤壁之战时，孙权也做过。当曹操大举南下，江东也寻求与荆州方面就联合抗曹展开对话，他派出去的人是鲁肃。

江东与荆州是世仇，之前只在战场上见过，突然要谈合作，而且是初次见面，派官方代表显然不合适，而鲁肃这时虽然已经投奔江东，但尚未受到孙氏官方任命，他出使的身份仅仅是孙权的私人代表，但谁都知道他代表的是整个江东。鲁肃的这个身份可以给江东方面留下足够的回旋余地。

刘备三顾茅庐体现的是对诸葛亮的尊重，也是以此向荆州大族表达最大的诚意。

司马徽跟徐庶的出场是传达讯号，刘备的反馈是积极的。刘备不仅主动上门邀请，还去了很多次，给予荆州士人极大的尊重。

正是在这种亲切友好的氛围下，才有了著名的隆中对。

刘备与诸葛亮在隆中密室纵论天下大势。

刘备的开场白便不同凡响："汉室倾颓，奸臣窃命，孤不度德量力，欲信大义于天下，而智术浅短，遂用猖蹶，至于今日。然志犹未已，君谓计将安出？"

汉室倾颓，奸臣窃命。刘备先说天下大势，讲明当前形势。接着，刘备又说他本欲信大义于天下，即驱除奸臣，兴复汉室。怎奈兵少力弱沉沦至今，刘备的经历世人皆知，往事如烟，就让它随风而散吧，这些只是铺垫，但又必须要说。

复兴汉朝是刘备作为汉室宗亲的政治使命。此前的那些汉室州牧都太不争气，幽州牧刘虞、兖州牧刘岱、扬州牧刘繇都已经在军阀混战中折戟沉沙，益州牧刘璋与荆州牧刘表又都是尸位素餐的平庸之辈。豫州牧刘备是这些汉室州牧中起点最低、实力最弱、经历最坎坷，但也是最有能力、最有威望的，刘备是兴复汉室最后的希望。

刘备说他遭受很多挫折，但力图恢复的志向从未因挫折失败而改变。最后的那句"计将安出"才是重点。往事不堪回首，重要的是，今后怎么办？刘备充满斗志，但他找不到正确的方向。他希望从诸葛亮这里得到回答。

诸葛亮说："曹操已拥百万之众，挟天子而令诸侯，此诚不可与争锋。孙权据有江东，已历三世，国险而民附，贤能为之用，此可与为援而不可图也。"

诸葛亮的回答简要明确，首先要弄清楚，谁是我们的敌人，谁是我们的朋友。

当今天下，论实力曹操是最强的，拥百万之众，挟持天子号令诸侯。诸葛亮的意思是曹操过强，暂时不要跟他硬碰硬。"不可与之争锋"是暂时不争，暂避锋芒，不是永远不可争锋。因为要复兴汉朝必然要直面汉贼，而曹操是最大的汉贼。

江东孙权在不久的将来可做我们的盟友，危急时刻是我们的外援。

诸葛亮此时已经看清了未来数十年的战略格局，两弱抗一强，这是三国鼎立的根本。只能拉住孙权共同抗曹，孙刘双方只有联合才能生存下去，任何一方单打独斗都要面对巨大的压力。

既然对曹操需避其锋芒，孙权又只能做合作伙伴，那往哪里发展呢？刘备现在急需的是根据地，他要有属于自己的地盘，才能招兵买马壮大实力。枪杆子里面出政权的道理是古今通用的。

诸葛亮知道刘备会有疑问，下面就说到向哪里发展了。

诸葛亮说："荆州北据汉、沔，利尽南海，东连吴会，西通巴、蜀，此用武之国，而其主不能守，此殆天所以资将军也。益州险塞，沃野千里，天府之土；刘璋暗弱，张鲁在北，民殷国富而不知存恤，智能之士思得明君。将军既帝室之胄，信义著于四海，若跨有荆、益，保其岩阻，抚和戎、越，结好孙权，内修政治，外观时变，则霸业可成，汉室可兴矣。"

诸葛亮说得很清楚，适合发展的地方只有荆州跟益州。但这里也有问题，那就是荆州牧刘表与益州牧刘璋都是刘备的汉室宗亲。面对亲戚真不好下手，但刘备的对手曹操却两次及时送上助攻帮刘备实现梦想，当然这是后话了。

听完诸葛亮的隆中对策，刘备有一种醍醐灌顶的感觉，茅塞顿开，豁然开朗。

刘备最需要的就是诸葛亮这种具备战略眼光、谋略出众的军师。对诸葛亮，刘备有一种相见恨晚的感觉，整日与诸葛亮商议军国大计。

这就无形中冷落了关羽、张飞。刘备、关羽、张飞，兄弟三人情同手足，二十余年几乎形影不离，同席而坐，同榻而眠，关系极其亲密。

刘备与诸葛亮相互欣赏，他们在一起谈论的都是国家大事。但关羽、张飞看到的却是大哥与别人亲近，兄弟俩不开心了。这种情绪自然流露出来，而喜怒不形于色的刘备最擅长的就是察言观色，他很快就看出了两个弟弟的心思。

刘备只好开导二人说："我有孔明，如鱼得水。你们不要如此。"关羽、张飞表面上有所收敛，但心里恐怕还是有些不服。但很快，诸葛亮就会用能力令所有人心悦诚服。

孙刘联盟——诸葛亮出使江东

建安十三年（208）六月，东汉重新恢复丞相制度，这是曹操的意思，当然，出任丞相的人也是他。

此时的曹操扫平河北占据中原，潼关以东，长江以北，尽归其所有，此时又荣升丞相，走上人生巅峰。志得意满的曹操慨然有吞并四海、席卷八荒之心。

七月，曹操即率军南下，兵锋直指荆州。

而此时的荆州早已乱作一团。八月，刘表病卒，不出预料，刘琦与刘琮二子争位。

表面上是刘琦与刘琮在争斗，实质上是亲刘派与降曹派对荆州领导权的争夺。

刘表在世时掌握实权的是蔡氏。蔡夫人控制刘表，其弟蔡瑁掌兵。刘琦为避祸出为江夏太守。所以在这场争斗中，降曹派明显占上风，刘表死后，刘琮顺利上位，但他也不是胜利者。刘琮与刘琦不过是两派名义上的代表。

听闻曹军大兵压境，刘琮召集部下商议对策。他召来的都是降曹派，因为亲刘派早就被排挤出荆州的政治中心襄阳，所以，讨论的结果不出预料，清一色的主张投降。

刘琮当时就傻眼了。他刚接班，屁股还没坐热就投降，实在说不过去。

刘琮心有不甘还想抵抗，投降派们就开始给他摆事实讲道理。蒯越知道刘琮想抵抗是寄希望于刘备，他便"对症下药"说："将军您比刘备如何？"刘琮说："不如。"蒯越又说："如果刘备抵挡不住曹操，荆州还是会丢。如果刘备能挡住曹操，他还会甘心做您的部下吗？"刘琮想想也是，抵抗，不抵抗，荆州都不是他的。既然如此，那还不如趁早投降，争取个优待条件。

九月，曹操大军进至新野。刘琮派来的洽降代表已经在此恭候多时了。众将怀疑其中有诈，这也太顺了吧。还没打就投降，打了这么多年的仗，这种情况很少见。

此时的曹操屡战屡胜，充满自信。曹操表示，我大军所到之处，攻必取，战必克。刘琮小儿，畏惧大军，望风而降，有何可疑，不必担忧，速速进兵。

按说刘琮降曹这么大的事情至少要知会刘备一声，刘备与曹操的关系大家都知道，那是半点缓和的余地都没有，但刘琮投降全程都对刘备隐瞒。

荆州即将易主，刘备还被蒙在鼓里，这很可能是蒯越等人的主意。他们就是要坑刘备。直到投降各项事宜谈妥，刘琮觉得还是有必要告知一下刘备，这才派人到樊城通报情况。

而此时曹操大军已到宛城，距刘备驻军的樊城已经很近。刘备得知真相，顿时火冒三丈，平时城府极深的他也罕见失态，拔出佩刀架在使者头上说："现在就是杀了你也不足以解我心头之恨。杀你会脏了我的刀。"刘备随即召集文武商议，此时也没有别的办法，只能撤退。

襄阳、樊城近在咫尺，中间只隔着一条汉水。刘备率军南撤，许多自愿随军的百姓也跟着刘备一起撤退。

刘备率军民渡过汉水来到襄阳城外，在城下呼唤刘琮搭话。刘琮听说刘备已到城外，吓得不敢露面。刘琮不见刘备，一是惧怕刘备，二是心中有愧。毕竟这次刘琮不打招呼就投降坑苦了刘备。他怕刘备是来找他算账的。其实，他是以小人之心度君子之腹。

此时确实有人劝刘备就此攻襄阳夺荆州。诸葛亮就劝刘备夺取襄阳，据此对抗曹军。其实，以诸葛亮之睿智，他也很清楚此时就算打下襄阳也守不住。但这话他又不得不说，因为之前说过，诸葛亮不是代表他自己，他的背后还有那些支持刘备的荆州大姓。这些人希望由刘备出面接管荆州主持大局。

但刘备不愿这么做，说到底，他是个重情义的人。刘备是仁义之君，这体现在方方面面，不是虚情假意，真正的仁义是装不出来的。

当初，刘备在中原走投无路来投刘表，是刘表在他最困难的时候接纳了他，这份情义刘备始终记得。

刘备知道现在取襄阳易如反掌，但他不会这么做。刘琮可以不仁，但他刘备不能不义。

刘琮左右及襄阳城里的百姓纷纷出城投奔刘备加入南撤的队伍。刘备率领军民撤退路过刘表墓，祭拜之后，成礼而去。

走到当阳，军民已有十余万人，辎重数千辆，日行仅十余里，刘备派关羽率水军乘船数百艘先行前往江陵。

有人对刘备说："为今之计当速保江陵，今兵民虽多，然被甲者少,若曹公兵至,如何抵挡!"刘备说:"济大事必以人为本,今人归吾,吾何忍弃去!"

晋代史学家习凿齿评论说:"刘玄德虽颠沛险难而信义愈明,势逼事危而言不失道。追景升之顾,则情感三军;恋赴义之士,则甘与同败。终济大业,不亦宜乎!"

刘备的撤退目标是江陵,那里囤积着刘表攒下的大量军事物资,只要抢先占据江陵,就还有机会。

但他走得太慢了。而他的对手曹操正好相反,曹操跑得贼快。

曹操率军赶到襄阳,听说刘备已经南撤,知道刘备是奔着江陵去的。为了抢在刘备之前占领江陵,曹操也是拼了。他挑选五千轻骑兵,亲自带队火速南下,一日一夜疾驰三百里。

刘备兵民三十天走的路,曹操一天就走完了。这还有个追不上?很快,曹操就在当阳的长坂追上了刘备的撤退大军。战斗结果没有任何悬念,刘备的这支军民混杂的队伍,人数虽多,但有战力的士兵不多且极其分散,仓促之下组织不起有效的抵抗,顷刻之间就被曹军的骑兵冲散。

刘备仅率诸葛亮、张飞、赵云等数十骑突围而出。

这是一场前所未有的令刘备刻骨铭心的败仗。刘备曾在徐州先后被吕布、曹操打得丢妻弃子。但只有这一次是最惨的,十余万军民死走逃亡,哭嚎之声闻于数里之外。

危急关头,赵云、张飞以及诸葛亮都以不同的方式挺身而出力挽狂澜。刘备的核心团队的忠诚跟能力在此时得到全面的展现。不得不服刘备的识人之明,他重用的这些人都是可遇不可求的栋梁之材,极度忠诚又极有能力。

赵云负责保护刘备家小。乱军之中，赵云身抱幼主往来冲杀血染征袍终于突出重围，甘夫人母子得以保全皆赖赵云护佑。

后人有诗为赞：

> 血染征袍透甲红，当阳谁敢与争锋。
> 古来冲阵扶危主，只有常山赵子龙。

为保护刘备脱险，张飞主动留下来阻击曹军，而他所率领的只有二十名骑兵。

当追兵迫近，张飞据水断桥，瞋目横矛，大吼："我是张翼德，谁敢来与我决一死战！"曹兵见此情形，都不敢近前。靠张飞舍命相护，刘备才得以安全撤退。

当阳兵败，军民星散，江陵是去不成了。守城需要数量众多的军队，而此时部队已经被打散，就算赶到江陵也守不住。况且以曹操当时的进兵速度必然会抢在刘备之前进城。

既然知道曹操的下一个目标是江陵，刘备自然要竭力避开。

荆州虽大，但刘备可去的地方并不多。为今之计，只有去江夏与刘琦会合，再做打算，刘备直驱汉津与关羽水军会师，之后全军渡过沔水，正遇前来接应的江夏太守刘琦，两军合兵一处退守夏口。

曹操则顺利接收江陵，荆州大部为曹操所有，刘备岌岌可危。诸葛亮主动请缨："事急矣，请奉命求救于孙将军。"刘备当即派诸葛亮出使江东，意在说服孙权共同抗曹。鉴于曹操随时可能顺江东下，形势危急，刻不容缓。诸葛亮当即出发前往江东。

随同诸葛亮一同前往的还有江东特使鲁肃。

荆州局势也牵动着江东人的心。自曹军南下,江东方面便密切注视着荆州动向。

鲁肃主动请求出使荆州探查虚实。孙权觊觎荆州已久,立即照准。鲁肃以吊唁为名昼夜兼程溯江而上,然而形势变化之快还是大大超乎鲁肃的预料。

鲁肃走到夏口,听闻曹操大军已深入荆州,赶到南郡,才得知刘琮已降,刘备南走。鲁肃于是追着刘备撤退的方向赶上去与刘备相会于当阳长坂。

鲁肃问刘备:"豫州今欲何往?"刘备说:"我与苍梧太守吴巨有旧,欲往投之。"鲁肃在探刘备的口风。刘备的回答也在试探鲁肃。

还是鲁肃沉不住气,先交底了:"我们孙将军聪明仁惠,敬贤礼士,据有江东六郡,兵精粮足。您与其去投偏远之地的吴巨,不如与我家将军共谋大事。"刘备等的就是这句话,他才不想去苍梧。鲁肃又对刘备身边的诸葛亮说:"我是子瑜的朋友。"子瑜是诸葛亮兄长诸葛瑾的字,此时诸葛瑾已是孙权帐下的重要谋士。

鲁肃这么说是想拉近双方的距离。刘备采纳了鲁肃的建议进驻鄂县樊口,同时派诸葛亮去江东谈联合抗曹事宜。

此刻千斤重担都压在诸葛亮肩上,成败在此一举。多年以后,已是蜀汉丞相的诸葛亮回忆往事,对当时的情形仍记忆犹新。诸葛亮在《出师表》中说的"受任于败军之际,奉命于危难之间"指的便是当阳之役后的江东之行。

此时孙权正屯兵紧邻荆州的柴桑观望形势,他的压力也很大,不比刘备轻松多少。此刻的孙权处境甚至比刘备还难。

刘备至少不用做选择，只有抵抗到底一条路。而对孙权而言，糟糕之处在于他还有的选。帮还是不帮刘备，他必须迅速做出决定。帮刘备，意味着与曹操决裂公开对抗；不帮刘备，谁知道曹操会不会得陇望蜀顺流而下来取他的江东。

孙权与刘备素昧平生，之前两人都不认识，孙权为何有帮刘备的想法，因为唇亡齿寒、户破堂危。

此时的主动权不在孙权这里，而在曹操那边。曹操可以选择见好就收，只取荆州，与孙权和睦相处。这种情况下，孙权至少可以暂时中立，但也只是暂时，说不定哪天，曹操就会剑指江东，与其整日提心吊胆还不如与刘备联手打退曹操，求得长治久安。

在曹操未明确表态之前，孙权对是否卷入曹刘之争还是心存疑虑。两个帮他下定决心的人此时正在赶来的路上，这两人是诸葛亮与周瑜。

在他们赶到之前，孙权先开了一次内部会，结果是一片投降之声，令孙权很失望。给他带来希望的是鲁肃。孙权说他们都想投降。鲁肃说，对，因为他们投降还有出路，可是您投降能去哪儿呢？孙权说，我想打，可是心里还是没底。鲁肃说，那就把周瑜召回来吧，听听他的意见。

周瑜之前被派去鄱阳湖操练水军，得令后紧急赶回采桑。周瑜是主战派的代表，说曹操名为汉相实为汉贼。马超、韩遂尚在关西，曹操有后顾之忧。曹操擅长的是陆战，水战不是他的优势。曹操舍鞍马杖舟楫，这是以他之短攻我之长。现在又是冬天，战马都找不到草料，曹操的士兵多是北方人，水土不服，必生疾病，生擒曹操，只在今日。请主公给我数万精兵，我必为主公破曹。

虽然周瑜说的都是对己方有利的话,不利的压根不提,但孙权还是很满意,关键时刻,有人肯上就是好同志。

别管多少人吵着要投降,只要手握枪杆子的人跟我一条心就不怕,但孙权也明白,以曹操的体量,光靠江东是远远不够的,还要有盟友才行。

诸葛亮正式出场。

诸葛亮开场先讲形势,说如今海内大乱,将军起兵江东,刘豫州收众汉南,与曹操并争天下。

一个收众汉南,一个起兵江东,一个并争天下。寥寥数语就从求援变成谈合作,从被动到主动只需一席话,啥叫水平,这就是水平。

从开始就将刘备与孙权放在对等的位置上,我们有实力,你们有地盘。我们共同的敌人是曹操。他是我们的敌人,也是你们的敌人。

曹操扫平群雄霸占中原,如今又轻取荆州。刘豫州兵少力弱兵败至此。将军如能以吴、越之众与之抗衡,不如早与曹操决裂;如若不能,何不学刘琮按兵束甲,早早迎降。

今将军外托服从之名,而内怀犹豫之计,临事不决,大祸将至。诸葛亮将孙权的那充满矛盾又扭捏纠结的小心思全都说了出来。

孙权也不示弱说:"如君所言,刘豫州为何不降!"诸葛亮料定之前的这番话,孙权必有此一问。诸葛亮早有准备说:"田横,齐之壮士,犹守义不辱;况刘豫州王室之胄,英才盖世,众士慕仰,若水之归海!如大事不济,此乃天也!"

诸葛亮在此表明态度，我们不会投降，我们会抵抗到底。刘豫州乃汉室宗亲，我们宁死不降。这时候，孙权也只能说："吾不能举全吴之地，十万之众，受制于人。"

大话虽然说出去了，然而，孙权明白仅凭一腔热血是不够的，要跟曹操正面硬刚还得有实力才行，接下来的话才是孙权想问的。孙权说，我决定了，与老贼决一死战，只有刘豫州可共抗曹贼。

然后，孙权心怀忐忑而又小心翼翼地问道："然豫州新败之后，尚能抗此难乎？"诸葛亮说："豫州军虽败于长坂，今战士还者及关羽水军精甲万人，刘琦合江夏战士亦不下万人。"

诸葛亮也向孙权交底，我们还有两万战士且斗志坚定，是可以合作的盟友。

事到如今，必须坦诚相待。况且，荆州方面的情况，孙权也知道，没必要隐瞒。自己的实力，友军的实力，敌方的实力，必须清楚才能开战。

如今友军的情况，孙权知道了。己方的情况他比谁都清楚。剩下的就是曹操那边的情报了。

这点刘备方面要比孙权更有发言权，毕竟刚刚才打过。虽然打输了，但对手的虚实还是能知道一些的。这也是现在孙权最关心的。

诸葛亮与周瑜的表述方式如出一辙，只说敌人的劣势，因为这个时候只能这么说。

诸葛亮说："曹操之众，远来疲敝，闻追豫州，轻骑一日一夜行三百里，此所谓'强弩之末势不能穿鲁缟'者也。故《兵法》忌之，曰'必蹶上将军'。且北方之人，不习水战；荆州之民附操者，逼近势耳，非心服也。"

说曹军远来疲敝，说荆州人心不服，说北人不习水战，可是对孙权最关心的曹军兵力却只字不提。这也不奇怪，孙权尚在犹豫，直接报出敌军兵力，怕孙权承受不住。因为孙权现在最需要的是勇气，不是敌人的军力报告。

只要您与我们刘豫州同心协力联手抗敌，一定可以打败曹操。曹军败，必北还；如此则荆、吴之势强，鼎足之形成矣。成败之机，在于今日！

还是给孙权鼓劲儿。

孙权听了很是振奋。

可是，他想问的曹军兵力还是没问出来。这个问题，只能由自己人来回答了。

还是周瑜跟孙权交了实底，曹操所率中原士卒不过十五六万，且已久战疲惫。刘表投降过去的士兵大概有七八万，但因是降卒人心不附，不足为惧。

尽管周瑜一再轻描淡写，不停地渲染夸大曹军的弱点，但曹军总兵力近二十万却是不可否认的事实。

周瑜对孙权说，请您给我五万精兵，看我破曹。

孙权用手抚摸着周瑜的背，这是信任亲近的表示，说只有你跟子敬与我是一条心，别人都靠不住，然后又说，五万兵属实有点多，一时难以调集。不过，我已选好三万人，粮草军器战船均已配齐。

孙权对周瑜说，公瑾与子敬率军先行，我当为卿等后援。卿等能破曹贼最好，如战事不顺，便退回来，待孤与曹贼决一死战。

孙权以周瑜、程普为左右都督，鲁肃为赞军校尉，领兵三万溯江而上来战曹操。

孙权为何想通了，要与刘备联合抗曹呢？因为形势已经越发清晰明朗。

如果曹操在轻取荆州大败刘备之后，不给刘备以喘息之机，发兵东进，拿出在长坂坡追杀刘备的那个劲头，就算刘备有关羽的水军加上刘琦的江夏兵马也坚持不了多久，兵败逃亡几乎是注定的。

但曹操并没有这么做，他停下来了，而且一停就是两个月，他在休整部队，操练水师。打刘备用准备这么久吗？当然不用。那曹操的意图就再明确不过了。他既要打刘备也准备连带着打孙权。

打刘备的最佳时机是九月，初入荆州连战连胜，乘胜进兵，直接杀到江夏，刘备必然凶多吉少。可是，曹操似乎并不着急，在江陵招降纳叛，一点儿没有追击的意思。

难道他不知道兵贵神速？他当然知道，一日一夜三百里追击刘备就是明证。

可是，现在曹操在江陵一停就是两个月，他在等啥呢？他在等寒冬来临，因为他要顺江东下，他在等长江的枯水期。

与江东作战势必要进行水战，而水战的优势在江东，这点曹操知道，孙权也知道。

战争就是最大限度地发挥自己的优势同时拼命去限制敌人优势的发挥。

长江不仅是天堑也是高速的运兵通道，水运相比陆运不仅成本低而且速度快，运兵的速度更快。

夏秋之际，江水上涨，船速快，更易发挥水军的优势。

深冬季节，江水枯竭，船速慢，可以最大程度限制水军的优势。

此后曹操、曹丕父子进攻江东都选在深秋寒冬就是这个原因。

孙权想明白了。曹操是来打他的。这就不是帮不帮刘备，而是如何自救。他自己这边的账，鲁肃、周瑜已经帮他算清了。

鲁肃告诉他不能降。

周瑜告诉他可以打。

从孙权提前就不声不响地调集三万部队来看，孙权也已经做好开战的准备。但他也清楚单靠他自己不是曹操的对手，他需要盟友，而有实力抗曹做他盟友的人只有刘备。从陶谦到刘表再到孙权，只要是对抗曹操，第一时间想到的就是刘备。从兴平元年（194）到建安十三年（208），从徐州到荆州，刘备专业抗曹十四年。

刘备的能力不容置疑。

刘备的名气天下皆知。

孙权担心的是刘备的实力。

这个问题只能由诸葛亮来解答。

诸葛亮告诉他，我们有实力。

你不是一个人在战斗！

孙权只能凑出三万人，而刘备有两万兵，双方实力相当，又有共同的利益。于是，孙刘联盟，共抗曹操。

这是诸葛亮初出茅庐的第一功。

孙刘联盟的关键在孙权，而说服孙权的是诸葛亮。

刘备对孙刘联盟求之不得，但他又不方便出面，只能交给诸葛亮。刘备交出去的不仅是对诸葛亮的信任，更是他自己以及所有部下的身家性命。

天下虽大，但刘备已经没有多少地方可退了。与孙权结盟是他最后的机会。而此时的他刚刚经历人生中最大的一场挫败，兵少力弱，困于一隅之地，强敌压境，形势岌岌可危。

以刘备此时的处境，想寻求与孙权在对等条件下实现合作，难度之大，可想而知，但如此艰巨的工作硬是被诸葛亮出色地完成了。

诸葛亮几乎是凭一己之力挽救了刘备。诸葛亮在刘备心中的重要地位也由此确定。

当诸葛亮胜利归来时，所有的质疑声音便从此消失，包括关羽、张飞在内所有人都心服口服。

赤壁鏖兵——刘备命运的转折之战

刘备征战一生,打得最痛快的一仗当属赤壁之战。这是他在大战中第一次面对老对手曹操取得全胜。之后,刘备进益州打刘璋多少有点理亏,争汉中战曹操整个过程打得也十分艰难。只有赤壁之战是刘备打得最好的一次战役。

虽然刘备专业抗曹十四年,大家也都将刘备看作堪与曹操匹敌的英雄。但刘备在对阵曹操的战斗中,败多胜少也是不折不扣的事实。尽管这里面有双方实力悬殊等原因,但战绩的确不好看。

刘备为数不多的胜仗打的都是曹操的部将,面对曹操本人的时候,刘备此前几乎就没赢过。

对此,刘备是不服气的,是时候展现真正的能力了。

赤壁之战,概括起来是两次火攻,两把大火确立了孙刘联军的胜局。一把是周瑜在赤壁放的,另一把是刘备在华容道放的。周瑜的一把火将曹操的舰队烧得七零八落,曹操统一全国的梦想也在熊熊大火中化为灰烬。而刘备放的一把火却差点要了曹操的老命。

建安十三年（208）冬，赤壁之战打响，首先发起攻击的是周瑜率领的江东水军。

周瑜的部将黄盖对周瑜说，敌人兵力占优必须速战速决，时间拖久对咱们不利。我观察曹军舰船都用铁锁相连，可用火攻破之。

周瑜说这我当然知道，可如何接近曹军水寨。黄盖说我有办法，诈降。后面的剧情，熟悉三国历史的人都不陌生。黄盖用诈降轻易就骗取了曹操的信任。

曹操自进入江陵以来，干的主要工作就是招降纳叛，对相关业务流程已然驾轻就熟。在曹操看来，江东有人来降实在是再正常不过了，不来才不正常。曹操受降已经受到麻木。当今世上，敢于抗衡自己的也就是刘备了。其他人听到他的名字就已闻风丧胆，哪里还敢抵抗。

然而，历史告诉我们，一个人过于嚣张迟早是要翻船的。

刘备联手周瑜给曹操狠狠上了一课。

周瑜利用曹操的骄傲轻敌麻痹大意，以黄盖诈降的方式用火船偷袭曹军水寨成功。因为曹军战船多用铁索相连，此时面对迎面驶来的火船想跑都跑不了。大火迅速蔓延，很快岸上的陆寨也被烧着，曹军陷入一片混乱，江东水军趁势掩杀，大获全胜。

但曹军只是被击溃并未被全歼，以周瑜的三万人想吃掉七倍于他的曹军，就算周瑜有这个胃口，他的兵力也不允许，能击溃已经是奇迹了。

以少胜多之所以被津津乐道是因为这种事很少发生，更多的情况是人多打人少，以多胜少才是大概率事件。

需要说明的是，周瑜的火攻只是打乱了曹军的部署，击溃其阵形。以黄盖那点火船是不可能将曹军战船全部烧毁的，就算是铁索连舟，也不会一个紧贴一个，大部分战船得以在大火中保全。

曹操率领大军乘坐剩下的战船逆流而上向江陵方向退却。走到巴丘时，曹军中爆发严重的疫情。曹操不得不下令弃船上岸，从陆上撤退。

水战失利让曹操对投降的荆州兵备感失望，加上疫情的蔓延，迫使曹操舍船就步。虽然谁都知道水路更快更安全，但曹操只能选择更难走的陆路。

诸葛亮在战前预测的北人不习水战，荆州人迫于形势投降；周瑜预言的曹军水土不服必生疾疫，全部应验。

但曹操不知道的是，踏上陆地才是他倒霉的开始，他的老对头刘备已经在追杀他的路上。

多年的战争经验，令曹操的战场直觉异常敏锐，上岸后，曹操便率队狂奔。

走到华容道时，道路泥泞，风雪交加，人马行进艰难，曹操下令让步兵负草填路，可还不等步兵把路修好，他便迫不及待纵马强行通过，很多来不及避闪的士兵被踩踏而死。

曹操狠心冷血，但也正是这一点让他逃过追杀，保住老命。曹操通过华容道不久，刘备就率军赶到。

《三国演义》说是关羽堵在华容道念及旧情放过曹操。而真实的情况是，在华容道堵曹操的不是关羽而是刘备，而以刘备跟曹操的"交情"，刘备是不可能放过曹操的。

刘备也在华容道放起一把大火，可惜，慢了一步。

如果曹操被刘备堵在华容道，那大概率会被烧成灰烬。

逃跑的曹操有多努力！周瑜在江上追不上他，刘备在陆上也追不上他。

周瑜擅长的是水战，水上追击应该是他的保留项目。刘备善于撤退，只要他跑起来，追他的人连他的背影都看不到。但就是这样两个人拼尽全力，依然追不上曹操，还是让曹操溜掉了。

曹操逃出华容道不无得意地对部下们夸口，说刘备的确算得上是我的对手，只是反应慢了一点儿。要是在这（指华容道）放起一把大火，那我们就都跑不出去了。

这是典型的曹操式自夸，曹操是极好面子的人，仗可以打败，但面子不能丢。

刘备的确来了，也的确放了一把火。曹操在给自己找台阶下。曹操的部下们也熟知曹操的秉性，保持看破不说破的职场传统规则，会心地露出笑容，纷纷拍手叫好。

尽管仗打得灰头土脸，但必须保持风度，曹操退到江陵后不久即率军北返，只留下曹仁守江陵，乐进守襄阳，其余主力尽数北撤。

孙刘联军随后跟进，周瑜率部渡江北上围攻江陵。刘备则挥师南下收复失地。这很符合联军的作战风格，互不统属，各打各的。

刘备上表朝廷以刘琦为荆州刺史，引兵南徇四郡，荆州在长江以南的武陵、长沙、桂阳、零陵纷纷归降。

刘备以诸葛亮为军师中郎将，收取零陵、桂阳、长沙三郡赋税以充军实。

相比刘备的顺风顺水，周瑜就惨多了。江东军也就水战见长，陆战极其拉胯。周瑜在江陵城下频频受挫，苦战一年也打不下江陵。与周瑜享受"同等待遇"的还有进攻合肥的孙权。

早在赤壁之战进行时,孙权为策应西线赤壁战场,选择从东线出击,围攻合肥,以减轻西线压力,牵制曹军。可是,孙权在合肥久攻不下,打到第二年三月,曹军援兵赶到,孙权不得不退兵。

周瑜在江陵攻城一年,但曹仁守城的水平也很强,硬是让周瑜占不到便宜。攻守双方相持一年,攻城战打成持久战,还是关羽及时支援才让战局出现转机。

关羽的办法也很简单,切断曹军的补给线。曹操传统战术也被关羽学会,然后以其人之道,还治其人之身。

关羽水军封锁了江陵曹军的补给线。这下曹仁慌了,就算他再能守,也不能饿着肚子守城。

关羽水军在襄阳与江陵之间的汉水上往来纵横,江陵的曹军在事实上已经成为一支孤军。曹仁不得已只好放弃守了一年的江陵。周瑜随后进驻,被孙权任命为南郡太守。

赤壁之战后,周瑜向北,刘备向南,双方已然分道扬镳,划分南北的边界即是长江。

刘备以刘琦的名义南下,荆州在南方的四郡纷纷归顺,因为他们也没有别的选择。曹操的势力被限制在长江以北,江南四郡,大部已归属刘备。

南郡的江南部分也不例外。本来就是刘备的地盘,刘备的大本营就设在南郡长江南岸的油江口。

战后,刘备在这里筑城防守,改油江口为公安。与这座新城隔江相望的就是江北的江陵城。

江东方面不仅不给刘备分地,还利用他们的水军优势依托洞庭湖与刘备抢地盘，抢占江南四郡。

只是因为刘备行动迅速，加上江东军主力在江北随周瑜攻江陵，兵力有限，抢占的地盘也有限，主要集中于洞庭湖东南沿岸。

江东拥有比刘备规模更大的水军。周瑜于赤壁之战后沿长江追击曹操至江陵，经过巴丘（今湖南岳阳）一带时，即分兵进入洞庭湖。

因为洞庭湖连通着湖南四大水系湘、资、沅、澧，四大水系可直通荆南四郡各城。后来吕蒙、鲁肃袭三郡就是依靠对洞庭湖的控制权将关羽挡在汉寿，江东水军却能在三郡间利用水道来去自如。

孙刘双方在经过一阵明争暗斗你抢我夺之后，算是认定了彼此在荆州的势力范围。

不久，刘琦病逝。孙权顺水推舟上表以刘备为荆州牧。刘备也上表以孙权为徐州牧，代理车骑将军。来而不往非礼也。

孙权终于在级别上与刘备平起平坐了。孙权这人可从来不做亏本的买卖。当初，孙权愿意与实力明显弱于自己的刘备联合，很重要的一点就是看中了刘备的声望名气。

威望其实也是一种实力。刘备的兵力地盘虽不如孙权，但他的威望却是孙权望尘莫及的。刘备在荆州多年，深得人心，可以说是一呼百应。孙刘联合是各取所需。

战前，刘备名满天下，是朝廷的左将军、豫州牧。孙权不过是讨虏将军、会稽太守，比刘备整整低了一个档次。世人对孙权的印象不过是孙策的弟弟，一个靠兄长上位的平庸之辈。即使在江东，很多人对孙权也缺乏敬意。

但战后，刘备得到地盘，孙权获得声望。孙刘实现双赢。而最大的输家当然是曹操。

不过，曹操虽然输了，却依然是最大的得利者。赤壁之战后，孙、曹、刘三分荆州。

曹操占据荆州的精华部分南阳郡以及南郡的襄阳。孙权夺取南郡的江陵以及江夏郡的江南部分。刘备据有南郡的江南部分公安城以及零陵、武陵、桂阳、长沙等荆南四郡。

仅以三家所占南郡之地而论，曹操占襄阳，孙权据江陵，而刘备仅得公安，以实力而言是依次递减，以所占之地而言也是如此。推而广之，扩大到整个荆州，这种情况也是适用的。

仅从荆州来说，刘备占的地最多，实力却是最弱的。曹操的一个南阳郡其富庶程度就超过刘备的荆南四郡的总和。四郡人口全加起来都不如一个南阳郡，更何况，曹操还占着襄阳。孙权抢去的南郡、江夏郡，虽然都只是部分地区，但也算繁荣。只有刘备的四郡属于典型的老少边穷。

刘备北有曹操，东有孙权，一个难以争锋，一个只可为援，剩下的只有西、南两个方向，而南面是更荒蛮的交州，去那里等同于自我发配。只有西进益州才有出路，这也是诸葛亮在隆中对中指明的方向。

跨有荆益，刘备已经完成了一少半，至少此时刘备在荆州已经站稳脚跟，但向西发展的前提是据有江陵。

这时江陵被江东占据，刘备的办法是向孙权借南郡，其实是借江陵，这就是历史上聚讼纷纭的"借荆州"。

刘备敢于向孙权借地盘也是有原因的，此时的孙刘两家正处于蜜月期，孙权刚刚把自己的妹妹孙尚香嫁给刘备。

这个时候提要求正合适，为此，刘备亲自前往京口去见自己的大舅哥孙权。双方就共同关心的话题深入地交换了意见，达成了广泛的共识。双方一致认为曹操是扰乱国家的罪魁祸首，双方都表示要加强合作，共同讨伐汉贼曹操。

就在双方谈兴正浓之际，刘备向大舅哥提出了借江陵的想法。

鲁肃表明态度，积极支持，原因是赤壁之战与曹操闹翻又占据沿江的江陵后，一个问题就暴露出来，防线过长，超出了江东方面的现有实力。

地盘占得不多，但防线却延长千里，由此带来的是防守上的压力剧增。这点孙权自然也很清楚，所以，对刘备的要求，孙权原则上不排斥，大体上能接受。谁也不愿将辛苦打下的地盘借给别人，但现实是仅靠江东又很难守住数千里的长江防线，毕竟，赤壁一战与曹操结下深仇，今后的主要威胁是北方的曹操。刘备还是合作的对象，借江陵给刘备分担长江防线的防守压力，对双方都有好处。

但不怕没好事，就怕没好人。周瑜第一个跳出来反对。孙权也只能将此事暂时搁置，因为江陵是周瑜费尽千辛万苦打下来的，人家有发言权。孙权要照顾周瑜的感受，毕竟人家是赤壁之战的功臣。

周瑜不但反对借地给刘备，还主张趁机扣押刘备。这个想法未免有点疯狂。不同于孙权、鲁肃，周瑜一直对刘备充满敌意。

周瑜上疏孙权说，刘备世之枭雄，关羽、张飞熊虎之将，久后必为江东大患。周瑜指出了潜在的危机，也提出了解决的办法。周瑜说不如趁此时扣押刘备，然后以此为要挟，让关羽、张飞听从他的指挥征战疆场。

扣押刘备,还想让关羽、张飞听你指挥,周瑜的这个想法只能用痴心妄想来形容,正常人都不会这么想。孙权当然也不会,说我考虑考虑。

刘备从容返回荆州,当时他并不知此事,后来才知道,也是惊出一身冷汗。

周瑜的疯狂还未结束。不久之后,他又提出一个更加大胆更加狂妄更加匪夷所思的想法,率水军溯江而上,攻取蜀地,全据长江之险。

很明显,这又是一个幼稚的计划,孙权明知不可行但又不好驳周瑜的面子,只好同意,希望周瑜撞到南墙早点回头。

赤壁之战后,周瑜的所有建议主张都可以用三个字概括,不靠谱。周瑜的军事能力与谋略水平被严重高估。他的军事巅峰能说得出口的战绩也仅限于赤壁一战,除此之外,乏善可陈。

曹操烧船北撤时说让周瑜白得名声,当时大家都认为这是曹操为自己遮羞。现在看来,曹操此言有理。

刘璋手下也有十万军队,加上蜀地之险,岂是说取就能取的。周瑜只有水战在行,陆战极其拉胯,在攻打江陵时已经暴露得很充分。

周瑜返回江陵收拾行装,走到巴丘病死。之后,主张孙刘联合的鲁肃接任,在他的力主之下,孙权将江陵借给刘备。

周瑜死后,他在南郡的荆州旧部大多归附刘备,这其中就包括庞统。之前庞统的身份是南郡太守周瑜的功曹。

众所周知,东汉以来的政治潜规则,太守都是上面派下来的,而太守的副职功曹主要由本地大族的人担任。庞统家族在荆州的影响前已述及，周瑜起用庞统还是遵守了这个政治传统。

刘备入主南郡后，庞统的新身份是桂阳郡下属的耒阳县令。

从南郡功曹到耒阳县令是降级。

从繁华富庶的政治经济中心江陵到偏远的南方小县耒阳等同于发配。

庞统对这个新任命自然心有不满，表现在工作上就是消极怠工。而刘备听说庞统的表现后也不客气，直接罢免。

此事直接引发两位重量级官员的介入，刘备的军师中郎将诸葛亮与孙权的奋武校尉鲁肃。两人同时向刘备求情，表示庞统是难得的人才，不仅不能罢黜还应加以重用。

诸葛亮是刘备方面赤壁之战的首功之臣，鲁肃是江东方面的有功之人，而且刚刚劝说孙权借江陵给刘备。他们出面讲情，这个面子刘备必须给，而且还要给足。刘备当即召见庞统，与之面谈。两人相谈甚欢，可谓一见如故。刘备随即任命庞统也为军师中郎将，待遇尊宠仅次于诸葛亮。

庞统的低开高走看似只是一个微不足道的小插曲，然而，事情并非表面呈现的那么简单。

庞统在荆州的知名度很高，司马徽就将庞统称为南州士之冠冕。司马徽当初向刘备推荐人才只推了两个人，伏龙凤雏，诸葛亮与庞统。因此，刘备早就知道庞统。

以庞氏在荆州的地位，刘备不可能不清楚庞统的身份背景，甚至可以说，刘备与庞统之前虽素未谋面但早知其人。

庞统是可与诸葛亮并驾齐驱的名士，从之后刘备给庞统的礼遇也能看出这一点。

既然如此，刘备为何明知庞统的身份地位却在开始时给庞统那么低的待遇。答案是，刘备是故意的。

刘备就是要给庞统来一个下马威。刘备这么做不仅是给庞统一个教训，也是做给荆州那些随风倒的墙头草看的。

虽说大多时候地方豪强都不会追随诸侯走，谁来就奉谁为主。豫州陈群、徐州陈登也都未追随刘备。

但荆州的情况稍有不同。赤壁之战前，以诸葛亮为代表的名士就已经加入刘备阵营。待刘备南下襄阳，很多荆州士人甚至包括刘琮身边的亲信都舍弃刘琮追随刘备撤退。但也有不少人不为所动，曹操来了降曹，孙权来了降孙，就是不肯随刘备南撤。刘备对这些人颇为不满，庞统就是典型代表。

刘备虽然深知要在荆州立足必须与荆州大族深度绑定，紧密合作，但还是有必要敲打敲打那些墙头草。当然，这种教训要适可而止，当诸葛亮、鲁肃为庞统求情时，刘备见目的达到也就见好就收了。

冰释前嫌之后，刘备与庞统曾有过一次深谈，话题还是与借荆州有关。刘备问庞统，听说我去京口见孙权时，周瑜主张扣押我，你现在是我的人了，可以实话实说。庞统也未隐瞒，说确有此事。刘备不禁感叹，当初诸葛亮再三劝阻，劝我不要去，他就猜到周瑜会对我不利。我又何尝愿意冒险，只是局势所迫，不得不以身犯险。我是想曹操尚在北方，孙权还需要我与之联合抗曹，故明知此行风险难测，仍执意前往，现在想想也是后怕，险遭周瑜毒手。

刘备这一生多次身临险地，但每次都能化险为夷，原因还是在于他的能力。

吕布曾想杀他，但刘备仍去投奔。因为刘备知道他对吕布有用，吕布需要联合他对付袁术。

曹操也曾对刘备起过杀心，但刘备也去投奔曹操。因为刘备知道，他对曹操有用，曹操需要他对付吕布、袁术。

刘备知道周瑜居心不良，但他依然去见孙权。因为刘备知道，他对孙权有用，孙权需要他对付曹操。

吕布、曹操、孙权都是精明理性的一方之主，他们成熟且理智，都懂得不可意气用事，做事都会深思熟虑，权衡利弊，着眼大局，三思而后行。刘备是与他们同等级的对手，知道他们不会胡来，才敢去，虽然看似冒险，其实安全得很。

刘备的江东之行之所以险遭不测，原因在于周瑜是一个人在高层却极其少见的不理智的人。

理智的人，你可以跟他讲道理。不理智的人，你只能躲他远点，因为你不知他何时会"抽风"。

孙权是理智的人，所以刘备能跟他沟通。孙权虽然年轻，政治上却已相当稳重，刘备才能平安归来。

跨有荆益——刘备入川

刘备多年的奋斗为他赢得了良好的口碑,特别是在对抗曹操方面,只要有人想抗曹,第一时间想到的就是刘备。

在荆州站稳脚跟之后,刘备的下一个目标就是益州。但是益州并不好取。李白的诗句写得很明白,蜀道之难,难于上青天。

以刘备的实力,强攻的胜算不大,况且他背后还有一个时刻都在算计他的孙权。

但赤壁之战后,刘备真的是时来运转。就在刘备发愁不知如何取蜀时,他的老对手曹操及时送上助攻。

赤壁之战后,曹操着实消停了两年,但曹操就是曹操,注定是闲不住的人。

建安十六年(211)三月,曹操决定出兵讨伐盘踞汉中的张鲁。对此,张鲁的反应倒很平静,紧张的是他旁边的两邻居,马超跟刘璋。

马超本来是服从朝廷号令的,至少表面上服从。听说曹操要讨伐张鲁,马超直接掀桌子反了。

刘璋听说消息也赶紧派人出去找外援,希望在曹操兵临汉中前在蜀中构筑起新的防线。他找的外援就是刘备。

说来也怪，为何当事人张鲁很淡定，马超跟刘璋却很紧张。

马超激动是有原因的，因为张鲁的汉中与曹操占据的中原并不接壤。他们的中间还有关中相隔。曹操要征讨张鲁必然要经过马超的地盘。马超虽然读书少，但曹操这招假途灭虢，他还是看得出来的。明着是打张鲁，其实是打他。

此时关中的局势很复杂，关中并非只有马超一家，还有韩遂、侯选、程银、杨秋、李堪、张横、梁兴、成宜等十余支割据势力。这些人也全都反了。他们结成同盟，各部纷纷向潼关集结，准备与曹操拼命。

此时在前线的只有曹仁率领的先头部队，他得到的命令是坚守不战等待主力到达。因为曹操尚未出发。

直到七月，曹操才亲率大军赶到前线。曹操为何姗姗来迟，他在给对方调集部队的时间。这波操作看起来有点匪夷所思，但曹操有他的打算。

关中各支割据势力分散四方，要一个一个去打，不仅费时而且费力，不如等他们在潼关凑齐，然后来个一锅端，这就省去进山剿匪的麻烦。当然，曹操敢这么玩，在于他的实力足以碾压关中联军。

八月，双方摆开战场。

九月，曹操便大获全胜。

十二月，曹操就班师凯旋，只留下夏侯渊镇守长安，负责收尾。

益州牧刘璋听说曹操要兵进汉中也是坐卧难安，因为一旦曹操攻下汉中，下一个就是他。

益州别驾张松趁机对刘璋说，曹操若取汉中必趁势南下取蜀。曹军势大，仅靠我们益州，恐怕难以抵挡。刘豫州，使君之宗室而曹操之深仇，此人极善用兵。如请刘豫州讨伐张鲁，必破汉中。到时，请刘豫州率军镇守汉中，曹军南来，自有刘豫州抵御。如今州中诸将庞羲、李异等人，恃功骄豪，多有异心。不请刘豫州，则敌攻其外，民攻其内，必败之道。

刘璋深以为然，当即问谁可出使，请刘备入川。张松向刘璋推荐其好友法正。

起初，法正还不愿意去。直到张松向他交底，这次不是请外援而是投奔新主。刘璋暗弱，迟早为人所并，咱们要提前为自己找出路才行，不然，到时就玉石俱焚了。

法正这才领命。等到了荆州，见到刘备，法正很快就被刘备的魅力征服，从此便死心塌地追随刘备。

法正将张松的计划和盘托出，劝刘备趁机取蜀，他与张松为内应。刘备自然很想得到益州，但他不想用这么不光彩的方式。

人家请你去帮忙，你直接把人家的地盘给夺了。不管从哪个角度说都说不过去，但这是个弱肉强食的时代，仅靠仁义是远远不够的，战场上更多的还是要靠实力。

刘备犹豫不决，他的内心充满矛盾。这时庞统劝他，荆州已失去发展潜力，益州沃野千里，户口百万，夺取益州才有资本与曹操抗衡。

庞统的一句话打动了刘备。您现在不取，益州早晚也会被他人所得，这个"他人"指的当然是曹操。最终，刘备还是不得不面对现实。

建安十六年（211）冬，刘备留诸葛亮、关羽、张飞、赵云守荆州，自己与军师庞统，大将黄忠、魏延率数万步兵入蜀。

刘备率军自江州北上涪城，这里是他与刘璋约定的见面地点。

刘璋率三万大军从成都出发前往涪城与刘备相会。

尽管很多益州官员竭力反对刘备入川，但刘璋不为所动，还把反对派的代表主簿黄权赶出成都。

黄权反对的理由是一国不容二主。这么浅显的道理刘璋当然懂。但刘璋有他的心思，张松说得已经很明白，刘璋有腹心之忧，他的内部矛盾很大。

刘璋继承的是刘焉的地盘，而他们父子的这个政权是不折不扣的外来户。原本刘焉的经历与刘表相似，都是单枪匹马新官上任。外来州牧想稳固位置就要与本地豪强进行利益绑定，刘表就是这么干的。

但这么做缺点也是很明显的，刘表只是名义上的州牧，他是靠荆州豪强的支持上位的，如果这些人不再支持，他只能下台。赤壁之战前，即使刘表在世也保不住荆州，因为荆州土豪已经抛弃刘表、刘琮父子。

益州的情况起初与荆州也是差不多的，刘焉进入益州靠的是本地豪强的支持。如果照此发展，刘焉也不过是依附益州豪强的名义上的州牧，人家想赶你走，随时都可以。

但中原战乱，大批北方百姓涌入益州，刘焉抓住机会，从这些流民中招募士兵。因为他们中的大多数来自益州东面的关中、南阳等地，所以这支队伍号称东州兵。

有了"枪杆子"，刘焉便不甘心做益州土豪的傀儡。他要真正当家做主。东州兵流落异乡要想生存下去只能依靠刘焉。在东州兵的支持下，刘焉开始夺权。益州豪强起兵叛乱，刘焉就用东州兵镇压。

刘璋接班后，东州人与益州人的矛盾依旧。益州豪强再次叛乱，声势比之前更大。刘璋依靠东州兵血战才勉强将其镇压下去。

但叛乱给刘璋带来很大改变，他开始向益州豪强让步。益州官场本地人的势力开始上升。

这自然引起东州人的不满。张松、法正就是这些人的代表。他们认为刘璋已经不能代表他们，所以希望有一个更强有力的人带领他们压制益州豪强，保护他们的利益。他们认可的人就是刘备。于是，才有张松、法正力邀刘备入蜀。

当然，张松与法正只是负责联络，东州兵真正的实力派代表是吴懿、李严这些手握兵权的统军大将，他们才是能真正左右形势的人。

他们对刘璋向益州豪强的退让早就心存不满，这就能解释后来刘备率军南下时他们的行为举动。他们早就与刘璋离心离德，也早就想另投明主。他们等的就是一个机会。

刘备南下，机会来了。他们选择向刘备投降，不过是水到渠成，顺理成章。

刘璋看不到这点才是他失败的真正原因。到最后在他身边的反而是益州本地人更多一些，可是这些人虽有势力却不掌兵权。

刘璋的想法是利用刘备对付张鲁，同时震慑那些不听从号令的骄兵悍将。刘璋认为以刘备的能力可以击败张鲁，到时就请刘备入主汉中，向北防御替他挡住曹操，向南可以帮他讨平那些反对势力。

而刘备虽然才干出众但兵力有限,随同入蜀的荆州兵不过一两万人。刘璋手下的兵力有七八万人。刘璋认为他能控制住局面,但事实证明,已经被东州兵抛弃的他,早已掌控不住益州的局势。

在刘备与刘璋会面前,张松让法正秘密传递口信给刘备,请他在涪城设下鸿门宴,就在酒席上干掉刘璋,夺取益州,但刘备没有同意。作为先后担任过豫州牧、徐州牧的成熟的政治家,刘备深知赢得人心的重要性。

在酒席上埋伏刀斧手,摔杯为号擒杀对手的事刘备不是没干过,当初在徐州,韩暹就是这么被刘备干掉的。但此一时彼一时,韩暹不过是流寇,杀了也就杀了。刘璋可是一州之主,初来乍到,就把设宴款待自己的刘璋杀掉,于情于理都说不过去。设鸿门宴杀刘璋,看似省去了前期的战争成本,但后期的治理成本会非常之高,因为以诈术取胜不得人心。

而且,刘璋对此并非没有防备。刘璋为何率三万大军来会刘备,难道仅仅只是炫耀?当然不是。这既是向刘备表示欢迎也是向刘备展示实力。三万大军在那里,想杀刘璋,谈何容易!

刘备告诉那些心急的人,自己初入蜀地,恩信未著,不可仓促行事,还需从长计议。

刘备与刘璋涪城相会,宾主相谈甚欢,气氛融洽。

会上,刘璋推举刘备为大司马,领司隶校尉;刘备也推刘璋为镇西大将军,领益州牧。这是青梅煮酒曹操、刘备商业互吹,孙权、刘备职场互捧之后的又一次相互抬举。欢迎会也由此进入高潮。

这场盛大的欢宴持续了一百多天才尽兴而散。会后,刘璋回他的成都，刘备则北上葭萌关征讨张鲁。

刘璋也很是大方，馈赠给刘备的军资器械布帛财货以巨亿计。

刘备到葭萌关后并不急于与张鲁开战，而是在当地广树恩德以收众心。这就是刘备的高明之处，明明急于夺取地盘，却仍能耐得下心用慢功夫去争取人心。这是成大事者必备的素质，沉稳有定力，不为小利所惑，目光长远。

刘备到葭萌关后，打仗的事情一点儿没干，整天都在忙着深入群众体察民情。

其实，刘备最擅长的不是打仗而是群众工作。从徐州到荆州的经历都反复证明了这一点。在徐州，不管刘备被吕布、曹操打得有多狼狈，只要他回到徐州每次都能迅速拉起一支数万人的队伍。在荆州，刘备率军从樊城撤退的一路上，沿途百姓都自愿加入，大家都愿意跟着刘备走。

曹操的所作所为与刘备正好相反。在徐州，曹操大肆屠杀徐州百姓。在荆州，百姓宁愿背井离乡也要逃走就是为了躲避曹操。

光阴似箭，日月如梭。转眼间，刘备入蜀已有一年。军师庞统来找刘备，意思很明白，该行动了。

刘备也知道迟早要与刘璋开战，经过一年时间的准备，时机已然成熟，此时再不起兵，迁延日久反而对他不利。

但这场战争怎么打，还是要制定切实可行的作战方案。庞统向刘备提出了上、中、下三策。

庞统的上策是趁刘璋没有防备，挑选精兵强将直接奔袭成都，顺利的话，一战可定。

庞统的中策是以回荆州的名义召白水军将领杨怀、高沛饮宴，就在宴席上干掉二人，然后突袭白水关，据有关头，稳步推进，南下攻取成都。

庞统的下策是退还白帝，据守川口，主力返回荆州，等待机会。

庞统虽然提出上、中、下三策，但实际上只提了一策，因为只有一策可用。

庞统知道刘备不会用上策也不会用下策，因为上、下两策皆不可行。

庞统献策的方法很值得学习。作为下属每次要多准备几个备选方案，这样领导就有了一个选择的过程。如果只是单纯地提出一条建议，就将领导陷于被动，下属反而占据主动，事后论功岂不都是下属的功劳？这会让领导非常不舒服。

先说上策，奔袭成都。如此急躁冒进不是刘备的风格，而实际上也做不到。

当初，刘璋将白水军交给刘备"指挥"，动机并不单纯。刘璋的部队，刘备怎么可能指挥得动。白水军真正的作用是监督牵制刘备的荆州兵。有白水军在侧监视着刘备的一举一动，还想远程奔袭！才出发，人家就知道了。

突然袭击最重要的是速度，兵贵神速。然而，刘备率领的主力是步兵，速度上不去，达不到出敌不意的效果。

下策更不可行。既然已经明说是下策，只能说是万不得已才用的，刘备现在驻军葭萌关一如平日，尚未出现突发状况，不需用下策。

刘备此行的目的就是夺取益州，实现诸葛亮隆中对策跨有荆益的战略目标。

当初孙权要与刘备联合取蜀，被刘备婉拒。孙权说那我派兵单独取蜀，刘备也不答应，还派关羽、张飞带兵封锁入蜀水道不准江东舟船通过。孙权只得作罢。

刘备拦阻孙权的目的就是想自己取蜀。而刘璋主动邀请，这么好的机会，简直是千载难逢。

刘备当然十分珍惜这来之不易的机会。退往白帝城等于放弃，而刘备是不可能放弃的。

对刘备而言，真正令他犯难的是这次入蜀不得不违背他坚守多年的初心。刘备素有仁义之名，而他往日也是遵循自己的原则。

入蜀之前，刘备就此与庞统曾有过讨论。刘备说，与我势同水火的人是曹操。曹操暴躁，我就宽仁；曹操狡诈，我就坦诚。每与操反，事乃可成。今以小利而失信义于天下，奈何？

说到底，刘备过不去自己这关。

庞统的回答很实际，离乱之际，兼弱攻昧，逆取顺守，世之常势。今日不取，终为人利。

庞统的最后一句话打动了刘备。他不取，曹操、孙权就会取。这个世界不全是以道德评论人的，乱世，靠的终究还是实力。

庞统的意思很明白，您不能用道德束缚住自己。您讲仁义，可是您的敌人不会，到时吃亏的还是您。这是群雄逐鹿的时代，不可单纯拘泥于道德。诚然，就个人而言，对刘璋确有亏欠，但我们不来，曹操、孙权就会来，到时益州刘璋还是守不住。我们可以事后对刘璋多多补偿。我们所能做的也只有这些了。

对刘备来说，下令攻击刘璋是一个艰难的决定，但这个决定他必须下。生逢乱世，身不由己。

刘备采纳了庞统的中策，依计而行，设下鸿门宴，擒杀白水关守将杨怀、高沛，收编白水军，直到此时，白水军才真正归属刘备。

刘备于此时采取行动还有一个原因是张松的被杀。刘备之前声言要回荆州，张松以为刘备真的要走，便写信劝说。张松的哥哥张肃很可能也参与了密谋，此时见刘备要撤，就告发了张松，导致张松被杀。这下等于彻底撕破脸，刘备就是真想走也走不成了。

建安十八年（213），刘备与刘璋正式开战。刘备在收编白水军后迅速南下，进据涪城，抢在刘璋的主力部队赶到之前，占领了这座水陆四通的战略枢纽，抢占先机。

刘备在开战之初的表现展示出其优秀的军事指挥才能，从静如处子到动如脱兔，从筹划到出兵，行动迅速，如行云流水般流畅。刘璋尚未反应过来，刘备就已经连续抢占白水关与涪城两个战略要地。

白水关是蜀中的川北门户，与益州的东面门户白帝城并称益州福祸之门。

涪城在蜀中的地位大致相当于荆州的江陵，处于一州之中心，水陆交通发达。这类重镇通常也是军资粮饷的储存仓库。刘备本是孤军深入，最怕的就是粮饷匮乏。

夺取白水关占据门户险关，改编白水军补充了军力，进占涪城，控制了水陆中枢。

刘璋在得知刘备起兵南下之初，其手下谋士益州从事郑度劝刘璋坚壁清野。刘备为此还颇为担心。法正告诉刘备不必担心,刘璋肯定不会用此计。果然,刘璋对部下们说,我只听说过拒敌以安民,未闻动民以避敌。

而刘备也深知指望别人犯错是不靠谱的,想取胜还得靠自己。

善战者,先为不可胜以待敌之可胜。善于用兵打仗的人,总是先创造条件使自己不被敌人战胜,然后才寻找可以战胜敌人的时机。

为了避免被动,刘备知道自己的行动必须要快,唯有如此才能将主动权掌握在自己手里。刘备的这个理念从战争开始便得到坚定的贯彻执行,袭取白水关,抢占涪城,都是在这种战略思想指导下进行的典型战例。

刘璋显然被刘备突然发起的军事行动打蒙了。在军事部署上,与刘备的雷厉风行形成鲜明对比的是,刘璋应变不足,反应迟缓。

等刘璋反应过来组织进攻时,刘备已经稳稳控制住局面。

刘璋先后派刘璝、冷苞、张任、邓贤、吴懿等反攻涪城,但都被刘备击败。

刘璋在这里很可能又犯了一个大错,那就是分批出击,未集中兵力指定统军大将,导致被刘备各个击破。各路败退的川军退保绵竹,而由于连续的失利,川军的士气开始急剧瓦解。

本来就对刘璋不满的东州兵将领,在涪城之战后彻底倒向刘备。大将吴懿率部前往刘备军前投降,这对川军又是一次沉重的打击。吴懿是川中大将,他的妹妹吴氏嫁给了刘璋的哥哥刘瑁,连吴懿都投降了,全川为之震动。

刘璋又派护军荆州南阳人李严、荆州江夏人费观督率绵竹各军，希望他们能守住绵竹。

涪城失守后，绵竹就成了前线。刘璋几乎将能调动的机动部队都交给了二人。然而，李严、费观到前线后直接就降了。费观是刘璋的女婿，连他都降了，说明东州兵对刘璋已经彻底失望。

随着吴懿、李严、费观的接连投降，这场战争的胜负已经没有任何悬念。

刘备能迅速取胜，有一层原因不得不说，那就是刘备率领入川的是一支纯正的荆州兵团，从军师庞统到大将黄忠、魏延，再到普通士兵几乎都是荆州人。而刘璋手下的东州兵将领李严、费观也是荆州人。老乡见老乡，两眼泪汪汪。在他们发现刘璋有意对益州本土势力做出让步时，在他们认为刘璋已经不能代表他们的利益时，这支荆州兵团的出现，更加坚定了他们投向自己人怀抱的决心。

刘备率军顺利进驻绵竹，下一个目标是雒城。而雒城的后面就是成都。胜利在望，全军上下都对未来充满信心。

然而，在通往成功的路上从来不会一帆风顺。

对外人失去信心的刘璋派出了自己的儿子刘循去守雒城，这里已经是成都外围的最后一道防线。

在这里，刘备遭遇到入川以来最顽强的抵抗，也承受了最惨重的损失。

与之前的顺风顺水形成鲜明对比，刘备军在雒城陷入苦战，战斗异常艰苦，战事持续一年之久仍不见进展，全军上下都为之焦躁起来。军师庞统甚至亲临第一线督战鼓舞士气，然而，就在他身先士卒指挥部队攻城时，却被敌人的弓箭射中，当场阵亡。

刘备不得不暂停进攻，同时写信给在荆州的诸葛亮，请他带兵入川增援。

诸葛亮闻令而行，与张飞、赵云率军西上支援刘备，只留关羽守荆州。这个安排是刘备的意思。

然而，就是这个决策给荆州的安全带来潜藏的危机。一年后的鲁肃争三郡事件、五年后的吕蒙白衣渡江都与刘备现在的这个部署有关。

诸葛亮率荆州军精锐入蜀，当然令刘备的军力得以大大增强，加速了战争的胜利进程，但同时也削弱了荆州的防守兵力。这给了一直对荆州虎视眈眈的江东以可乘之机。

刘备对江东方面的威胁显然未引起足够的重视，他未弄清当前的主要敌人是谁，他当前的大敌不是刘璋，甚至不是曹操，而是孙权。

刘备的军事才能以及部队的战斗力都远远压过刘璋及其所部川军。开始，刘璋还占有兵力优势，地盘优势，随着刘备进据涪城，吴懿、李严的先后归降，刘璋连这些优势也不具备了。

战争进入到建安十九年（214），占据兵力、地盘优势的反而是刘备。蜀地的三分之二已归属刘备。刘璋困守成都一隅之地，雒城的挫折只是意外，而且在刘备军的持续打击下，雒城的崩溃也只是时间问题。刘备已经胜券在握，夺取益州指日可待。

如果刘备能及时意识到来自江东的威胁，此时不应从荆州大量抽调部队。

在荆州援兵抵达之前，刘备在雒城大败出击的川军，守将益州蜀郡人张任兵败被俘。刘备想招抚，但张任一心求死，只得将其斩杀。

不久，刘备率军攻占雒城。之后，乘胜而下，大军一直杀到成都城下。与此同时，诸葛亮与张飞、赵云也分兵略地。刘备从北向南打，诸葛亮等人从东向西打，各路大军在成都胜利会师。

刘备大军围城，但刘备不想强攻，仗打到此时，胜负已定。刘备不想增加不必要的伤亡，希望和平解决劝降刘璋，因此，虽然将成都围困数十日却并未攻城。

此时成都城里的刘璋还有精兵三万，粮帛还能支撑一年，城中百姓皆愿死战。刘璋对守城也还抱有希望。

但不久，一个人的到来成为压垮刘璋心理防线的最后一根稻草。这个人就是马超。

这两年马超的经历起起伏伏，潼关一战，打得曹操一度割须弃袍，还差点活捉曹操。然而，马超虽然给曹操制造了不少麻烦，但终究不是曹操的对手。

关中联军本来就是七拼八凑组成的，在曹军的凌厉攻势下，很快便溃散败逃。马超也逃往陇右避风头。

但仅仅过了三个月，马超便卷土重来，因为曹操已经撤走。曹操急于回朝要待遇，只留下夏侯渊镇守关中，陇右的兵力空虚。而马超在这一带人气很高，这里的羌人氐人都拥护他。因为马超有羌人血统，他的奶奶是羌人，他的妻子是氐人，因而氐羌都支持他。

马超率氐羌兵反攻，历时七月攻占凉州。但凉州的士大夫与地方豪强都心向曹操。这些人将马超骗出城，随即便关闭城门，改旗易帜，投降曹操，结果马超全家被杀。马超兵败只身逃往汉中投奔张鲁。起初，张鲁待马超不错，还一度想将女儿许配给他。但张鲁手下的谋士们都很反感马超，在张鲁面前说他的坏话，排挤他。

马超在汉中处境尴尬，听说刘备与刘璋开战有意前去投奔。而刘备听说马超的情况也想将其招至麾下。

马超在河陇一带是家喻户晓的猛将。刘备派马超的好友建宁人李恢前往游说，马超当即秘密南下。刘备暗中派人拦住马超，给他增加兵马，这些人装扮成羌兵随同马超来到成都城下。

刘璋清楚再抵抗下去意义不大，只是徒增伤亡，于是下令开城投降。

刘璋的失败有很多原因：

首先是过高估计了自己的能力，反对刘备入川的部下告诉他，请刘备是引狼入室。这么简单的道理，刘璋不会不明白，但他有他的小心思，之前已经讲过，他想用刘备对外威慑张鲁，对内压制桀骜不驯的将领。他的动机也不单纯，想利用别人却被别人将计就计。

不过，对刘璋最深刻的教训，也是身为人君必须牢记的原则，就是一定要保护好自己的基本盘。

曹操一定要重用谯沛人，一定要宠信青州兵，因为这些人是他的嫡系他的铁杆，也是关键时刻他可以依靠的力量。

孙权一定要重用淮泗人，一定要宠信淮泗精兵，因为这些人是他的嫡系他的铁杆，也是关键时刻他可以依靠的力量。

刘备一定要重用荆州人，一定要宠信荆州兵，因为这些人是他的嫡系他的铁杆，也是关键时刻他可以依靠的力量。

不管遇到多大的挫折，只要保住基本盘，就能东山再起。重用亲信，宠信嫡系，通过利益深度绑定，荣辱与共，才能确保地位，江山稳固。

刘璋的基本盘就是东州兵，他却不懂维系，反而向益州豪强让步，导致东州兵对他失望另投明主。

建安十九年（214）夏，刘备率军进入成都，成为西川之主。

进城之后，刘备当然要封赏随同他征战三年劳苦功高的将士们。左将军刘备自领益州牧。军师中郎将诸葛亮晋升军师将军。益州太守荆州南郡人董和被任命为掌军中郎将与诸葛亮共同处理左将军府事。刘备是左将军，因而左将军府实际上是最高权力机关。

刘备从开始便表明了政治态度，今后的益州将由荆州人与东州人共同执掌。东州兵投奔刘备就是为了保证他们在蜀中的利益，刘备明白这点，所以在第一时间将意思表达清楚。

在任何时候都要稳住基本盘，这是最重要的。小到一个人，大到一个国家，不管如何努力都不会令所有人满意。首先必须令最重要的人满意，至于其他人尽量争取。

东州代表法正被任命为蜀郡太守。李严为犍为太守。费观做巴郡太守。

追随刘备入蜀屡立战功的黄忠晋升为讨虏将军。魏延升牙门将军。前来投奔的马超拜平西将军。就连反对刘备入蜀的黄权也被任命为偏将军，受到重用。

将领们得到晋升，士兵们也没白干。刘备在围城之初就与将士们约定，城破之日，府库中的钱粮布帛分文不取丝毫不动，全部赏赐将士。因为这个约定，城门开启后，士兵们纷纷丢下武器直奔府库。

分过钱帛，有人意犹未尽提议将成都的田宅也分了，但赵云表示反对。牙门将军赵云此时也因入蜀战功晋升为翊军将军。赵云说这些田宅都是有主人的。益州百姓刚刚经历战火,此时需要的是安抚,怎可夺人田宅,当将田业归于旧主,使百姓安居乐业,然后征收赋税,充实府库。

刘备知道赵云是对的,当即采纳。府库是公家的,可以分赏将士;田宅是私有的,必须保护,公私分明。刘备明白要及时制止住过火的行为,当务之急在于安定人心,恢复秩序。

赵云不贪田宅赏赐而以大局为重,大胜之后不被胜利冲昏头脑仍能保持清醒,身为大将能做到这点实在难得。而这也正是诸葛亮欣赏赵云的地方。

赵云谨慎持重、胆大心细,在武将中并不多见。孙权的妹妹孙尚香嫁到荆州,给刘备带来的困扰大于喜悦。这位孙夫人将父兄的勇武刚烈都继承过来,别的女人喜欢胭脂水粉,她喜欢舞刀弄剑,身边的侍女平日里也是军人装扮,标准的不爱红装爱武装。刘备每次进孙夫人的房间心里都很忐忑。谁知道,这位孙夫人会不会一激动给他来上一剑。孙刘联盟是建立在互相利用的基础上,看似牢固,其实很脆弱。

果然,孙权听说刘备率军入蜀,就派人将妹妹接回江东。这是一个十分不友好的信号,预示着孙刘联盟已经接近破裂的边缘。

孙夫人走的时候把刘备的儿子刘禅也带上了。孙夫人虽然没对刘备下手,但还是对刘备的儿子下手了,而且差点就让她得逞。好在还有赵云。

嫁到荆州的孙夫人仗着娘家的势力在江陵城里飞扬跋扈,对此,刘备也很是头痛,但对这位骄横的夫人,他惹不起也躲不起。幸好,刘璋及时发出邀请,刘备愉快地接受并飞也似的出发逃离江陵，远离跋扈的孙夫人。

刘备出发前将防备孙夫人的重任交给了赵云。而赵云也不负所托，时刻警惕着孙夫人，得知夫人要走，第一时间做出反应，在长江上拦截江东船队，成功夺回刘禅。这就是三国历史上著名的赵云截江救阿斗。算上之前的长坂坡，这已经是赵云第二次救刘禅了。

有谨慎持重的，就有任性纵横的。刘备入蜀，东州派最受器重的当属法正。而法正也丝毫不加掩饰，彻底放飞自我。

当初，法正在刘璋手下很不得志，很多人都欺负他。现在，报仇的时候到了。此时的法正是蜀郡太守，大权在握，生杀予夺，全凭一心。

法正对昔日的仇敌展开了疯狂的报复，做到了一饭之恩必酬，睚眦之怨必报。凡是得罪过他的，都跑不掉，一个也不饶恕，一个也不放过，是法正的复仇信念。

为此，法正甚至根本不按法令，即使罪不当死，他也能枉法杀之。

由于法正杀人过多，有人看不下去，就去找诸葛亮，希望能约束一下法正。但诸葛亮很清楚，法正的背后是刘备，他也劝不动刘备。

法正的快意恩仇很像当年的刘备，而刘备也从法正身上看到了当初的自己。

诸葛亮对来人说，主公在荆州时，北面受到曹操的威胁，东面还要受孙权的逼迫，身边还有孙夫人时时需要提防，那时候可真是进退两难四面受敌。是法正力劝主公入蜀，倾心辅佐，出谋划策，才有今日。法孝直辅翼主公，使主公不再受制于人。怎么能禁止孝直使其不得稍行其意呢!

诸葛亮的话自然很快就传到法正的耳朵里。诸葛亮向来主张依法治国。这点法正是知道的,法正还曾认为诸葛亮执法过于严厉而当面劝谏过诸葛亮。

法正说:"昔日高祖入关,约法三章,秦民知德。今君假借威力,跨据一州,当先施恩惠,缓刑弛禁,以收民望。"

诸葛亮回答:"君知其一,未知其二。秦政苛暴,民怀怨叹,匹夫大呼,土崩瓦解;高祖因之,以成大业。蜀地自刘璋主政以来,文法羁縻,互相承奉,德政不举,威刑不肃。蜀土人士,专权自恣。宠之以位,位极则贱;顺之以恩,恩竭则慢。所以致敝,实由于此。吾今威之以法,法行则知恩;限之以爵,爵加则知荣。荣恩并济,尊卑有序,方为治国理政之道。"

因此,对诸葛亮的话,仅从字面上解读是远远不够的。诸葛亮是明褒暗贬。

鉴于法正的身份地位,诸葛亮不便于公开批评,只能以委婉的方式进行巧妙的劝说。

诸葛亮充分肯定了法正的功绩,也从侧面说明了主公为何宠信法正。然而,这些不是重点,真正的重点在后面。既然法正有这么大的功劳,那么让法正稍稍放纵一下又有何不可呢?

如果是平常人这么说,从字面看,是对法正的偏袒回护。然而,此话出自诸葛亮之口,就另当别论了。

诸葛亮真正想表达的意思是,我主张依法治国,你是知道的。你屡次犯法,不是我们不追究,而是看在你昔日的功劳上,不忍加罪于你,更不想令主公伤心。因为主公是很宠你的,处罚你会让主公难过。我们看在主公的情面上也不便责罚你。话说到这个份儿上，难道你还不该反思一下，收敛反省吗？诸葛亮与法正都是聪明人，有些话也不必说得过于直白。诸葛亮相信法正会听懂话中的深意。

诸葛亮与法正虽理念不同性情迥异，但始终能和睦相处。不得不说，这是诸葛亮执政能力的体现。虽然此时的诸葛亮还不是丞相，但已经表现出一个丞相应有的能力与水平。

丞相的主要工作之一就是协调各方，处理好方方面面的关系。

诸葛亮的治国才能之卓越是举世公认的，这点连刘备的敌人都是认可的。

在诸葛亮的治理下，益州很快恢复如常。刘备在蜀中的统治得以迅速稳固。

单刀赴会——孙刘平分荆州

刘备在蜀地征战三年才攻下益州。在此期间，孙权居然没来捣乱，以孙权的人品，出现如此情况极为罕见。

其实，不是孙权不想搞事情，而是刘备的老对手曹操在关键时刻又及时送上助攻。

就在刘备与刘璋激战正酣的建安十八年（213），曹操从东线出击，兵进濡须口，一时令孙权的长江防线风声鹤唳、草木皆兵。曹操率主力撤走后又派人在淮南屯田，准备日后再大举进攻。这让孙权寝食难安，逼得一向只会防守的江东也不得不主动出击，进攻曹军屯田的皖城。江东军趁曹军主力西归，以多欺少，才攻下皖城。

等到东线战局趋稳，刘备的入蜀之战也已接近尾声。

孙权听说刘备据有蜀地，自然是充满恨意十分嫉妒，当即派人来讨要荆州。刘备说，等我打下凉州就将荆州还你。这里的荆州主要是指江陵。

孙权当然不信，你不给，那我就自己抢。孙权也不跟驻守荆州的关羽打招呼，直接派官员接收长沙、零陵、桂阳三郡。

关羽听说后也不客气，将孙权派来的官员有一个算一个全都赶走，尽数驱逐。这下孙权也火了，当即派吕蒙率兵两万攻击三郡。长沙、桂阳两郡望风而降，只有零陵郡还在坚守，但不久也被吕蒙用计诱降。

刘备在蜀地听说荆州有失，立即起兵东下，亲自率领五万大军来争荆州。刘备率主力进驻公安城，同时命令关羽领兵南下夺回失地。

孙权敢出兵自然也早有准备，早就调兵遣将严阵以待。孙权亲率大军进驻陆口，亲自坐镇为诸军声援。同时，孙权又让鲁肃领兵一万屯于益阳挡住关羽，并令吕蒙回兵增援鲁肃。

刘备对阵孙权，关羽对阵鲁肃，双方拉开阵势，剑拔弩张，大战一触即发。

关羽驻兵益阳与鲁肃对峙。

此时鲁肃的内心一定是相当痛苦的。因为他是江东方面的联合派，力主孙刘联盟。江陵也是他促成借给刘备的。但眼下这个局面，鲁肃就很尴尬，简直里外不是人。孙权后来与陆逊专门评述过周瑜、鲁肃、吕蒙三大都督，对鲁肃的评价不高，主要原因就是因为鲁肃当年曾主张借地给刘备。

孙刘反目是鲁肃最不希望看到的，所以，鲁肃希望以谈判解决双方的分歧，尽最大可能避免战争。为此，鲁肃提出与关羽面谈。

当时，双方的关系已经极为紧张，战争随时可能打响。于是，双方约定将各自兵马驻于百步之外，百步大约是弓箭的有效射程。

双方主将会面，只准带少数亲随，武器只准携带单刀，其他一概不许。这就是著名的单刀赴会。需要说明的是,单刀赴会不只是关羽,鲁肃也是。双方主将就在两军数万将士的注视下,在沙场上举行火线谈判。

关羽说,赤壁之役,左将军也身历其中,激励将士,奋勇杀敌,多有战功。意思很明白,赤壁之战大胜是双方合作共同破敌,不是你们一家的功劳。江陵是从你们借的不假,但荆南四郡都是我们打下来的。怎么就成了你们的了?鲁肃说,当初你们在当阳惨败,是我们江东及时出兵才使你们转危为安。刘豫州已经有南投苍梧的打算,不是我们,你们恐怕也得不到荆南四郡。

双方说得都有道理,于是,关羽与鲁肃各说各话,谁也说服不了对方。更重要的是,其实他们说的也不算,真正能拍板的还是刘备跟孙权。

照这个情势,孙刘开战几乎不可避免,然而,危急时刻,又是曹操及时出现,为双方化解尴尬。

因为北方传来消息,曹操即将对汉中用兵,这次不是假途灭虢而是来真的。因为关中诸将已经被曹操荡平,接下来就轮到汉中的张鲁了。

不出意外,曹操肯定会夺取汉中,因为双方的实力对比悬殊,胜负已经没有悬念。

这就令刘备顿感压力倍增。因为汉中的南面就是蜀地。汉中若为曹操所得,益州将直接处于曹军的威胁之下,而刘备刚刚取得益州,人心尚不稳固。一旦曹操大军压境,难保那些投降的人不会叛变谋乱。毕竟,刘备取蜀的方式多少有点理亏,支持刘璋的旧势力依然存在。刘备对此也有防备,进入成都后不久,刘备就将刘璋迁往荆州安排在公安城居住。

为了稳住益州，刘备不得不做出巨大让步，双方经过艰苦谈判，讨价还价，达成协议，孙刘双方以湘水为界；湘水以东的长沙、江夏、桂阳归孙权，湘水以西的零陵、武陵属刘备。

刘备以土地换和平，暂时令荆州局势有所缓和，对这个结果，刘备是不满意的，但形势所迫，还能勉强接受。

孙权以武力强夺，收取二郡，但对此结果，孙权也是不满意的。因为荆州最重要的江陵城还在刘备手里，只要刘备方面占据着江陵，孙权对荆州的行动就不会停止。

虽然双方的湘水之盟避免了战争，但也只是暂时的，不过是将战争推迟。因为双方的矛盾是结构性矛盾，是不可调和的。孙权要的是刘备所有的荆州的全部，而刘备是不可能满足孙权这个贪婪的要求的。

双方的多次合作乃至联盟都是在北方曹操的军事压力之下达成的，一旦这种压力消失，双方的矛盾浮出水面，战争就是必然的选择。

刘备显然不想在此时与孙权开战。刘备对孙权说夺取凉州就还荆州，虽是托辞，但也不全是虚言。因为刘备的下一个目标是汉中，再之后就是凉州。

刘备厚待马超就是想利用马超在凉州羌胡中的声望夺取凉州。刘备的主攻方向在西北。他的主要敌人是曹操，攻击重点在西部，不在东部的荆州，至少荆州方向不是主攻。

而孙权的主攻方向也是西部，他的主要敌人是刘备，更确切地说是关羽。他的攻击重点在荆州，不在东部的合肥，至少淮南方向不是主攻。

刘备是西攻东守。

孙权也是西攻东守。

刘备视曹操为大敌。

孙权视刘备为劲敌。

此前与曹操在淮南一线的较量，使孙权得出两个结论，正是这两个经验，改变了未来三国的战争走向。

经过面对面的较量，孙权认为即使对阵实力强大的曹军，江东水军依然占优。有水军的优势，即使不依靠刘备，江东也能守住长江防线，那也就不需要刘备协防。既然如此，刘备势力在荆州的存在就不是必要的，干吗还要"借"荆州给刘备，不如全据长江之险与曹操对抗。

孙权的第二个经验也可以说是教训，那就是与曹操打陆战，江东方面很吃亏，想通过陆战夺取徐州基本没戏，即使打下来也守不住。后来，吕蒙劝孙权放弃徐州专打荆州也是这么说的。因为事实就是如此。

这次争夺三郡事件暴露出来的问题，刘备、关羽都未引起足够的重视，这也是数年之后丢失荆州的主要原因。那就是江东方面的水军优势对荆南各郡的威胁。

赤壁之战后，江东趁机大举西进，抢占了洞庭湖东岸的大片地区，江东方面更是利用水军优势取得了洞庭湖的控制权。洞庭湖连通着荆南四大水系湘、资、沅、澧，四大水系可以直通荆南四郡及其下属各县。

鲁肃、吕蒙正是靠着对洞庭湖的控制，利用水军战船快速机动，对各郡采取突然袭击，抢占先机。

荆南四郡驻军本就不多，在这种突袭下完全陷入被动，被吕蒙率优势兵力突袭包围，守不住也在意料之中。关羽要防的不只是长江还有洞庭湖。关羽的对手也不是鲁肃而是吕蒙。

自关羽接管荆州，便与鲁肃为邻，双方的防区犬牙交错，小的摩擦时有发生，但鲁肃主张孙刘联盟，是联合派，总是以安抚为主，荆州还是安全的。但吕蒙不同，他是对抗派。吕蒙虽然是鲁肃的下级，但也是鲁肃的接班人。

在这次争三郡的行动中，在后方坐镇的分别是刘备与孙权，在前敌指挥的是关羽与鲁肃，但最活跃的却是吕蒙，他也是数年后白衣渡江的主要策划者与执行人。

吕蒙不同于他的两位前任周瑜与鲁肃，他是真正从基层靠着战功升到将帅实现阶层跨越的草根。

吕蒙十六岁就随军征战，靠着张昭的推荐接替姐夫邓当为别部司马。

战黄祖，吕蒙为前锋亲斩黄祖的水军都督陈就，立下大功，升横野中郎将。

赤壁之役，吕蒙追随周瑜解夷陵之围，拜偏将军。

周瑜是世家子弟。鲁肃是地方土豪。只有吕蒙是底层出身，他能成功上位没有一点儿运气的成分。吕蒙有野心够狡诈，勇悍善战，还很会搞关系，可以说是一个全能型的多面手，既懂政治也懂军事。

吕蒙的起点是三人中最低的，却也是进步最大的。

周瑜是孙策的发小，属于元老级的功臣，还是孙策的托孤大臣。鲁肃是周瑜推荐的。在赤壁大战的关键时刻，鲁肃促成孙刘联盟，使孙权战胜曹操保住江东基业。鲁肃在江东的政治地位也由此确立。

吕蒙虽有战功，但比起两位前任的贡献还是远远不及的。但他赶上了好时机。

孙权正在调整班子。孙策去世时给孙权留下两位托孤大臣，周瑜与张昭，一个主外负责军事，一个主内负责政治。

周瑜经常领兵在外，对孙权影响更大的是张昭。而这个张昭在帮助孙权巩固政权的过程中个人的威望也达到顶峰，很多时候甚至公开与孙权唱反调，孙权也只能赔笑退让。

赤壁之战时，周瑜主战，张昭主降。然而，赤壁之战打赢了。张昭在关键时刻站错队，从此被排挤出权力中枢。孙权则趁机夺回大权，重新组织听命于自己的政治班底。

此时，周瑜已死，鲁肃接任。周瑜的接班人鲁肃是周瑜推荐的，但鲁肃的接班人，孙权要自己做主。

在战场上表现出色的吕蒙便进入孙权的视野中，孙权想将吕蒙收入麾下，但吕蒙是张昭的人。不过，孙权有办法将人拉过来。

这就要说到一个典故，孙权劝学。

吕蒙是武人出身，家境又差，未读过多少书，文化水平低。一次，孙权找吕蒙谈话，说你如今也是坐镇一方、独当一面的将军了，平时该多读点书，方便处理军政。吕蒙说军中事务繁忙，总是抽不出时间。孙权说，我要你读书难道是指望你读成老学究？不过是想你增加些见识开阔视野罢了。

孙权又以自己举例，你说你忙，难道你有我忙？我在处理政事之余也常常读书，自以为大有所益。吕蒙回去后，刻苦攻读，学问大有长进。

很久以来，这个故事都被用作督促人好学上进的典型案例。但能被编入《资治通鉴》的故事通常都不会那么简单。

孙权名为劝学实为拉人。领导要提拔你，才会关注你。孙权在释放政治信号，吕蒙收到了，并做出了积极的回应。

鲁肃去陆口接替周瑜，路过吕蒙的防区。鲁肃向来轻视吕蒙，在他眼里吕蒙不过是个好勇斗狠的人，只会逞匹夫之勇。但有人劝他："今时不同于往日，吕将军功名日显，您可不能再用以前的态度对他了。既然路过，最好还是去拜访一下。"鲁肃这才屈尊来见吕蒙。

见面后，两人在酒席宴间聊起军事。吕蒙说您今后要与关羽为邻，您打算如何应对。鲁肃主张孙刘联盟，自然不会存坏心思，说到时随机应变即可。但吕蒙却凑上前，对鲁肃说出了他思虑良久想出的对付关羽的数条密计。这是个细思极恐的人。要知道，当时赤壁之战刚结束不久，吕蒙还只是个普通将领，孙刘关系正在蜜月期，吕蒙就已经对关羽心生敌意，连谋害关羽的计策都想了那么多。

鲁肃是坚定的联合派，听了吕蒙的计策，秘而不宣，只当耳旁风。十年后，吕蒙坐上了鲁肃的位置，孙权又有意对关羽下毒手，吕蒙策划已久的诡计才终于派上用场。

鲁肃虽然不认同吕蒙的主张，但对其谈吐见识也大为惊讶。鲁肃抚摸着吕蒙的背说，之前我只知道贤弟你勇武过人，今日相会才发现你的学识也十分广博，早已不是当年的那个吴下阿蒙了。吕蒙说，士别三日，当刮目相看。不经意间，两人各自贡献了一个成语。鲁肃当即入其家，升堂拜母，与吕蒙结友而别。

鲁肃的这次拜会也大有深意。鲁肃向来看不起吕蒙，这次却主动拜访，很不寻常，那句功名日显是关键，真正的暗示恐怕来自孙权。

周瑜、鲁肃、吕蒙虽出身不同、立场各异,但他们都出自淮泗集团,同为淮泗将领。孙权将吕蒙选为鲁肃的接班人。吕蒙的淮泗背景是极其重要的一点,因为"枪杆子"必须掌握在自己人手里。这跟曹操偏心谯沛人、刘备重用荆楚人是一个道理。

湘水之盟虽然暂时化解了孙刘之间的危机,但孙刘的根本矛盾,荆州的归属问题并未得到彻底解决。

鲁肃是有大格局的人,具有战略眼光的政治家。他知道,曹操尚强,孙刘联合才能与之抗衡,因此极力维护孙刘联盟。

可惜,江东也只有他有如此远见。那些贪图眼前小利的江东人只是政客而已,难成大事。

于是,就有了四年后的背盟偷袭,孙刘反目兵戎相见便不可避免。

北争汉中——刘备称王

湘水之盟,刘备对孙权做出重大让步,原因在于曹操已经兵临汉中,威胁蜀地。

汉中是益州的门户。汉中之于蜀地是唇亡齿寒的关系。

对汉中,刘备是势在必得,但这次曹操下手要比他早。这还要归功于夏侯渊。

自曹操东归,夏侯渊击败韩遂,驱逐马超,荡平割据枹罕三十年的宋建,连战连胜,又派张郃入河西收服羌人,陇右大部归附。关中陇右先后平定,曹操才能南下汉中。

建安二十年(215)三月,曹操亲率大军走陈仓道经武都进攻汉中。

四月,大军抵达河池,这里是氐人聚居区。氐王窦茂率众万余人恃险不服,拦住去路。河西陇右的氐羌是马超、韩遂的基本盘,这二人的部下大多是氐人跟羌人。

曹操之前在潼关与马超、韩遂交战,杀戮甚众,这些人仇视曹操也就不足为奇了。

但曹操的脾气,大家都是知道的,敢挡他的路,那是找死的节奏。果然，曹军大举围攻，经过一场血腥的屠杀，氐人死伤惨重。韩遂这时正在陇右躲避曹军，他的手下们见势不妙直接砍了韩遂的脑袋送给曹操。

七月，曹操大军进至阳平关。依张鲁的意思这就准备投降，他从开始就没想过要抵抗，但他弟弟张卫不同意，坚持要打。张鲁说不过弟弟，只能放手让张卫去干。

张卫率众数万沿山岭布防占据险要，据有地形优势。曹军虽然人多但只能抬头仰攻，连攻三天，损失惨重，阳平关却岿然不动。

曹操亲自察看过地形后也忍不住骂街，被之前那些投降的人给坑了。这些降人口口声声说阳平关很容易打。曹操经过实地考察才发现不是那么回事儿。眼看军粮将尽，阳平关又屡攻不下，曹操只得下令退兵。

然而就在这时，不可思议的情况出现了。夏侯惇、许褚等人被派去传达撤军命令，前锋部队在夜间因地形不熟迷路了。这些人误打误撞居然开进了守军的营地。守军也是不明虚实，不知曹军是迷路，还以为是曹军的夜袭，当即大惊散乱，四下奔逃。

之前连番血战打不下的阳平关竟然就这么戏剧性地被拿下了。小说都不敢这么写，但这偏偏就是真事，所以说有时历史比小说更精彩。

张鲁听说阳平关失守，顿时就失去了抵抗的勇气，又想投降了。这时谋士阎圃说，方才战败即纳款投降，必遭人轻视，不如南逃巴中，与之周旋，然后再出山归降，才会受到优待。

张鲁听了，认为有理，逃走的时候有人要焚烧府库。张鲁当即制止，这是投降的资本，我看谁敢烧！

曹操进入南郑发现所有的府库都封存完好，只是人都跑光了。曹操何等聪明，他已然明白了张鲁释放出的善意，还特意派人去抚慰。

十一月，张鲁率部出降。曹操册拜张鲁为镇南将军，封阆中侯，食邑万户。张鲁的五个儿子以及劝他降曹的阎圃都封列侯。

在所有投降的诸侯中，曹操给张鲁的待遇是最高的。万户侯在曹魏前期极少。有对比才有真相，文臣中，担任曹操谋主的荀彧封万岁亭侯只有两千户，深受曹操信任的郭嘉被追封洧阳亭侯才一千户。武将里，受封较多的张绣与夏侯惇也未超过三千户。由此可见，曹操对张鲁绝对算优待。两年后，曹操的儿子临淄侯曹植经过加封才成为万户侯。

张鲁逃入巴中，也引起刘备方面的注意。黄权对刘备说："若失汉中，则三巴不振，此割蜀之臂也。"

刘备即以黄权为护军率诸将北上迎鲁，但张鲁已经降曹。巴地夷帅朴胡、杜濩、任约也先于张鲁投降曹操。而曹操在得意之余也不忘恶心一把刘备，将巴地分为三郡，以朴胡为巴东太守，杜濩为巴西太守，任约为巴郡太守，三人皆封列侯。

巴蜀之地是刘备的地盘，当然不能允许曹操胡搞。黄权率军横扫三巴，将曹操在三巴的势力扫荡得七零八落。

曹操派大将张郃深入三巴，想将三巴百姓尽数迁到汉中。张郃进军宕渠深入巴地。刘备令巴西太守张飞率军迎战。双方激战五十余日，张飞派出部队绕到张郃军后方，前后夹击，大破张郃。

宕渠之战，张飞军将张郃所部悉数围歼。张郃全军覆没，只带少数随从弃马步行攀山越岭逃回汉中。

大将张郃征战南北二十余载，常为军锋，鲜有败绩，勇冠诸将。然而，宕渠一战，却被张飞杀得匹马不回，片甲不留。

这是张郃有生以来从未遭遇过的惨败，气势汹汹而来，丢盔弃甲而去，颜面尽失。

不可一世的张郃被张飞按在地上摩擦，完全不是对手。此战规模不大但精彩纷呈、影响深远，展示出张飞一代名将的风采。

嚣张的张郃被张飞不留情面地暴揍后，才知道谁才是真正的名将。

经此一役，张郃再不敢南下与张飞交战。

张飞的故事流传下来的不多，但每一个都足够精彩，足够传奇。

建安二十二年（217）冬，刘备准备北上争夺汉中，门户在敌人手里，敌人想来就能来。张郃窜犯三巴就是以汉中为基地。虽然张郃的进犯被张飞给打回去了。但汉中被敌人占据，始终是被动的。

想变被动为主动就必须夺取汉中。为此，刘备准备了三年。据守益州就必须夺取汉中，否则别说是进取中原，连益州都守不住。

刘备自入主益州就已经将攻占汉中纳入计划，但计划赶不上变化。曹操这次下手比他快。虽然被曹操抢占先机，失去主动，但刘备依然有机会。因为曹操的战线拉得过长。这年曹操又忙着去东线打孙权，为提高待遇攒军功。

曹操留在西线的主将是夏侯渊以及大将张郃。虽然这两人的能力都很强，但对阵刘备的整个阵营依然十分单薄。这是难得的机会。

刘备的谋士法正就看到了这一点。法正对刘备说:"曹操一举而降张鲁定汉中,不趁此势图巴、蜀,而留夏侯渊、张郃屯守,身自北还,这并不是他想不到这一点,而是力所不及,内有忧逼。夏侯渊、张郃才略不如蜀中将帅,今举兵讨伐,必能大胜。"

法正适时说出了他筹谋已久的汉中三策,攻占汉中,上可倾覆寇敌,尊奖王室;中可蚕食雍、凉,广拓境土;下可固守要害,为持久之计。

汉中三策实际上是三个不同时期的目标,固守汉中是近期目标,拓地雍凉是中期目标,倾覆敌寇是远期目标。

法正说这是上天将汉中交给刘备,机不可失,失不再来。

刘备对法正向来是言听计从。不仅因为刘备宠信法正,也是法正所说正是刘备所想,这两人可谓心有灵犀。

刘备早有此意,加之准备工作也已充分,蜀中经过诸葛亮的三年治理也基本安定,后方稳固。

建安二十三年(218),刘备亲率大军北上汉中,军师法正,大将张飞、马超、黄忠、赵云随同出征。

诸葛亮需要坐镇后方供应粮饷。关羽需镇守荆州,剩下的都上了。

三大军师,诸葛亮留守,庞统阵亡,法正随行。

"五虎上将"就动员了四个,关羽是实在走不开。

刘备几乎是倾国而出来争汉中,为了汉中,也是拼了。

张飞、马超、吴兰、雷铜率军先行出发,他们的目标是武都郡的下辩。

从汉中的阳平关前往陇右走祁山道可到上邽,前往关中走陈仓道可抵陈仓。

而下辩就处在汉中通往陇右的祁山道的必经之路上,这里还可以威胁从汉中出发去关中的陈仓道。

虽然相比之下,处于祁山道与陈仓道交汇点上的河池地理位置可能更适合作为阻击点。不久之前,曹操征汉中走的就是陈仓道,河池是他的必经之地,这里的氐人激烈反抗,后果是曹军对其进行了血腥屠杀,河池的城防被破坏殆尽,这是曹操一如既往的风格。

下辩是武都郡的郡治所在,夏侯渊曾在这里缴获大批粮食,而据守下辩不仅粮食较易补充,也能阻击从陇右方向而来的曹军,对关中方向的曹军也有牵制。

但从张飞驻地的阆中去下辩走大路要过阳平关,而此时的阳平关尚在曹军手里,曹军是肯定不会让张飞跟马超过去的,所以,张飞、马超走的是沮县的小路。沮县位于沮水之畔,沮水是汉水的支流,沿沮水北上,可不经阳平关从金牛道转进陈仓道,达到"暗度陈仓"的效果。

张飞的任务是切断汉中夏侯渊与关中陇右曹军的联系。他也是这支部队的主将,但他的副将马超的作用更大,之所以带上马超,是因为这里是氐人的聚居区,而马超在这一带的声望极高。刘备要用马超在当地的号召力团结氐人对抗曹军。

此时的武都太守是杨阜,当年正是他背刺马超,令马超一家大小二百余口惨死于刀下,此番相遇真是仇人相见,分外眼红。

曹操得知张飞出现在下辩,立刻就明白了刘备的用意,当即派曹洪率曹休、曹真领兵紧急增援。

曹洪在曹氏宗亲中是很不受曹操待见的,此时,夏侯惇督率大军在合肥震慑孙权，曹仁驻兵樊城防备关羽，夏侯渊守在汉中抵挡刘备。

同辈兄弟里，曹洪是混得最差的那个，长期被闲置。要不是看在汴水之战曹洪有营救之功，曹操是不想用曹洪的。因为这个家伙毛病实在不少，贪财好色，奢侈堕落，富甲一方却为富不仁，刻薄吝啬。

曹操生性节俭，很反感铺张骄奢的曹洪。加之曹洪领兵打仗的水平也极其不行，遇谁输谁，于是只能常年家里蹲。

曹洪的小气吝啬是出了名的。曹丕曾向曹洪借百匹绢帛，这点东西对曹洪来说是九牛一毛，而且曹丕是曹操的儿子，未来的接班人，明白事理的人送礼还怕来不及，可曹洪却将曹丕拒之千里之外。偏巧曹丕也是个记仇的人。等到曹操去世，曹丕继位，想起当年的旧怨，将曹洪整得死去活来。要不是太后求情，曹洪就要被曹丕派去那边陪曹操了。

曹操不喜欢他，曹丕恨他，可谁让人家资历老呢，反正只是名义上的主将，还是自家人可靠。

曹操真正想重用的是曹休跟曹真，他俩是曹操的子侄辈，从小与曹丕一起长大，也是曹氏宗亲里的后起之秀。曹丕是曹操的接班人，但曹氏要想长久，需要的是一批人。太子必须有太子党，接班是一代人接另一代人的班。这点曹操看得很长远，必须抓紧时间培训年轻干部。这年曹操已经六十四岁了。他不得不为儿子储备人才。

曹休、曹真统领的也是曹军最为精锐的虎豹骑，曹军的王牌部队。汉中之战结束后，回到长安，曹操便迫不及待地提拔他们，曹休为中领军，曹真为中护军，职责是统领禁军。

后来曹丕称帝，曹休升镇南将军，负责东线与东吴对峙，接替的是夏侯惇的位置；曹真升镇西将军，负责西线与蜀汉对抗，接过的是夏侯渊的岗位。

曹操、曹丕父子对这兄弟俩寄予厚望，他们也的确是同辈中的佼佼者。

出发前，曹操对曹休说，虽然名义上你只是参军，但实际上你才是军中主将。曹洪听说后也就将权力完全交给曹休，自己只做橡皮图章。

听说曹军援兵南下，张飞选择分兵，以吴兰、雷铜守下辩，他率兵进驻固山威胁曹军后路。这个布置有利有弊，张飞、马超率领的是偏师，主力要跟着刘备打汉中，兵力本就不多。分兵之后，力量更弱。但如此分兵，前有阻击，后有牵制，曹军将首尾难顾。如果换成张郃，张飞的计谋可能就成功了。毕竟，刚刚被教育过，惨痛的经历记忆犹新。

宕渠之战，张郃就是被张飞用这种前后夹击的战术打得全军覆没仅以身免的。

张飞声言要切断曹军的退路，吓得曹军不敢进兵。但曹休初生牛犊不怕虎，别人领教过张飞的厉害，不敢轻举妄动。曹休初上战场，谁也不怕，说张飞不过是虚张声势，他要真有这个实力早就这么干了。曹休认为张飞是兵力不足才故布疑阵，不必理会，此时应全力进攻下辩。只要攻占下辩击败吴兰、雷铜，张飞、马超孤掌难鸣自会退走。

曹洪听从了曹休的建议，率军直扑下辩，结果，雷铜战死，吴兰败走，下辩失守。

由于曹军是从东面杀来，向东通往汉中的道路已经被曹军封堵，吴兰只能向西退往阴平，被当地氐人首领强端杀害。张飞是想迷惑牵制曹军援兵，为刘备主力夺取汉中争取时间，但在兵力不占优势的情况下贸然分兵，未复制之前的胜利，反而弄巧成拙。

在整个汉中战役期间，曹洪军都待在武都郡保证陈仓道、祁山道的畅通，不敢南下。

虽然初战受挫，但对战局影响不大，战斗才刚刚开始，大仗还在后头。

建安二十三年（218）夏，刘备亲率大军北上，与曹军决战。

两军在阳平关一线形成对峙。

九月，曹操率军进至长安，准备去汉中增援。但十月，荆州宛城军民因不堪徭役压迫举兵起义。曹操被迫停下来，同时令驻守樊城的曹仁带兵平乱。

正是这场突如其来的起义将曹操拖在长安使其不敢轻举妄动，为刘备争取了六个月的宝贵时间，而决定汉中归属的定军山之战就发生在这个时期，等曹操第二年三月赶到汉中，那时汉中战役早已分出胜负，曹军败局已定。即使曹操亲自来也改变不了结果。

而宛城军民之所以不惜性命也要起兵反抗，就不得不说令曹操人心尽失的迁民政策。

曹操在占领汉中后便强迫迁移百姓八万多人前往关中以及洛阳、邺城。

去关中还勉强，毕竟不算很远，而且许多百姓本来就是从关中逃过来的，返回乡里也能接受。但汉中距邺城万里之遥，以当时的交通卫生条件，万里长途，走下来，能有多少人幸存并抵达目的地，那就真不好说了。这种为一己私利而不顾百姓死活的迁徙简直就是谋杀。

古代家庭，最值钱的财产就是不动产，田宅。但这些东西都带不走，即使猪牛羊这些家畜也不可能走，带上也几乎都死在路上了。一个小康之家经过这一次迁徙可能就彻底沦为赤贫。

形势如此，大家自然都不愿意走，但曹操不管这些，不走也得走。真是缺德，百姓骂曹操奸雄真不是冤枉他。

汉中开战之后，曹军需要补充兵源，运输粮草，汉中的百姓都被迁走，关中的人口也不多，只能从荆州的南阳就近调拨。曹操想不到他迁民原本是想给刘备挖坑，结果掉进坑里的人是他。这真是搬起石头砸自己的脚。从宛城到汉中也有数千里远，大家都不愿意去，即使不打仗，去那么远的地方翻山越岭转运粮草也是苦差。但曹操执行的是法家的那套严刑酷法，执法从不留情。被逼急的百姓们直接就反了。

这么一来，曹操就左右为难，他不知是该去汉中帮夏侯渊呢，还是该去荆州支援曹仁，最后只好待在原地，观望形势。

刘备担心曹操从陈仓道增援汉中使自己腹背受敌，便派大将陈式带兵抢占马鸣阁道以挡住关中方向的曹军援兵。

此时刘备帐下的"五虎上将"中的四人，张飞、马超、黄忠、赵云都在前线，但不知为何，刘备派去执行任务的却是陈式。

曹军方面，夏侯渊在阳平关，张郃守广石，都抽不出身，但还有一员大将也在汉中，那就是徐晃。

曹操的"五虎上将"张辽、张郃、于禁、乐进、徐晃，有两员大将在汉中。

陈式与徐晃在马鸣阁道狭路相逢，不出所料，实力的差距让这场战斗的胜负没有悬念。陈式惨败，很多士兵跌下悬崖，粉身碎骨。

阻援再次失败，意味着曹军援兵随时会从陈仓道源源而来。必须抢在敌人援兵到来之前击垮夏侯渊夺取阳平关。而在这之前，刘备要先解决广石的张郃。

夏侯渊守在正面的阳平关。张郃屯兵于广石，负责掩护夏侯渊的侧翼。所以，如果不干掉张郃，刘备就不能放心地全力以赴攻击夏侯渊。

刘备挑选一万精兵分成十队对广石展开轮番攻击，十部轮战，不分昼夜，攻击之猛烈为开战以来所仅见。

但不得不说，张郃被称为名将，的确有两把刷子，硬是顶住了刘备的猛攻。

攻击受挫，战事胶着，刘备派人回成都，让诸葛亮赶快派兵增援。

诸葛亮接到刘备发兵的急报却犹豫了。他问身边的蜀中旧臣犍为人益州从事杨洪，怎么办？注意杨洪的这个身份，对我们理解诸葛亮的态度至关重要。

杨洪说，汉中是益州的门户，若是没有汉中就不会有巴蜀，这是事关我们生死存亡的大事。现在，男子就应当上战场，女子就应当充当民夫转运粮草，总之，一句话，全民动员，跟他们拼了。玩命的时候到了，砸血本吧。这场仗咱们必须赢！

诸葛亮听从了杨洪的建议，立即发兵。当时蜀郡太守法正随刘备在汉中前线，诸葛亮便任命杨洪为蜀郡太守。在此前后又任命另一个蜀人何祗为广汉太守。

几乎所有的相关文章写到此处这件事就结束了。

然而,事情并非这么简单。

汉中的重要性不言而喻,诸葛亮怎么会不明白。

刘备亲自写信来要诸葛亮增兵,说明前线战况紧急,诸葛亮更清楚此时增援汉中的重要性。

那他为何会犹豫呢?

这才是问题的关键。

因为蜀中已经出现了叛乱,而发生叛乱的地方正是杨洪的家乡犍为郡。诸葛亮甚至一度离开成都指挥平叛。蜀地并不安定,犍为郡豪强马秦、高胜聚集数万人寻衅滋事,蜀中形势危急。

好在犍为太守李严很有能力,面对危局,处变不惊,只带五千郡兵就扫平了叛乱。

杨洪此前是李严的部下,由此推测,杨洪也可能是犍为大姓。

诸葛亮之所以犹豫,是因为蜀中出现叛乱,而犍为郡的叛乱只是苗头,其他蜀中豪强正在观望,如果处理不当,就可能引发连锁反应。

犍为豪强马秦、高胜就是看准了刘备大军在外,蜀中空虚,才敢出来闹事。

实际上,不只犍为郡,蜀地豪强普遍对刘备不满甚至敌视。

刘璋在益州时,蜀地豪强就备受压制,受重用的多是刘璋的东州人。而刘备入蜀,荆楚之士从之如云。刘备来益州后,得势的是荆州派。蜀中豪强在政治上实际上处于被打压的地位。

政治上受压制也就算了,经济上也被掠夺。

刘备进成都之前,为鼓舞士气,激励为他苦战三年的将士,刘备就说过，进城之后，成都府库中的金银财帛，他分毫不动，全部赏赐给大家。

于是，进城后，刘备的士兵们纷纷扔掉手中的兵器，争前恐后地涌入府库，将里面的钱粮布帛全给搬走了。

封赏将士后，刘备发愁了。他愁的是军用不足。啥是军用物资呢？刀剑，弓弩，铠甲，辎重车辆，粮食。

这些东西大部分在谁的手上呢？当然是本地的益州豪强。

刘巴给刘备出主意铸造大面额值百钱的钱币，在城中设立官市安排专门官吏的负责。铸造大面额货币专门从地方豪强手里收购军用物资，这几乎就是明抢，地方豪强心里能好受吗？当然十分不满。

不给官做，还从手里抢钱，益州豪强早就有想法了。

而刘备率大军北上，一些人认为他们的机会来了。首先冒头的就是犍为郡的两家豪强，但被李严镇压下去了。

但一味靠镇压是不行的，因为还要派兵去前线，后方会更空虚。所以有必要适当安抚蜀人，特别是地方豪强的情绪。

诸葛亮在此先后接连任命两个蜀人担任重要的蜀郡太守、广汉太守，就是向益州士人表明诚意，释放出一个重要的政治信号。益州士人收到信号，对诸葛亮的任命很是喜悦。于是，就有了史书中在后面出现的西土咸服诸葛用人之器。读懂前面才能明白后面这句话的含义。

李严通过军事镇压带头闹事的。

诸葛亮用行政任命蜀人官员安抚那些观望者。

恩威并用！

诸葛亮与李严合作，成功安抚住大后方，这给前线的刘备留下了深刻的印象，四年后的那个意义深远的人事安排也许就是在此时有了萌芽。

蜀中援兵随后赶到汉中前线。

兵力占优的刘备开始发动全面进攻。

建安二十四年（219）正月，刘备率军南渡沔水，翻越米仓山，绕过阳平关，登上定军山，突然出现在曹军侧后，成功实现反客为主。

这次变阵是整个汉中战役的转折点。这下轮到夏侯渊急了，逼得夏侯渊不得不放弃固守，主动出击，来争定军山。

夏侯渊率部从阳平关南下渡过汉水进抵定军山下。

出击会很被动，因为这等于被刘备调动，按照对方的思路走，可不出击，待在阳平关会更被动。

刘备在山上，夏侯渊的一举一动他都看在眼里，一目了然。夏侯渊在山下，刘备有啥动作他根本看不到，双方存在信息差，情报不对等。仅此一点便决胜负定生死。夏侯渊也想不到他是来送人头的。

为防止刘备突然下山，夏侯渊与张郃带着部下开始伐木设围，绕着定军山遍插鹿角。

因地形缘故，只需在东南两个方向布防，夏侯渊同张郃做了分工，夏侯渊守南围，张郃守东围。

刘备在东围与南围同时放火，但攻击的重点是张郃的东围，因为西面是山区，北面是汉水，曹军渡汉水南下来攻定军山实际上是背水而战。刘备军主力在定军山上，同时派部队从侧翼攻击曹军东围，一旦成功就可对汉水南岸的曹军形成合围，将其全歼。夏侯渊听说刘备派兵攻击张郃，立刻就意识到了问题的严重性。

夏侯渊分出一半人马去救张郃的东围，同时率领剩下的人去南围救火。

曹军的行动被定军山上的法正看得一清二楚，法正对刘备说，夏侯渊可击。刘备立即令黄忠率部出击。老将黄忠一马当先率军从山上疾驰而下直冲曹军，喊杀之声闻于数里之外，因为攻击过于突然且极其迅猛，夏侯渊都来不及做出反应就被黄忠斩于马下。主将阵亡，曹军全线崩溃，张郃率部连夜逃回汉水北岸。

刘备则乘胜而进，直抵汉水。阳平关以西，汉水以南尽归刘备所有。曹军退守汉水北岸，固守待援。

三月，曹操亲率大军来到汉中。

对此，刘备显得很淡定，对左右说，就算曹操亲自来也没用，汉中必为我有。刘备为何如此自信？他的自信是有底气的，他的底气就来自定军山。

刘备已经占据定军山以及汉水南岸的战略要地。就算曹操来了，也没有更好的办法。

果然，曹操到了汉中，也只能沿着夏侯渊当初的进攻线路，渡汉水南下来到定军山找刘备决战。

曹操来到汉水南岸，刘备又主动退回定军山。

曹操挑战，刘备不予理睬。

刘备就待在山上，不跟他打。不是刘备怕曹操，只是没有那个必要。因为占据主动的是刘备。

曹军从褒斜谷而来，补给要走水路，沿褒水而下入汉水，从进入汉水到阳平关前线，曹军的水运通道全程都在刘备的攻击范围。

军队的大规模补给在条件允许的情况下只能依靠水运，因为陆运的成本过高，几乎是水运的十倍。水运相比陆运，不仅省时而且省力，又快又省钱。

但走水运意味着曹操的补给线完全暴露在刘备面前，刘备可以随心所欲在任何地方发起攻击，而曹操则防不胜防，全程陷入被动。正是这点令曹操在整个汉中战役期间都打得很别扭，打得很被动。

刘备在正面坚守与曹操对峙，同时派黄忠、赵云率兵从汉水南岸向东出击，前出二十余里在汉水南岸立营，并以此为基地袭扰曹军的汉水粮道。

一次，黄忠带兵去曹军屯粮的北山劫粮，可到了约定的时间仍不见老将军回来，留守营寨的赵云亲率数十骑出营察看，结果迎面正好撞上曹军的大部队。

双方力量悬殊，换作普通人肯定是拨转马头转身就逃。如果这么做，十有八九是个死，因为你的人少，双方都有骑兵，你一逃，人家追上去就是一阵攒射，瞬间就会被射成刺猬。

赵云不愧是久经沙场的大将，经验丰富，危急关头，他不但不退，反而率部下数十骑直冲曹军，这波操作大大出乎曹军的意料，直接将曹军队形冲垮。因为谁也想不到，只有几十人的赵云居然敢正面冲锋。而赵云正是利用敌人的这个心理，出其不意，抢先发起冲锋，将缺乏心理准备的曹军阵形冲乱，从而赢得了宝贵的撤退机会。

曹军大队被冲乱，整理队形需要时间，赵云正是利用这个时机与曹军脱离接触。然而事情到此还远未结束。

经过最初的慌乱后，曹军很快重新组织队形，又追了上来。

赵云率部边战边退，安全撤回大营。

按照常规操作，此时的赵云应该立即关闭营门，全军依托营寨固守。

可是胆大心细的赵云再一次做出了令敌人捉摸不透的举动，他下令大开营门，偃旗息鼓，将弓弩手埋伏在附近，他自己则单枪匹马立于营前，准备厮杀。

追到营门的曹军见此情形，不知虚实，生怕中了埋伏，不敢近前，缓缓退去。

《三国演义》里的空城计原型就是赵云的这次单骑退敌。

成功逼退曹军的赵云并不满足，他趁曹军疑惧后撤的机会，命人擂响战鼓，突然响起的战鼓，令本就心中忐忑的曹兵几乎瞬间崩溃，他们以为又中了埋伏，纷纷溃退，四散奔逃。赵云则只是令弓箭手开弓放箭，虚张声势，并不追击，因为兵少，真追出去就暴露了。

争相逃命的曹兵自相践踏，很多人被挤落汉水，死伤惨重。

在整个过程中，赵云虚实结合，步步设计，将心理战法发挥到极致。此战将赵云的机智勇敢、临危不乱、处变不惊、从容镇定的大将之风近乎完美地展现出来。

第二天，刘备来战地巡视，来到昨日赵云大战曹兵处，颇为感慨地对众人说："子龙，真是一身是胆！"

刘备派黄忠、赵云袭扰曹操的汉水粮道。曹操也派曹真、徐晃袭击刘备在阳平关外的粮道。

双方都没闲着，互相袭击。

刘备率大军登上定军山后，留守原地的是高翔、陈式，他们顶住了曹军的偷袭。刘备的粮道始终是畅通的。因为刘备的粮道在后方，曹真、徐晃只能靠偷袭偶尔骚扰，而曹操的粮道在进入汉水后，全程都在黄忠、赵云的攻击范围，攻击可以在任意时间、任意地点，随心所欲。

刘备与曹操在正面对峙，同时互派精兵强将攻击对方的补给线。套路都是相同的套路，但结果却是不同的。原因不在于对补给线的攻击，而在于补给线的长度以及补给的强度。

一两次劫粮行动改变不了战局，但补给线的长度跟补给的强度却能改变战争的走向以及结果。

刘备可以从蜀中就近征粮运至定军山前线。汉中与蜀地本就连为一体，运输极其便利。虽然因为阳平关尚在曹军手中，刘备的运粮队需要从阳平关外南下汉水翻越米仓山才能抵达定军山，但这里已经十分靠近前线，转运还是很方便的。

但曹操就不同了，因为之前他把汉中百姓数万人迁到关中甚至中原，以至于他在汉中征不到足够的民夫，更征不到足够的粮食。而关中连年战乱十室九空也提供不出多少民夫跟粮食，曹操不得不向更远的地方征集，宛城的起义就是因为汉中战事抓民夫征派徭役导致的。曹操存心害人，到头来却是咎由自取，自己挖的坑只能自己跳了。

曹操只能从中原转运粮食，路途遥远，途中的消耗是惊人的，更重要的是，长途运输，时间上难以保证。

曹操跟刘备在汉中对阵才一个多月，粮食就已经接济不上了。曹军士兵只能饿着肚子打仗，士气低落，随之而来的是大量的逃亡。这是曹操最不希望看到的，但对此曹操却束手无策。

五月，曹操被迫率军狼狈撤出汉中退往长安。

刘备则笑到了最后，终于将益州的门户汉中夺回，重新将战略主动权掌握在自己手中，据守汉中进可攻，退可守。

然而，汉中之战到此尚未结束。诸葛亮在隆中对中提出的战略目标是跨有荆益，夺取汉中只是拿回一个完整的益州。而要实现跨有荆益至少还要完成两个目标，第一是夺取连接荆州与益州的东三郡，第二则是夺取荆州的战略重镇襄阳，此二者缺一不可。

荆州与益州为崇山峻岭阻隔，虽有陆路相通，但不是崎岖难行就是路途遥远，道阻且长。两地最便捷的交通方式是水路，连通荆州与益州的水道有两条，长江与汉水。从益州的永安顺长江而下可达荆州的江陵；从汉中沿汉水经东三郡可至荆州的襄阳。

跨有荆益，重点在跨，即两地的连通，依靠的是长江与汉水两条水道。二者各有千秋，长江水量充沛，当然是最好的水上交通线，但跨有荆益的目的不仅仅是要实现两地的连通，更重要的分别以荆州、益州为基地进行北伐。以此而论，汉水通道要比长江水道更有战略价值。长江连通的永安与江陵都是北伐的大后方，汉水连通的汉中与襄阳才是北伐的前进阵地。

跨有荆益，首先要占据荆州、益州，其次要控制连接两地的长江、汉水水道，才能实现跨有的目的。

跨有荆益的目标是为北伐，那么夺取汉中与襄阳就是必需的。

刘备经过三年的苦战夺取汉中，只是完成跨有荆益目标的第一步，接下来，夺取东三郡取得汉水的控制权是第二步，占领襄阳则是第三步。

刘备取汉中，孟达占三郡，关羽攻襄阳，都是在为一个目标奋斗，跨有荆益。三者看似分散并不相关，实则是一个彼此联系、密不可分的整体。

关羽随后发起的襄樊战役不是关羽的擅作主张突发奇想，而是配合刘备、孟达为实现战略目的而进行的战斗。关羽的目标只是襄阳，至于威震华夏，其实是超出关羽的战略预期的。只能说，关羽实在是世间少有的名将，仅凭三郡之地数万之众就能搅乱中原，逼得曹操差点迁都。

刘备在实现对汉中的军事控制后，立即命令驻守荆州秭归的宜都太守孟达率部北上，攻取东三郡，以实现第二步战略设想。

东三郡是指汉中东面的西城、上庸、房陵三郡。名为三郡，其实就是三个县。东三郡被群山阻隔，交通闭塞。从秦汉到隋唐这里都是标准的发配犯人的流放地。不要说与外界联系，就是东三郡之间的联络都因为重山阻隔而变得异常困难，还好有水路相通，东三郡才未完全封闭。

东三郡地瘠民贫，但地理位置优越，具有战略意义。

孟达领命后迅速出击，击溃守敌杀房陵太守蒯祺，占领房陵郡。捷报传来，刘备立即令刘封率兵沿汉水东进策应孟达。

刘封带兵从汉中出发向东攻击前进，顺利攻占西城郡。这时东三郡中只剩下一个上庸郡。刘封率部从东往西打，孟达率兵从西往东打，两军在上庸会师。上庸守将申耽、申仪兄弟是当地土豪，见势不妙，墙头草随风倒，未作抵抗，便向刘封、孟达投降。刘备对东三郡的占领十分顺利，比想象的还要容易。

但刘备接下来的人事任命却为不久之后的挫败埋下隐患。

东三郡是具有战略价值的军事要地，特别是当刘备占领汉中与襄阳，实现跨有荆益的目标后，这种价值将会体现得更加重要。但是，在襄阳尚在敌手，从荆州、益州两路北伐的时机尚未出现之前，东三郡就只是三个体量偏小的山城。

东三郡处于群山环抱之中，与外界连通仅靠汉水，自然条件恶劣，是典型的穷乡僻壤，在这之前之后，来这里的人不是发配就是流放，很少会有得宠的官员被派到这里，被分在这里等同于发配。

刘备派刘封与孟达驻守三郡也有点那个意思。刘封是刘备收的义子，虽然刘封勇武善战，在不久之前的汉中战役刚刚立下战功，但刘备在夺取汉中之后，称王汉中已经提上议事日程，称王就意味着刘备的政治地位将会有质的飞跃。同时，刘备年近六十，接班人也必须明确下来。

刘备的亲生儿子刘禅是不容置疑的接班人，也是刘备王位不久之后帝位的继承人。

如此一来，刘封的处境就很尴尬。刘备把刘封派到东三郡，意味着，刘封已经被排挤出权力中心。

孟达的处境比刘封更尴尬。孟达与法正是同乡，他们一同南下益州，也一起出川到荆州迎接刘备入蜀。

当初，法正与孟达各率两千兵到荆州请刘备。刘璋为让刘备放心入蜀解除后顾之忧，就让二人驻守荆州帮助刘备守城。

法正与孟达同时与刘备相识相知，刘备却独宠法正，将孟达冷落一旁。刘备入蜀带上了法正，却将孟达留在江陵。法正的两千人也归属孟达统领，这是孟达投奔刘备后得到的仅有的一点儿好处。

法正在入蜀之战与汉中之役中功勋卓著，官位也随之直线上升，此时已是刘备的心腹，官拜蜀郡太守，成为刘备的红人。与之形成鲜明对比的是孟达在荆州几乎被人遗忘。

攻取东三郡后，刘备论功行赏，刘封从副军中郎将提升为副军将军。两个墙头草申耽加封征北将军领上庸太守封员乡侯、申仪为建信将军，唯独漏掉孟达。更尴尬的是，孟达的宜都太守也被刘备给了荆州人樊友，封赏未得到，原有的官位也丢了。攻取三郡，孟达功劳最大，封赏的时候却没有他。换成谁都会有想法，刘备在对待孟达的事情上确实有点说不过去。

两个尴尬的人在一起就是大写的尴尬。刘备的命令却让年纪轻轻的刘封节制资历深厚的孟达，这更引发孟达的不满。刘备派刘封指挥孟达，表面的理由是怕孟达难以独当大任，真实想法却是对孟达的不信任，这自然更令孟达不爽。

刘封的资历压制不住孟达，就连兵力也难以对孟达形成牵制。孟达率部叛逃，刘封阻止不了。上庸守将申耽、申仪叛变，刘封不但未能平叛还被叛军赶出东三郡，由此可知，刘封的兵力不多。

由于刘备举措失当，对东三郡的占领仅仅维持了不到一年的时间便被曹军夺去。

不过，从攻占汉中到夺取东三郡，刘备还是迎来了他人生中的巅峰时刻，称王汉中。

七月，刘备于汉中沔阳筑坛设场陈兵列众，称汉中王。汉中对于大汉有着不同寻常的意义。四百年前，汉高祖刘邦被封汉王，他的封地就在巴蜀汉中。刘邦从汉中走出，经过数年苦战击败项羽，定鼎称帝，开启汉朝四百年帝业。

如今，曾经的远支宗室一度落魄到织席贩履的刘备，经过多年的浴血奋战，终于站到汉高祖刘邦的起点上，刘备希望复兴大汉，重现汉朝昔日的辉煌。汉中是汉朝的龙兴之地，他要从这里再次出发，效法高祖，兴复汉室。

刘备称王，刘禅被立为王太子，许靖为太傅，法正为尚书令，关羽为前将军，张飞为右将军，马超为左将军，黄忠为后将军。

汉中称王，封拜文武，其中的重点是册封四大将军。

关羽、张飞与刘备名为君臣实为兄弟，四十年生死相随不离不弃，这份情义，古之罕有今亦少见。关羽、张飞的能力与功劳更不必多说，二人皆为万人敌，熊虎之将。他们入选是实至名归。

马超是关中名将，在西北羌胡中甚有声望。刘备要攻取凉州进兵关中，马超都是必不可少的关键人物，在刘备的部下中，马超也是官职最高的，其入选也是理所当然。

只有黄忠稍有争议，黄忠在军中名气不大地位不高，他崭露头角是随刘备入蜀，常为军锋冲杀在前，浴血疆场，屡建奇功。汉中定军山之战，老将黄忠更是一战成名。这才以战功跻身四大将军之列。

对刘备的这个决定，诸葛亮是有担忧的。他对刘备说，黄忠名望素在关羽、张飞、马超之下，张飞、马超近在眼前，亲见其功，自然服气。但关羽远在荆州，听闻与黄忠爵位相齐，心必不悦，恐不相从。

对诸葛亮的担忧，刘备当然明白。关羽生性骄傲，争强好胜。当初马超来投，关羽就写信给诸葛亮询问马超是何等人物，言下之意是他与马超孰强。

自刘备起兵以来，关羽就是帐下第一大将。马超也是当世名将。关羽是怕马超抢他的风头，夺走他"第一大将"的名声。诸葛亮自然懂关羽的心思，当即回信说，孟起兼资文武，雄烈过人，乃当世豪杰，可与翼德并驱争先，犹未及美髯公之绝伦逸群也。马超字孟起，张飞字翼德。关羽因留有长须，人称"美髯公"。

诸葛亮的意思是，马超确是英雄，但也只是能与翼德并驾齐驱，尚不如您美髯公的出类拔萃，主公帐下第一大将还是您，不必担心。

刘备与关羽相知四十年，关羽的为人秉性他当然清楚也早有准备。

刘备派益州前部司马犍为人费诗前往荆州封拜关羽。费诗赶到江陵说明来意，关羽听闻黄忠位与己同，果然变色，大怒道："大丈夫终不与老兵同列！"不肯接受封拜。

费诗对关羽说："夫立王业者，所用非一。昔日萧何、曹参与高祖是少小亲旧，而陈平、韩信是亡命之徒后来投靠；但功成之后，论班排列，韩信居上，未闻萧何、曹参为此抱怨。如今汉中王因黄忠有功封赏将其列为上将；但在汉中王的心里，黄忠与您的分量能是同等的吗？"言下之意，您在主公心中的地位是黄忠能比的吗？汉中王与君侯生死与共，君臣一体，何必在意官号之高下、爵禄之多少。在下不过一介之使，衔命之人，君侯不受拜，回去复命便是，只怕您因一时不平，后生悔意。

经费诗这么一番开导，关羽才猛然醒悟，当即受拜。不得不说，刘备所用得人，换成旁人，未必成事。刘备用人有其独到之处。

在汉中守将的任用上，刘备再次出人意表。刘备在汉中称王后，要率群臣返回成都。汉中需派一员大将镇守。当时大家都认为这个重任非张飞莫属,张飞自己也这么认为。因此当刘备宣布任命魏延为镇远将军领汉中太守都督汉中时,史书的原话是,一军尽惊。这跟当年刘邦在汉中筑坛拜将的情形极其相似,当众人都以为自己会是那个受重用的人时,刘邦册拜的却是韩信。

震惊、吃惊、惊讶,都是有道理的,因为这是越级提拔。刘备在入蜀之战与汉中战役两次重大军事行动中,格外赏识重用的大将有两人,一个是黄忠,另一个就是魏延,他们的共同特点是起点低,战功大,进步快。

刘备也知道自己的这项任命引起的争议有多大,所以故意大会群臣,当着在场众人问魏延,现在我把守卫汉中的重任交给将军,不知将军准备如何布置应对?魏延当即慷慨陈词:"如果曹操举全国之兵倾巢来犯,我请为大王挡住他。如果他派一员上将率十万兵来,我会为大王吃掉他。"刘备当众如此问就是给魏延撑场面,魏延也没有辜负刘备的期望,表现相当亮眼。刘备对魏延也十分满意,不久即率军返回成都。

痛失荆州——关云长败走麦城

几乎刘备南下的同时，七月，关羽率军北上发起著名的襄樊战役。

首先必须明确的是，关羽的这次北伐不是隆中对中对曹魏的那种战略性进攻，而是为完成隆中对中跨有荆益的目标而进行的战术性攻击。关羽的目标不是中原，他想攻取的仅仅只是襄阳。

跨有荆益，进行北伐，必须满足三个条件，即据有汉中，占据东三郡，夺取襄阳。只有具备以上条件，诸葛亮在隆中对中提出的战略才具有可行性。

待天下有变，则命一上将将荆州之军以向宛、洛，将军身率益州之众出于秦川，如此，则霸业可成，汉室可兴。

这个将荆州之军的上将只能是关羽，身率益州之众的当然是刘备，这里的重点是向宛、洛，出秦川。

关羽率荆州军的攻击目标是南阳郡的宛城以及故都洛阳。而在此之前，必须夺取襄阳。

江陵在长江北岸距宛城、洛阳都过于遥远，关羽北伐的前进基地最合适的地点就是襄阳。

刘备出秦川的出发阵地最好的选择当然是不久前攻取的汉中。

连通襄阳与汉中的东三郡也已被刘备攻取。

跨有荆益，只差襄阳。

现在，关羽挥师北上，为的就是夺取襄阳，实现跨有荆益的战略目标。

关羽北攻襄樊是自主决定的，未得到刘备的直接命令，但关羽的行动并不违令，因为他有这个权力。

关羽是刘备新近加封的前后左右四大将军中唯一得到假节钺的将领。假节钺即代表皇帝行使征伐之权。虽然刘备尚未称帝，但赋予关羽的权力就是可以在一定范围行使军事自主权。

刘备给关羽的权力是都督荆州，而襄阳就在荆州域内，关羽进攻他负责的荆州战区中被曹军占领的襄阳属于他的本职工作，职责所在，不是越权，因此不需要请示。

实际上，关羽与荆州的曹军众将长期处于对峙状态。关羽的大本营在江陵，他要攻取的目标是襄阳，而在襄阳与江陵之间还有着数道曹军的防线。关羽要打襄阳，先要突破这些防线。

建安二十四年（219），刘备攻取汉中，但他发起汉中战役的时间是在建安二十二年（217），风云激荡的建安二十四年接连发生的汉中战役、襄樊战役深刻地改变了三国历史的走向，而真正的起点是在建安二十二年。

众人熟知的襄樊战役是在建安二十四年，但那是高潮，而这场战役的真正起点其实也在建安二十二年，这年，关羽向北发起打通汉水水道的战斗，这可以看作是襄樊战役的揭幕战。因为从江陵攻襄阳，走水路更快，而关羽早在十年前便在荆州训练水军,几乎没有人能比他更熟悉这里的水道了。关羽的荆州水军最早便是在汉水成军的。

从江陵到襄阳,路不算长,但沿途的曹军很多。乐进、文聘、曹仁都是关羽在荆州的"老熟人"。

关羽率荆州水军从江陵出发沿汉水向北推进,一路上"热情"地招呼乐进、文聘、曹仁这些老相识。

从建安十九年(214)到建安二十四年(219),关羽独守荆州。这时的关羽是完全凭自己的实力,终于有机会打正规战。关羽以出色的军事才干,让留在荆州的曹军众将品尝到了被完虐的滋味。

最先被打崩的是乐进,刘备入川前后,关羽就在荆州前线跟乐进交战了。两人开始日常互撕,具体过程不清楚,但结果是乐进被调离荆州,去了合肥帮张辽守城,但在合肥,张辽、李典所部才是主力,乐进只是配角,很可能他的部队在荆州就被关羽打光了。

从建安二十二年(217)开始,关羽军依托汉水向北持续推进。

进入建安二十三年(218),关羽又跟文聘干上了。江夏太守文聘本来的任务是防孙权的,结果却跟关羽交上了手。

文聘先后在寻口、汉津、荆城与关羽交战,这三个地方呈南北向分布在汉水沿线。很明显,关羽要从汉水向北推,文聘想阻止关羽。于是双方开打,但文聘也不是关羽的对手。

文聘沿汉水层层阻击,抢过关羽的辎重,烧过关羽的船,在文聘的传记里记载了文聘很多露脸的"战绩",但中国史书有个传统,露脸的事记在本人的传记里,但丢脸的事只能从别人的传记里去找，甚至只能推测。

虽然在文聘的本传里，对他多有吹嘘，但实际情况正好相反，文聘被关羽打败，因为关羽在建安二十四年（219）就已经成功沿汉水推进到了襄阳、樊城。

文聘的"战绩"多多，可是战线却在一直向北移动。这就尴尬了。

战报可以瞒报，但战线不会说谎。

不停北移的战线宣告了文聘的阻击失败。战场上，弱者才搞偷袭，强者都是平推。

关羽北上的过程就是一路完虐沿途曹军，步步推进，挡路的曹军如同多米诺骨牌形成连锁崩溃。

正是看到关羽如此强势高调的推进，南阳宛城、河南陆浑乃至颍川许县的反曹起义军看到希望才以关羽为外援，积极响应关羽的北进。

眼看文聘挡不住关羽，后者即将打通汉水通道。曹操赶紧命令驻守襄樊的曹仁南下增援，但就在这时，宛城发生反曹起义，曹仁不得不先去宛城。

建安二十四年初，曹仁攻占宛城，但襄樊以南的战线也发生了变化。此时，关羽已经彻底打通汉水水道，文聘也被关羽打崩。虽然不见明确记载，但在随后进行的襄樊战役中，连远在合肥的张辽都被调来救樊城，但驻守汉水沿线的文聘却消失了。只能说明，他也被关羽击溃，已经变得极其不重要。

曹仁终于直面关羽，但很快他也被打崩，困在樊城，被关羽的荆州兵花式吊打。

因为关羽的水军已经牢牢掌握了汉水的控制权，曹仁根本不敢过汉水去南岸的襄阳。

此时的形势对关羽有利。襄阳不是孤单的一座城，在一水之隔的北岸，樊城与之遥遥相对。两城夹汉水而立，互为支援，而两城联系的纽带就是汉水。

对襄阳的争夺必须拥有强大的水军。因为只有水军占优才能控制汉水，而取得汉水的控制权也就意味着在争夺中占据主动。而水军的优势恰恰在关羽这边。曹军水战拉胯已是尽人皆知的事实，在长江上打不过周瑜，在汉水上也打不过关羽。

荆州水军一路北上，连续击溃曹军的阻击，已经取得了汉水的控制权。

曹仁部已经是被关羽打崩的第三拨曹军，还是主力部队。

七月，曹操不得不派出大将于禁率七支精兵三万余人，南下救援曹仁。

樊城城外，关羽的荆州军三万人与于禁率领的七支精兵三万人摆开阵势，全面对阵。

双方的兵力相当，可谓势均力敌。

甚至就连双方主将的级别也不相上下。

关羽是刘备的"五虎上将"之首。

刘备刚刚在汉中称王，他给关羽的官职是前将军，这是刘备阵营中武将的最高级别。刘备给关羽的还有一项权力，就是之前说到的假节钺。这意味着关羽可以自行决定军事行动。

曹操也有他的"五虎上将"。

在曹操版的"五虎上将"里居于首位的就是于禁。

此时于禁的官职是左将军，也是除去曹氏班底之外"五虎上将"里级别最高的。与此对应的是，于禁也有假节钺。

前将军关羽假节钺、左将军于禁假节钺,级别待遇几乎对等。

从这里也能看出,关羽、于禁,在刘备、曹操心里的分量。

这是双方"五虎上将"首将的对决,也是双方主力兵团的大会战。可以说都是顶级配置。

从曹操交给于禁的兵力也能看出曹操是很看重于禁的。一次交给外姓将领七支精兵,在曹操那里并不多见。

曹操给于禁的待遇也是外姓将领中最高的,他此时获封一千两百户,而不久之前战死在汉中的夏侯渊,曹操的自家人,嫡系中的嫡系也不过才八百户。

曹操将解围的希望放到于禁身上,然而,希望有多大,失望就有多大。

本来是级别对等、兵力对等、势均力敌的对攻硬仗。

但曹操做梦也想不到,关羽只用一场大水就搞定了他派来的猛将加精兵配置,而关羽这方的损失几乎可以忽略不计。在实力对等的情况下,关羽完胜于禁,这就是名将的水平。

曹操攻城的时候特别喜欢玩"水利工程",引水灌城的把戏用过不止一次。然而,关羽用战绩证明,搞"水利",他也是把好手。关羽可是刘备阵营中的第一水军名将,带水军的人当然懂水,而从北方来的于禁是真不懂荆州的气象水文。

八月,秋雨连绵,汉水水位暴涨。于禁却选在平地立营。这么好的机会,关羽怎能放过。

一个秋雨连绵的雨夜,一支肩负特殊使命的部队从关羽大营悄悄出发,他们的任务是掘堤放水。

樊城城北,曹军大营一如既往的平静,士兵们早已进入梦乡，只有巡夜的士兵在巡查。突然，远处传来犹如万马奔腾的声音，声音由远而近，有眼尖的士兵发现了什么，大喊："水，水！"转眼间，汹涌如潮的江水冲入军营。士兵惊恐的叫喊声被水声淹没，数万人的军营，瞬间被大水冲垮，刚才还整齐的军帐被冲得七零八落，很多人在睡梦中丢了性命。

于禁蒙了，突然的意外让他彻底慌乱了。在众将的簇拥下，于禁登上高地避水。三万陆战精兵被大水冲得稀里哗啦，纷纷爬上附近的山坡，此时他们手里没有兵器，身上没有盔甲，这是他们最脆弱的时候，就在此时，关羽率荆州水军乘船杀到。

发水前，关羽的水军纵横在汉水之上，但也只能打水上的曹军，陆地上的、城里的曹军打不着，但现在樊城城外变成水乡泽国。除去樊城的曹军，城外的几乎被关羽军全歼。

荆州水军乘着战船到处围攻躲在高地上避水的曹兵。分散在各个山头上的曹军，想打打不过，想跑跑不了，只能束手投降。

于禁的副将庞德还想抵抗，也被关羽俘杀。三万曹军连同他们的主将于禁都做了关羽的俘虏。

要知道，关羽的荆州军也不过才三万人。

以三万俘三万，在兵力对等的情况下将对方全歼，整个三国时代，仅此一例。

直到此时，关羽才发挥出他指挥大兵团作战的实力。

关羽水淹七军，威震华夏！

之前，只是曹军控制的荆州部分被搅乱，现在整个黄河以南的豫州、荆州都乱了。

曹操控制的朝廷所在的许都已经直接暴露在关羽面前，但关羽此时也有他的苦恼，那就是兵力不足。

于禁的七支精兵被关羽成建制俘虏后集体送到后方的江陵城。换成是曹操，在兵力有限俘虏众多的情况下，早就杀降了。

因为关羽的主力在樊城前线，江陵的留守兵力肯定不多。三万俘虏应该是守军的数倍，但关羽跟刘备都是底层出来的英雄，以仁义为本，不会杀俘。杀降屠城，那是奸雄曹操所为。关羽留下这些战俘是想消化这些北兵。一旦完成改编，关羽的兵力瞬间就会暴增一倍。以关羽的能力，带着六万人再去北伐。到那时，曹操恐怕真的要迁都了。

困守樊城的曹仁此时真是欲哭无泪，他眼睁睁看着于禁的七军全军覆没却只能干看着，因为大水困城，他出不去。当然，即使出去，他也打不过关羽。这时他手下只剩几千人，守城都很勉强，野战等于自杀。

于禁所部三万人是被关羽打崩的第四拨曹军，也是迄今为止，实力最强的。但这三万精兵却以最戏剧化的方式收场，集体被送去江陵接受改编。

对曹仁来说，他的噩梦还远未结束。屋漏偏逢连夜雨，此时更危急的情况出现了。在被大水浸泡多日后，樊城开始"掉渣"。这个不足为奇，因为秦汉时代的城墙，基本都是蒸土筑成，土最怕水。虽然这些蒸土是经过特殊工艺处理的，但也架不住长时间的江水浸泡。

城里的曹军慌了。他们能抵抗到现在靠的就是眼前的这道城墙。一旦城墙坍塌，曹仁跟他的部下们只能去江陵跟于禁他们做伴了。

荆州水军的战船直抵城下，将樊城重重包围。

曹仁已是瓮中之鳖，但他的运气实在够好。不久大水退去，接着,曹操的第五拨援兵来了。这拨援兵的带队主将是徐晃,关羽的并州老乡。

曹操的"五虎上将",乐进被关羽打成光杆司令提前过上退休生活。于禁被关羽活捉。

徐晃已经是第三位被派过来的"五虎将"。除去远在长安的张郃跟镇守合肥的张辽,曹操能调动的名将,已经被关羽收拾得差不多了。

徐晃虽然来了,但开始根本不敢靠近关羽。因为他带的多是新兵。老兵去哪儿了?一部分当然在江陵,剩下的也在召集的路上。

曹操手下众将,还有樊城城里的曹仁都盼着徐晃能早点打过来解围,但徐晃只能一点点向前蹭。他很清楚他手下的这些新兵,一旦接战,很快就会被关羽连战连胜的荆州军击溃。但大家不知他的难处,一个劲儿责备他逗留不进,徐晃却有苦说不出。

关羽的攻击其实也已经到达极限,还是因为兵力过少。关羽的出击时机其实选得已经非常恰当。

关羽发起总攻的时间在建安二十四年(219)的夏秋。此时,曹军的主力被曹操带去汉中跟他大哥刘备在汉中对峙。

荆州外围的曹军之前已经被他基本打崩,从江陵到襄阳水陆两路都是畅通的,而且夏秋之际雨量暴增江水上涨,也能发挥他的水军优势。

打到十月,关羽的荆州军事实上也已是强弩之末,打不动了。他们其实已经打得很好了。曹操几乎被打崩,甚至一度准备迁都,以避关羽兵锋。

为挡住关羽,曹操四处调兵,甚至不惜从淮南前线抽调部队，只求能遏制住关羽的凌厉攻势。

关羽仅凭三郡之地数万精兵就搅乱了整个中原。曹操完全是依靠体量优势苦撑才没有崩盘。

即便如此，兵力占优的曹军也仅仅只能维持相持的局面，还不能迫使关羽退兵。

关羽的前锋在郾城被徐晃击败，但荆州水军依旧控制着汉水。曹军据守的襄阳与樊城依旧被关羽分割包围，虽近在咫尺却远似天涯。

但关羽毕竟是孤军作战，兵力有限，此时的他急需增援。

关羽派人联系上庸的刘封、孟达，请他们出兵相助，合力围攻襄阳。

但孟达只有四千兵，刘封的人马比孟达还少，即使他们全都开到襄阳也是杯水车薪。更何况此时的上庸也是一地鸡毛。

刘封跟孟达正闹矛盾呢！孟达自认为劳苦功高却未得到应有的封赏，心里有怨气，又要听从刘封的领导，很是不满，根本不服管。

刘封指挥不动孟达，控制不住局面，一气之下夺了孟达的将军仪仗，这成了压垮骆驼的最后一根稻草。早已心生不满的孟达干脆率部叛逃，北上投奔曹魏去了。

友军指望不上，刘备的大军又远在蜀地，远水不解近渴。关羽只能从后方抽调兵力增援前线。

此时的关羽实际上要面对两伙敌人，明处的曹军与躲在暗处的江东军。

江东已经在角落里偷偷观察很久了。

此时的江东已找不到联合派的踪影。从孙权到吕蒙，再到即将上场的陆逊,这些人都在打荆州的主意,打关羽的主意。正面打,他们不是关羽的对手,这些人就打算下黑手,从背后捅刀子,毕竟,他们喜欢玩阴的。

此时,他们名义上还是友军,但其实已是敌人。明面上的敌人不可怕,因为看得见,隐藏在暗处的敌人才是最危险的,特别是这些敌人还戴着伪装的面具。

孙权其实也动过北伐的念头,在与刘备平分荆州暂时达成和解,又得知曹操带兵远征汉中的情况下,建安二十年(215),孙权曾亲率十万大军进攻张辽据守的合肥。然而,那一战却成为江东人挥之不去的噩梦。孙权以十万大军攻击仅有七千人的张辽军,结果却被对方反杀,惨败而归。

撤退时,江东军在逍遥津被张辽带领的八百勇士伏击,被杀得尸横遍野、溃不成军。

逍遥津一战杀得江东人人胆寒,张辽就此一战成名!

孙权本想趁曹操主力不在淮南以多打少,以十万人的兵力优势狠狠风光一把,出出两年来被曹操压着打的闷气,谁知道,想露多大脸,就现多大眼。

十万人被七千人打崩,连孙权本人都差点被曹军活捉,幸亏,孙权打仗的本事不行,逃跑的本领还是很强的,但丢脸也是丢大了。

合肥之战的心理阴影过于浓重,以至于在未来三国鼎立的时代,也很少再见到孙权横刀跃马亲自上阵。

此后的孙权乖乖待在他的建业城。打仗,就让吕蒙、陆逊这些人去吧。

关羽与曹仁开战,孙权也与吕蒙就此展开讨论,去打合肥攻徐州，还是偷袭江陵占荆州。其实，孙权跟吕蒙心里都清楚，有张辽在，淮南那片土地。他们做梦也得不到。

当然，吕蒙还是很照顾领导面子的，不说打不下，也不说怕张辽，只说北军多骑兵，徐州那地方又是大平原。咱们就是打下来，用七八万人去守，也守不住。其实，守不守得住，他们不用操心，因为压根就打不下来。

但孙权搞扩张的野心还是蛮大的，北边打不过，南面的交州已经是他的地盘了。东面是大海，那就只剩下西面关羽据守的荆州了。

关羽北伐，留在江陵、公安两地的守军还是很可观的。明明前线兵力不足，却还在后方留下大批部队，这些兵是用来防谁的，不言自明。江东方面当然也清楚关羽对他们充满警惕，因此也一直未敢轻举妄动。

关羽不仅在江陵、公安留下很多守军，还在沿江建了很多烽火台，有事可以及时预警。

因为关羽水军控制着汉水，荆州兵乘船往来机动，速度很快。后方有警，水军可以及时南下回援。

这可愁坏了吕蒙，但他一时也想不出主意，这时樊城传来关羽水淹七军的捷报。虽然心里酸酸的，但吕蒙还是言不由衷地写信对"友军"的胜利表示祝贺。

吕蒙憋坏水儿都把自己憋出病了。吕蒙其实一直都有病，可能是整天想着阴人吧，反正，这位整天有病，已经是公开的秘密。关羽自然也知道。

吕蒙是江东继周瑜、鲁肃之后的名将，关羽对吕蒙还是很防范的，不敢掉以轻心。在荆州的防守上，其实关羽从未大意过。

只是他的兵力真的十分有限，很难同时兼顾南北。

吕蒙故意放出消息以回建业治病为名，实则是向孙权汇报工作，准备对关羽发动偷袭。

吕蒙在回建业的路上经过陆逊的防区。陆逊说您的防区与关羽相邻，如此重要的地方，您可不该轻离防地。吕蒙说这我当然知道，但怎奈我身体有病。陆逊说，关羽素来骄傲，如今又接连大胜，精力皆在北方。他听说您有病离开，必然放松防备，不如趁此时，出其不意，袭取荆州。

吕蒙表面上说了一堆关羽很厉害，不容易对付的话，应付过去，但心里却对陆逊大为欣赏，因为陆逊说的正是他心里想的，也是他即将对孙权讲的，趁关羽在襄樊，出兵从背后偷袭荆州。

只是吕蒙袭取荆州的计划属于高度机密，这时还不能对陆逊讲。但吕蒙已经认定，接下来的行动，陆逊能助他一臂之力。

因为陆逊与他的想法不谋而合，可以协助他完成计划，而且他名义上回建业看病，陆口重地也需要有人接防。

吕蒙到建业后便开始与孙权制定偷袭计划。孙权说，你回来了，你看谁适合去接替你的位置。吕蒙便向孙权推荐陆逊。

十月，曹操来到洛阳。

此时整个许都以南都乱了。

曹操还在犹豫要不要迁都，明显已经信心不足。

以曹操现在的实力，挡住关羽有点吃力，想迅速扭转局面，最好是有外援。

司马懿对曹操说，别看孙刘表面是盟友，其实同床异梦。关羽打了胜仗，孙权是不开心的。孙刘两家为荆州的事差点开战，这已是人所共知。司马懿劝曹操联结孙权，让孙权出兵从后面牵制关羽,到时关羽为保荆州不得不退兵。

曹操说,对,就这么办。这边曹操与司马懿刚商量好。那边孙权的效忠信就送到了洛阳。

两伙人想到一块儿去了。

孙权在信中说,我准备在关羽背后动手。在我行动之前,您可一定要替我保密呀。不然,消息泄露出去,关羽有了防备,事情就难办了。

曹操拿着孙权的信问群臣,该不该为孙权保密,众人都说应该。曹操嘴上不说心里在骂,你们这些傻瓜。这时一向擅长奇谋的董昭说,我们回复孙权,当然要答应给他保密,但私下要放消息出去给前线的将士,让他们知道外援将至,守军才有信心守下去。曹操这才满意地点点头,还是董昭知我心意。

孙权让曹操替他保密,是想让关羽军与前线的曹军死磕,拖住关羽,好方便他去偷袭荆州。

孙权的心思,曹操如何会不明白。孙权此时能出手当然是帮了曹操的大忙,人家这请求至少表面上很合理,不好不答应。

曹操与孙权之前还兵戎相见,现在却能狼狈为奸,说到底还是利益所致。

曹操、孙权联合对付关羽是出于各自的利益考虑。曹操联合的目的是想让孙权袭击关羽后方,解樊城之围。孙权联合的目的是想让曹军在前方牵制关羽,他好在后方袭取荆州。

曹操表面答应得好好的,然后转身就让人将孙权袭取荆州的计划传递给苦守在樊城的曹仁。

因为曹仁被困在城里,外围曹军进不去。他们传递消息的方式是将写好的信绑在箭矢上用弓弩射进城。为确保守军能收到,还不止射了一封，应该有很多，但弓弩难免有"射偏"的时候，于是，不可避免的，就会有很多信落在关羽营中。于是，在城中曹仁得知消息的同时，城外的关羽也知道了。

相比曹仁，曹操更希望关羽看到这条至关重要的情报好早点退兵。至于被出卖的孙权能不能因此顺利袭取荆州，那就不是他关心的事了。

曹操的举动虽是出于私心，但客观上也帮了关羽。

此时，关羽如果能立即带兵回援，大概率是能挫败孙权与吕蒙的阴谋的。

关键时刻，关羽犹豫了。他没有立即退兵，也失去了挽回危局的机会。

但关羽的犹豫也很正常，消息真假难辨。只有两种可能，假的，真的。

消息很可能是假的，是曹军故意编出来的，目的就是骗关羽撤兵。关羽当然不能因为几封信就轻易撤退。

消息也可能是真的。关羽对鲁肃之外的江东鼠辈向来没有好印象，以孙权、吕蒙的品行是能干出背后偷袭这种事儿的。但即便如此，关羽也不打算立即退走。即使江东人马来偷袭甚至直接强攻，以他精心部署的防御体系，孙权也不可能在短时间内攻下荆州。

关羽的自信源自江陵、公安两城的城防坚固，留守兵力短期之内守住城池不成问题，而且他还在沿江建有预警的烽火台。一旦荆州受到攻击，他可以率军沿汉水迅速南下救援。直到十月，关羽的荆州水军仍然控制着汉水通道。水军的优势就是速度快。

到目前为止，关羽的战绩可谓辉煌。以数万之众，长驱直进，水淹七军，威震华夏。

而且此时樊城、襄阳的曹军在长期围攻之下已经精疲力竭，两城唾手可得，大功即将告成。这个时候撤退，就将前功尽弃，关羽如何甘心。

关羽追随刘备四十年，早期因实力弱小，到处漂泊，颠沛流离。直到十年前，赤壁之战后才赢来转机，三十年的艰难拼搏，十年的辛苦筹划，才有今天，大好局面，来之不易，只有亲身经历过的人才知道这一路走来有多么艰辛。

然而，现实是残酷的，关羽在犹豫中错失机会。因为吕蒙已经动手了。

之前接替吕蒙的陆逊，上任后对外只干一件事，那就是拍马屁，吹捧关羽。

陆逊只是配角，任务就是麻痹关羽给吕蒙打掩护。吕蒙去建业带走部分军队，关羽听说后也从江陵调兵北上，但这并不等于说关羽中了吕蒙、陆逊的计。

关羽纵横沙场三十年，大场面见多了，不会那么容易上当。真实的原因还是兵力。以关羽的兵力只能应付曹操、孙权中的一路。如果曹孙联手，换成谁也吃不消，关羽即将面对的就是前后夹攻、腹背受敌的最险恶的危局。

陆逊的戏杀青，吕蒙上场了。

为对付关羽的沿江烽火台，吕蒙特意弄来很多商船，让士兵穿上商贾常穿的白衣扮作往来客商而将精兵藏在船舱内，来到江边请求靠岸。到了晚上，"商人们"脱去白衣现出军服，露出本来面目，冲出船舱，出其不意，迅速控制了江边的烽火台。关羽的第一道防线，被吕蒙伪装偷袭得手，此即白衣渡江。

烽火台只是起预警作用，即使以计轻取也不值得夸耀。真正难的是如何攻取公安、江陵二城。

吕蒙的做法不是强攻而是招降。公安城的守将傅士仁并未抵抗直接投降。吕蒙又带着傅士仁来到江陵劝降守将糜芳。令人惊奇的是，糜芳也未作抵抗，开门投降。整个过程如同事前商量好的，一点儿波折都没有。很显然是之前就串通好的。改换门庭这种大事是靠一番说辞就能在短时间内做出决定轻易改变的吗？糜芳与傅士仁恐怕早就被吕蒙暗中策反。

吕蒙其人不仅能打硬仗还会使阴招。四年前的轻取三郡，吕蒙就已经表演过一次。

吕蒙最擅长的不是攻城野战而是渗透策反，名义上是将军其实是个特务头子。早年鲁肃当权，吕蒙就出过很多上不得台面的阴谋，鲁肃压制不用。吕蒙接班后终于可以施展他的诡计了。

刘备的两个兄弟关羽、张飞，优点突出，缺点也突出。关羽是轻傲士大夫，但对士兵很好。张飞则跟他哥哥关羽正好相反，张飞对士大夫很客气，但对士兵很粗暴，经常酒后鞭挞士卒。他们最后也都死在自己的缺点上。

关羽与其说死于吕蒙之手，不如说是死于糜芳、傅士仁的背叛更合适。

他俩要是不投降，吕蒙短期之内肯定攻不下公安、江陵两座坚城。

关羽在前线听说荆州有失，急忙率军南撤，这次不撤都不行了。

曹仁召集众将商议，要不要追，众将的反应相当一致，追！谁都看得出来，现在是追击的最好时机，被堵在城里揍这么久，总算有机会反击了。

然而，曹仁身边的军师赵俨却说不能追。现在关羽丢失荆州已成孤军，不如让关羽全军而退，平安回去。关羽势必与孙权倾力相争，到时我军只需坐观成败，魏王恐怕也是此意。

曹操听说关羽南走，果真担心众将去追，特意派人传令，不许追击。

关羽一路率军南下，然而局势已经难以挽回。

吕蒙在江陵厚待关羽将士家属，再次玩起攻心战。战场上最可怕的不是被劫粮，还有更狠的，比如俘虏军属。

关羽的荆州兵得知家属受到优待，顿时就失去斗志，一心想着回家团聚，部队一路走一路散，军心已变，难以再战。

论狠毒陆逊比吕蒙有过之而无不及，他第一时间抢占宜都郡占领秭归，封锁住关羽从荆州退入益州的通道。

吕蒙、陆逊二人配合默契。吕蒙用攻心战瓦解关羽的荆州军，而陆逊则直接堵住关羽的退路。

之前所向披靡的荆州军，数万之众，未经一战便土崩瓦解。关羽的数万大军很快仅剩数百人。

关羽率部退守麦城。

四下都是江东兵马，关羽已被四面包围。

十二月，关羽父子在突围途中被俘，不屈遇害。

但吕蒙也未得意多久，连分赃会都未赶上就死了。

关羽败亡是刘备集团的重要转折，刘备急速上升的势头被遏制。

受《三国演义》的影响，说到失荆州，人们的反应普遍是关羽大意失荆州。但前文说过，关羽的荆州布防相当缜密，并未大意。

有人说刘备用关羽守荆州是用错人了。但仔细研究刘备就会发现，刘备极会用人，在重大人事任命上几乎从未出错。刘备之所以派关羽守荆州，是因为关羽最合适。

刘备阵营中能力最强的大将就是关羽，以军事才干而论，军政全才的诸葛亮可以排在第一。但刘备看重的是诸葛亮的治国之才。刘备在世时，诸葛亮很少有机会领兵作战，更多时候是在后方组织后勤。诸葛亮的军事才能得不到机会展现。

在当时人的印象里，刘备阵营里最能打的是刘备，虽然很多人对此可能持保留意见，但这就是世人的普遍看法，这些人里面包括曹操跟孙权。虽然刘备经常打败仗，但他确实很能打。其次就是关羽，这两个人都是帅才，可以独当一面，剩下的张飞、赵云就都只是将才。

因此，遇有战事，刘备都是自己亲自上阵，但凡需要分兵，第一时间想到的就是关羽，这在当时也是大家的普遍反应，被认为理所应当，不会有任何疑义。

守荆州需要能带水军，关羽虽然是北方将领，来到南方却能指挥水军，可见关羽的能力水平很强。至于陆战，关羽在樊城水淹七军，能将以步骑称雄的曹魏打得差点崩盘，一度想迁都躲避关羽，已经足以说明关羽的陆战能力。

千里走单骑虽是小说，但挂印封金却是真实发生过的。曹操也是爱才之人，看人的眼光很准，这点刘备与曹操是伯仲之间，他们都是会识人用人的君主，他们的成功都不是偶然的。

曹操看出关羽是人才，一心想将关羽收为己用，又送美女，又送金银，加官晋爵，只希望留住关羽。

痛失荆州——关云长败走麦城

可是，面对曹操的盛情，关羽却不为所动，冒着被杀的风险，也要去河北寻兄。当时的刘备还是袁绍的座上客，还在四处漂泊，但关羽依然对刘备忠心追随。

关羽是刘备共患难的战友。关羽是经过生死考验的不离不弃的兄弟。刘备不信关羽，还能信谁！刘备集团的领导核心都是如此，那都是经得起考验的。

张飞在当阳桥头，只带二十名骑兵打阻击，对面追过来的可是数千追兵。正常情况下，张飞大概率是个死，但张飞犹豫过吗？没有，明知很可能会血洒桥头，依然挺身而出，他要用自己的性命为大哥争取撤退的时间，这种兄弟，刘备不信他信谁！关键时刻，他豁出命来保护你。

赵云在长坂坡单骑救主，在万军丛中杀进杀出，将生死置之度外，血染征袍，才救出刘禅。后来赵云截江救阿斗，又救刘禅第二次，可以说，刘禅这条命是赵云用命保下来的。刘备不信赵云还信谁！人家豁出性命去保护你的接班人，这种人自然是铁杆亲信。

诸葛亮在刘备集团危急存亡之际，主动请缨自告奋勇去联络孙权，谁都知道这时候去请援有多难，最终诸葛亮不负所托，成功说服孙权，实现孙、刘联合，联军在赤壁打败曹操，刘备才摆脱生存危机，得以在荆州立足，实现逆转，然后才有跨有荆益，建立蜀汉，三分天下有其一。

诸葛亮也正是以此确立了他在蜀汉集团的地位。关键时刻，勇于担当挺身而出，一人之力胜十万之师。忠诚能干，刘备不信诸葛亮还能信谁！刘备后来举国托孤于诸葛亮，这份信任由来已久。

庞统是刘备的军师，跟着刘备出生入死打江山，在攻打雒城时中箭牺牲。以他的级别不用冲在一线，他是军师不是武将，冲锋不用他上。他只需运筹帷幄，但他还是冲了上去，最终战死沙场。这份君臣之间的生死情义，在曹操、孙权那里是很难见到的。

法正在刘璋那里不受待见不被重用，在刘备这里言听计从倚为心腹，地位仅在诸葛亮之下，士为知己者死，法正怎么可能不为刘备尽心竭力呢！在攻打汉中时，面对曹军射来的箭雨，法正主动站出来挡在刘备面前，他能做出这个举动，了解他与刘备的关系后，就一点儿也不会奇怪了。

刘备的成功在于他的这个团队既能干又忠诚。他的队伍是拆不散的。这也是刘备能从底层奋起到汉中称王创造奇迹的原因。

荆州对刘备有多重要，自不必说，关羽败亡，荆州丢失。刘备不能接受，势必要为关羽报仇，夺回荆州。

对此，孙权当然也清楚，所以，他与刘备撕破脸就马上去抱曹操的大腿。

孙权夺过荆州，便上书曹操称臣，极尽阿谀之能事，可谓丑态百出。孙权还厚颜无耻地劝曹操称帝，把之前骂曹操是汉贼的事全忘了。孙权的奉承讨好把曹操都气乐了。

曹操拿着孙权劝他称帝的书信给群臣看，说这小子坏得很，他这是想把我架在炉子上烤！

曹操的部下也有很多人劝曹操称帝，比如陈群。对此，曹操不置可否，只是说了句意味深长的话，若天命在我，我就做周文王吧。

曹操至死不肯称帝。

建安二十五年（220）正月，魏王曹操死了。

曹操不肯称帝。可是，他的儿子曹丕，他亲自选定的接班人，却十分想当皇帝，那种心情只能用"急不可待"来形容。

十月，汉献帝举行禅让仪式，让位于魏王曹丕。经过一番推让表演，曹丕篡汉称帝，国号大魏，定都洛阳。曹丕也就是历史上的魏文帝。

曹丕以禅让的形式篡位，成为后世权臣谋朝篡位的标准模板，被很多人模仿效法，这其中就包括取代曹魏的西晋开国皇帝司马炎。仅仅四十多年后，司马炎就将曹丕自编自演的大戏原封不动地照抄照搬用在曹氏身上，这是标准的以其人之道，还治其人之身。

蜀汉建国——刘备称帝

建安二十六年（221）四月，刘备在得知曹丕篡汉的六个月后也在成都称帝，国号依然是汉。后世为区别于前汉、后汉，又因刘备建立的大汉帝国疆域只限于蜀地，因而称其为蜀汉。

四十年前织席贩履的刘备，在经历四十年的浴血奋战后，在经历难以计数的挫折跟失败后，在度过不计其数的艰难困苦后，终于建号称帝，年号章武，建安二十六年即蜀汉章武元年，刘备成为蜀汉帝国的开国皇帝。

《三国演义》这本通俗历史小说的影响力过于强大，使得魏蜀吴三国鼎立的印象深入人心，本来是汉魏吴的三国硬生生被演义成魏蜀吴。其实，蜀汉的重点不在蜀而在汉。

刘备的志向是兴复汉室，他要复兴的是以他为领袖的大汉，不是汉献帝那个名存实亡的东汉。直白点儿说，刘备要做第二个刘秀。虽然结局大家都知道，但不可否认，刘备虽败犹荣，他的起点比刘秀还低，他的对手曹操又超乎想象的强。

虽然平民出身的皇帝在历史上并不少见，从刘邦到刘秀再到朱元璋，都是白手起家，苦尽甘来。但论创业的艰难程度，遭遇的挫折之多，刘备都居于首位，他的苦难似乎看不到尽头。

从聚众起兵平黄巾之乱，到被推举为州牧主政徐州，刘备用了十年，这个时间已经足够刘秀统一天下。

在那个阶层严重固化的年代，出生即决定命运。

看看群雄逐鹿讨伐董卓的各路诸侯，袁绍、袁术名门士族出身，曹操为太尉之子，刘焉、刘表、刘岱、刘繇为亲近宗室，这些人哪一个是底层出身？这部历史大戏，本来是没有刘备这种名义上是远支宗室实质是底层平民的人的戏份儿的。

刘备是凭着自己的努力硬生生加进来，并强行改写剧本，才有了为后人津津乐道的精彩纷呈的三国历史。

有人说三国是历史的插曲，其实，蜀汉又何尝不是三国的插曲。

刘备与追随他的关羽、张飞都是平民英雄，在他们身上都有着浓重的平民烙印。

一次次挫败并没有打垮他们，反而使他们更加坚韧顽强，他们也失落过、伤心过，但他们从未放弃，不肯放过任何改变命运的机会。

十余年的辗转漂泊、寄人篱下并未消磨他们的斗志，而成功总是留给那些有准备的人的。

终于，赤壁之战，以少胜多，以弱胜强，令天下为之侧目。

刘备也从四处奔波到三分荆州而有其一。之后的十年，刘备的实力迅速壮大，其速度只能用恐怖来形容。强大到令对手夜不能寐，寝食难安，需要曹操跟孙权联手，要靠全军动员加背后偷袭，用尽办法才抑制住刘备的强势上升。

曹丕篡汉对刘备既是机遇也是挑战，机遇与挑战并存。

刘备要建立的是新的大汉。汉献帝的东汉朝廷尽管早已徒有虚名，却是刘备必须尊奉的。曹丕急于称帝，让刘备不再背负历史包袱。但同时，篡汉的曹丕与兴汉的刘备注定将成为不共戴天的敌人。

汉贼不两立，二者的矛盾是结构性的，不可调和的，不能共存的，二者中只能有一个胜者。

孙权在袭杀关羽背盟降曹后，也成为蜀汉的仇敌。

蜀汉帝国，建国伊始就面临着巨大的生存压力。三国之中，蜀汉最小。但同时蜀汉的战略环境又是最险恶的，北面、东面都是仇敌，强敌环伺，面对如此严峻的局面，刘备没有畏缩，而是直面危机。刘备用他特有的方式来应对危局。

曹丕曾问群臣，关羽被杀，刘备会不会为关羽报仇。群臣大都说不会，他们的理由是蜀汉是小国，名将只有关羽。如今关羽败亡，举国震恐，他们哪里还敢出兵，哪里还有实力出战。但后来发生的事情证明他们都错了。

只有刘晔说，刘备一定会出兵讨伐孙权。刘晔接下来说的话，说到了本质，他说蜀国虽为小国却要以威武自强。这正是刘备的建国理念，越是小国越要励志图强，越是小国越要尚武求存。

从幽州起兵到益州建国，刘备的势力始终是三方中最小的，但这并不影响刘备的雄心壮志。

如果因为敌人强大就退缩，那就不会有现在的蜀汉帝国。

因为这个国家的建国之路本就是在强敌的包围中杀出来的，没有撤退可言。

在战斗中成长，在战火中壮大，这是刘备跟他的帝国历史的真实写照。

从来不被看好,却始终不曾放弃,刘备一直在努力创造奇迹,而他创造的最大的奇迹就是他建立的蜀汉帝国。

刘备的嫡子刘禅被顺理成章地册立为王太子。他也是刘备指定的接班人。

当刘禅被立为王太子时,刘封就被派到东三郡,属于变相发配,如今他的处境更加不妙,孟达叛逃,申耽叛变,他被叛军赶出东三郡。

蜀汉在建国前,连失荆州三郡、东三郡,总要有人为此负责。此时能负责的只剩下刘封,他兵败逃回成都,等待刘封的是刘备严厉的处罚。

刘备以刘封不救关羽逼走孟达为由将其处死。临死前,刘封不禁长叹:"恨不听孟子度之言。"

原来孟达叛逃时曾写信给刘封劝他一起走,因为孟达已经预料到刘封的结局。孟达在信中劝说刘封,你领兵在外尚能保命,一旦兵败入朝,势必凶多吉少。但刘封不听,他还是忠于刘备的,兵败失地虽然有罪,但罪不至死。

关羽要刘封出兵是在围攻襄阳、樊城时,那时关羽兵锋正盛,只是兵力不足才想让刘封帮忙。关羽发动襄樊战役是荆州战区的自主决定。刘封不归关羽指挥加上他兵力单薄,不去不算大错。关羽败亡极其迅速,刘封就算想救援也来不及。

至于说逼走孟达就更不是刘封的错,因为算起来,这应该是刘备的责任。

攻取东三郡,孟达本人即可胜任。刘备派刘封去不是雪中送炭,不是锦上添花,是画蛇添足,徒增烦扰。这几乎等于在脸上写着,我不信任你。联系到多年来,刘备对孟达的冷落,孟达的出走完全是刘备造成的。

但不得不说,刘备的担心是有道理的,他看出孟达虽有才干但品行不正,是反复小人。事实也的确如此,这不是孟达第一次叛逃,也不是最后一次。

昔日孟达在蜀中时随法正背刘璋而投刘备,如今又叛刘备投曹丕。数年之后,司马懿掌权孟达受冷遇又欲归蜀,一生三叛,吕布也不过如此。

刘备识人精准,预做防备有先见之明,但在具体做法上却有失妥当,既然明知其秉性,就应明升暗降,对其加官晋爵,再夺其兵权。

刘封被杀是悲剧,孟达叛逃是闹剧。

建国前的两次重大失利给新生的政权带来相当不利的影响。

好在还有善于治国的诸葛亮,四十岁的诸葛亮即将挑起的是治理整个国家的重担。

诸葛亮成为蜀汉帝国的开国元勋、首任丞相是众望所归,人心所向。

刘备对诸葛亮的器重信任也与日俱增,在建国前后更是达到顶峰。因为此时,刘备可以托付大事的心腹重臣只有诸葛亮。

刘备最为赏识宠信的军师法正在蜀汉建国的前一年刚刚去世,这对刘备的打击是沉重的。受《三国演义》的影响,说到刘备的军师,人们自然而然会想到诸葛亮。

但《三国演义》只是小说,与真实的历史是有区别的。实际上,诸葛亮虽然先后担任军师中郎将与军师将军,但他长期做的却是萧何的工作。待在刘备身边随其南征北战为其出谋划策的军师，前有庞统，后有法正。刘备入蜀，军师是庞统；刘备北争汉中，军师是法正。诸葛亮两次都是留守后方。

庞统战死，法正病亡。他们是刘备的左膀右臂。他们的死令刘备如折臂膀。

这只是文臣的损失，武将的情况更为惨重。

汉朝武将最高是大将军，其次为骠骑将军，再次为车骑将军，再之后是卫将军，前后左右将军。

刘备称帝前四大将军，黄忠已死，关羽遇害，仅剩张飞与马超。

章武元年（221），马超升任骠骑将军，领凉州牧；张飞升为车骑将军，领司隶校尉。至于大将军，刘备未予任命，因为大家都知道，那个位置只属于关羽。

章武元年四月，刘备称帝。六月，张飞便在军中遇害。刘备欲起兵为关羽报仇夺回荆州，令张飞率本部兵马一万从阆中到江州与大军会合。张飞尚未出发就被部将张达、范彊杀害。可叹，一代名将未死于阵前，却死于宵小之手。

张飞的死也是其性格所致。张飞经常鞭挞身边的部下，这也是张飞的老毛病。刘备曾劝过他，但张飞屡教不改，刘备也没辙。刘备听说张飞营中都督有表上奏，还未看就猜到了内容，他最不希望看到的事情还是发生了。刘备长叹一声，只说了一句，张飞死了。

章武二年（222），马超也病死了。马超在刘备军中的地位仅次于关羽，尚在张飞之上，但马超的地位更多的是政治上的象征意义。

马超之所以能成为名将，在于陇右氐羌的支持。马超的基本部队是由这些人组成的。当马超远离陇右也就失去了他赖以生存的氐羌兵。他所剩下的也只有政治号召力,刘备让马超做凉州牧,正是要利用马超在当地的影响为蜀汉攻取凉州。

可惜,常年的征战,家人的遇害,令马超身心俱疲,死的时候仅有四十七岁。

如果不是孙权背盟偷袭荆州,刘备的下一个目标很可能就是凉州,但这一切都因为关羽遇害,荆州失守而彻底改变。刘备的战略重心也由北取凉州变成东向争夺荆州。

夷陵之战——舍船就步的悲剧

　　章武元年（221）七月，刘备为给关羽报仇，在称帝三个月后即亲率大军东征，可见其复仇的急迫。

　　也许会有人质疑，关羽遇害是在建安二十四年（219）的年底。刘备率军东征已是章武元年七月，期间相距一年半的时间，何谈急迫！

　　这就要考虑到古代的通信交通条件。关羽败亡是在建安二十四年十二月，消息传到蜀中已是建安二十五年（220）的年初，期间还发生了孟达叛逃、刘封被杀、东三郡丢失等一系列事件。这些都大大延缓了整军备战的进程。

　　建安二十五年发生的最重大事件当然是曹丕篡汉。刘备作为汉室宗亲，必须对此做出正面回应。

　　有人会说刘备为何不先为关羽报仇然后再称帝。因为前者是私事，后者关系国家大义，必须先国仇后家仇，这是任何一个心忧社稷的政治家必须做的。

　　不是刘备急于当皇帝，而是此时的他，面对曹丕的公然篡汉，必须迅速做出反应，最好的方式就是登基称帝，重建汉朝。

在具体方法上,是先打孙权还是先打曹丕,这倒不是很重要了。因为孙权已经投靠曹丕,他们沆瀣一气、狼狈为奸,都是汉贼。

相比占据中原的曹丕,孙权显然要弱得多也更好打。况且,孙权违背盟约,以偷袭的卑鄙方式杀害关羽夺占荆州,这个仇不能不报。

荆州是汉之疆土,必须夺回来。刘备与关羽情同手足,关羽对刘备更是赤胆忠心。于公于私,刘备都要东征。

这时很少露面的赵云站出来劝说,应先征曹丕再战孙权。赵云还说了很多道理,希望能说服刘备。

赵云在此时反对东征就显得很不合时宜了。他说的那些道理本身当然都是对的,但在当时当地说这些就是政治不正确。这些道理难道刘备不懂吗?刘备当然懂,但对蜀汉而言,此时为关羽报仇就是最大的政治正确。

刘备不喜欢赵云的也是这点,提意见也要看时机,《三国演义》里五虎上将之中官职最低的就是常山赵子龙。

蜀汉建国,文臣武将多有封赏晋升,但这里面却不见赵云。尽管刘备知道赵云是出于忠心,但此时提反对意见也是刘备难以接受的。赵云因此被排除在东征名单之外,留在江州统领预备队。

刘备在荆州丢失一年多以后才出征还有一个原因,做军事上的动员与准备。

限于古代落后的交通条件,部队的动员调遣都很慢,兵器粮草也要时间去筹集。这个可以参考后来丞相诸葛亮的北伐。

蜀汉建兴五年(227)春,诸葛亮率大军进驻汉中。但直到一年后，蜀汉建兴六年（228）春，诸葛亮才正式出师北伐。也就是说，丞相为北伐整整准备了一年的时间。

刘备的东征是水陆俱进，需要准备的更多，所需的时间只会更长，比如战船。建造战船、训练水军至少也要一年。

刘备的东征不仅不慢，而且已经算快了。

真正值得忧虑的是东征的阵容，刘备身边缺乏可用之才。此时，他的身边文臣只有黄权、马良，武将中稍微知名的也只有吴班、陈式。刘备信任的军师庞统、法正早已不在，"五虎上将"仅存赵云一人，也不受重用被留在江州做后援。

刘备年过六十，精力已大不如前，却不得不带兵远征。因为他找不到合适的人为他分忧，将帅乏人，刘备只能亲自上阵。

帝国初兴，英雄却已迟暮。

刘备率四万汉军水陆并进讨伐东吴。先锋吴班、冯习击破吴军于秭归，大败吴将李异、刘阿。汉军首战告捷，士气大振。

孙权以镇西将军陆逊为大都督，率韩当、徐盛、孙桓等领兵五万抵挡刘备大军。

汉军攻占秭归后，刘备并未乘胜进兵，而是驻军于此按兵不动，停了下来。这一停就是大半年，刘备为何要停下来？他在等曹丕的反应。

三国鼎立，两国交兵，第三方的态度就很关键，特别是这个第三方还是实力最强的那个国家。

这点刘备、孙权都明白。所以，七月，刘备进兵；八月，孙权就向曹丕称臣。

曹丕对孙权的投顺十分满意，加封孙权为吴王。对此，孙权的手下都愤愤不平，原本双方是平起平坐，如今低头称臣，他们极不情愿。

孙权倒是很坦然，只要能稳住曹丕，避免两线作战，受这点儿委屈是值得的。孙权派去见曹丕的使臣甚至也丝毫不避讳，当着曹丕的面说孙权称臣只是权宜之计。

曹丕对此当然也是心知肚明，但他依然选择接受孙权的称臣。他有他的小算盘。曹丕接受孙权的称臣也是权宜之计，其目的也是为了稳住孙权。享受孙权的卑躬屈膝不等于不打孙权，曹丕只是在等一个最佳的出击时机。

曹丕的想法也不难猜，他在等孙刘决战两败俱伤，他再出来收拾局面。鹬蚌相争，渔人得利。曹丕想做渔人，但他选错了时机。直到刘备与孙权之间的夷陵之战结束，曹丕才出兵伐吴。但孙权已经及时抽身做好准备，曹丕的三路伐吴遭遇激烈抵抗草草收场。

曹丕的最佳时机其实是与刘备同步出兵，夹击孙权。这是孙权最怕的，也是刘备最希望看到的。

可惜，自视甚高的曹丕谋略水平远不及其父，要是换成曹操，早就南下打孙权去了。以曹操的智谋根本不会给陆逊防守反击的机会。那三国的历史可能真的要改写了。

刘备驻军秭归等的就是曹丕南下进兵的消息。正常人遇到这种状况都会毫不犹豫地出兵南下，攻击孙权。

曹丕的谋士刘晔，就是之前成功预测刘备会出兵为关羽报仇的那位大臣，再次出场。他也强烈建议曹丕不要错过大好机会，应与刘备做战略配合夹攻孙权。按他的说法，蜀攻其外，魏攻其内，不出旬月，东吴必亡。到时只剩刘备，就容易对付了。即使分出东吴的一半土地给刘备，蜀汉也难独存。

刘晔的建议是完全正确的。如果双方全力进攻，同时攻击，孙权肯定是挡不住的。

刘备以为曹丕是正常人，对曹丕做出正常反应抱有很大的期待。可惜，曹丕不是正常人。刘备高估了曹丕。刘备苦等半年也未等到曹魏出兵的消息。

可笑的是曹丕，他自以为比孙权、刘备都高明，但其实，他才是最蠢的那个。

刘备等不到魏军南下，只能独自进兵。

章武二年（222）正月，刘备重返秭归前线。

虽然未等到南下的魏军，但刘备还有后招儿。他派荆州襄阳人马良前往武陵郡联络当地部落，让他们在吴军后方起事，策应汉军的正面进攻。

马良不辱使命成功说服武陵蛮王沙摩柯，后者亲自带兵加入汉军阵营，与汉军并肩作战。荆南的众多部落纷纷响应，在吴军的后方遍地开花。

二月，吴班、陈式率水军顺流而下进至夷陵，分驻长江两岸，此时水军的主要作用不是作战而是连通南北转运兵力。

刘备率军从长江南岸的秭归出发，翻山越岭，来到夷道猇亭立营。镇北将军黄权奉命督率江北各军与吴军在夷陵对峙，同时警备北方魏军的动向。

汉军兵分三路，北岸黄权军负责牵制吴军防备魏军；吴班、陈式水军掩护侧翼，同时负责保护水运粮道；刘备则率汉军主力在南岸主攻。

南岸汉军在刘备亲自指挥下，推锋而进，势不可挡，很快攻到夷道城，将其包围，随即发起猛攻。此时守在南岸夷道城的是孙权的侄子孙桓。

在汉军的猛攻下,孙桓很快就顶不住了,连连向江北的陆逊求救。帐下众将纷纷要求带兵救援,却被主帅陆逊一一否决。陆逊很清楚孙桓虽然被围,但夷道城兵精粮足,守个把月不成问题,而一旦自己分兵救援,则正中刘备下怀。

刘备以江北汉军牵制陆逊,同时以优势兵力猛攻夷道城,如果陆逊分兵来救,那正好围点打援,在城外与吴军野战,进行主力会战。

这是出师以来刘备梦寐以求的,又是陆逊竭力避免的。如果陆逊不救,刘备攻破夷道城就可打开通向荆州南部的大门,再往前吴军已经无险可守。到时,刘备大军长驱直入攻占公安城,很快就能席卷荆南四郡,然后北上攻取江陵,与黄权对陆逊在江北前后夹攻,如此不仅可以顺利收复荆州,还能围歼吴军主力,为关羽报仇雪恨。

成败的关键就在于对夷道城的争夺。

陆逊对刘备的战略意图看得很清楚,但刘备防守严密攻势凌厉,他找不到破绽,不敢轻举妄动。尽管明知孙桓身份特殊,但陆逊还是决定按兵不动。

陆逊在赌,他在赌刘备在他行动之前攻不下夷道城。当然,陆逊用兵谨慎,他也不是完全靠运气,因为长江两岸特别是南岸的防御,他为之精心部署一年之久,与其说是他对孙桓有信心,不如说是他对自己精心选定的战场,亲自督造的城池有信心。

从决定偷袭关羽的那一刻起,孙权跟陆逊就知道,刘备不会善罢甘休。他们很早就开始准备了。孙权忙着调兵遣将向魏称臣,陆逊则早就是孙权选定的荆州将帅。

袭取荆州后，陆逊的新职位就是宜都太守。宜都郡正是连接荆益的枢纽通道，也是双方交战的主战场。在接下来一年多的时间里，陆逊有充分的时间侦察地形构筑工事。

刘备大军杀出三峡后，陆逊将数百里狭长的山险之地让给刘备，退守夷陵，到这里便再不肯退，原因在于地势。

夷陵以西是狭长山地，刘备的兵力难以展开。这里是陆逊选定的战场。刘备出峡口后立营四十余座。陆逊与之对应，也延伸防线与汉军对峙。

曹丕说刘备联营七百里，是道听途说。

刘备在占领夷陵东、西岸后全线畅通，不需留驻大量兵力，联营是有的，但不是夸张的七百里。刘备的兵力配置是前重后轻，主力在猇亭、夷陵前线，后方沿线的部队并不多。

陆逊是想将刘备堵在山岭之间，使其不得入平地，利用两岸的崇山峻岭困住刘备。

长江三峡水流湍急，至西陵峡口水势才开始变缓，西陵即是夷陵。

从夷陵往东，荆门、虎牙两山相对，夹江而立，江岸再次收窄。过了这里，江面才开始变宽，水流变慢，才适于行船。

陆逊堵的位置，在水上不利于蜀汉水军东进，在陆上也不利于汉军步兵进攻，汉军两路都被陆逊用山水地势加以限制。陆逊充分利用了地利，可以说将守方的地理优势发挥到了极致。

刘备最理想的进攻方式是水陆并进，但陆逊用山水之势将刘备挡住。

章武二年（222）六月，刘备干脆将水军主力转移上岸，想集中兵力在陆上打开缺口。

这成为夷陵之战的转折点，也是刘备战败的原因。

舍船就步，是刘备部署上的最大败笔，因为沿江而进的汉军将失去水军的侧翼保护，等于将长江的控制权让给敌人。

水陆并进，不仅仅可以协同作战，令敌人防不胜防，加大防守的难度，还可以相互保护，护住侧翼，这也是进攻时最薄弱的地方。

刘备夷陵之败并非七百里连营，而是舍船就步。

刘备的悲剧在于，他明明知道水陆并进的优势，却只能被迫放弃，因为水军的优势不在他这边。

刘备最能打的水军统帅是关羽，最有战斗力的水军是荆州水军。但现在关羽已亡，荆州水军大部投降。孙权原本的优势就是水战，他的优势兵种也是水军。

三国时代，三国各有自己的优势兵种。魏国的优势是骑兵，蜀汉的优势是步兵，东吴这两个兵种都弱，但其水军强，虽然打不出去，但在长江上有优势。

孙权原有的江东水军实力已经很强，加上荆州水军，实力又得到加强。相反，失去荆州水军，刘备的水军实力大大削弱，益州处于长江上游，这里并不适合操练水军，益州水军本来就弱。刘备东征整体部署又很仓促，来不及建造更多的大船。

以水军实力而言，刘备的水军难以抗衡东吴。那就只能发挥自己的步兵优势。这是刘备舍船就步的真正原因。

双方都想以己之长攻敌之短。

但战场偏偏是在长江两岸，水军是万万不能舍弃的。刘备在兵力不足、实力有限的情况下，将部分水军兵力转移上岸为的是尽快在陆上打开突破口，这个决策有他的道理，但也将侧翼暴露给敌人。

这个部署给了陆逊可乘之机。陆逊虽然年轻,但作风成熟老练,善于抓住机会。

不是刘备不想水陆并进,他也是没有办法。现实的情况是,水军可以东进,但陆军堵在夷道城进不去。水陆并进才能相互配合协同保护。

在陆军未实现突破之前,水军缺乏两岸陆军的策应孤军深入,面对的又是水军占优的东吴,必然凶多吉少。

要摆脱被动局面,首先必须在南岸的主攻方向实现突破,打开进军通道,有陆军的策应,水军才敢跟进。这时才能水陆并进,这是陆逊最不想看到的,也是他最害怕的。

只要刘备实现水陆并进,陆逊就会全线陷入被动。北岸的吴军如不想被合围就只能后退。如此一来,陆逊所依仗的水陆地理优势将不复存在,而平原决战,刘备获胜的概率更大。

刘备希望在陆战中取胜,打破僵持,实现令陆逊胆寒的水陆并进,但陆逊也深知这点,只守不出,想利用地形拖住刘备。

如何才能诱敌出战?

刘备想出的对策是平地立营。

当对峙的双方都将营垒设在易守难攻的山岭上时,刘备却故意露出破绽,让将军吴班带领上岸的水兵在开阔处的平地立营,以此引诱吴军出战,而在附近的山谷里早已埋伏下八千精兵。

刘备设好埋伏,单等吴军中计,出来攻击平地立营的汉军,然后伏兵杀出,将吴军聚而歼之。

待吴军主力被歼,守城兵力势必遭到削弱,到时趁势攻击,夷道城一战可下,汉军将取得决定性的胜利。夷陵之战的结果也将彻底改变。

江东众将见汉军在平地立营，果然沉不住气，纷纷跑到陆逊那里请战。

面对情绪激动的军中众将，陆逊却异常淡定，对大家说，不急，先等等看。

这下江东众将彻底爆发了。陆逊年纪轻轻资历尚浅，偷袭荆州虽有功劳，但也不过是吕蒙的副手。他此前剿捕山越立有战功，但在吴军将领们看来，那些山越都是些山贼草寇，这点战功不值一提。得到火箭提拔的陆逊又是孙家的女婿，对陆逊享受的这种特殊待遇，人们自然而然想到的就是裙带关系，而众所周知，靠这种关系上位的十之七八都是草包饭桶。陆逊的威望不够、资历浅薄，关键时刻自然难以服众。

前线众将很多是追随孙策甚至孙坚的旧部，资历老、功劳大，他们中的很多人原先的级别都比陆逊高。

开战以后，陆逊又是大踏步后退，一口气退出数百里，江东众将对陆逊的指挥早就大为不满，心里都憋着气呢！这次好不容易看到机会，陆逊又拦着不让动。

牢骚满腹的众将开始出言不逊，并将他们对陆逊的鄙视毫不掩饰地写在脸上。

一向以儒将示人的陆逊也终于憋不住了，拔出宝剑大吼：刘备天下知名，连曹操都要忌惮三分，我虽是书生，但受命主上！违抗军令者军法从事。

一顿怒吼之后，将军们表面老实了，心里还是不服。

此时的陆逊压力巨大，刘备的水平与他不分伯仲，双方兵力相当。刘备所率乃复仇之师，斗志高昂，士气旺盛。陆逊的后方不稳,北面的魏军亦敌亦友,又要防备。刘备的攻势凶猛,要不是吴军有充裕的时间,准备充分又占据地利,能不能抵住汉军的进攻很难说。

陆逊表现得很有耐心。他知道想要打退刘备必须依靠水军,但水军也要看季节。他在等待时机,等江水上涨,夏秋之际,雨季来临,水位上升,江水暴涨,长江水道特别是三峡航道将更利于航行,到时东吴的水军优势将得到充分的施展。陆逊的意图其实很简单,将战事拖进夏天,他的机会就来了。

刘备也清楚这一点,所以他发起总攻是在冬天。夷陵之战真正开始的时间不是章武元年(221)的七月而是章武二年(222)的正月。

从曹操到刘备,他们进攻东吴都选在深秋寒冬,目的就是要避开东吴的水上优势。

十年前的建安十八年(213),曹操就是在正月进兵濡须口围攻孙权。当时孙权的做法就是坚壁不出,直拖到春暖花开。孙权写信给曹操,信上只有八个字,春水方生,公宜速去。意思很明确,春天到了,江水上涨,我的水军就要出动了,您最好快点撤。曹操见信后,也知道再打下去于己不利,战机已失,只有等来年再战了。

于是,曹操下令退兵。孙权以拖待变扛住了曹操的这次攻击。如今陆逊用的就是当年孙权的套路。

曹操的进攻并不用心,属于搂草打兔子捎带脚,能占便宜当然好,占不到就撤。

但刘备不同,汉军东征就是奔着决战的目的来的。

陆逊深知这点,所以他不敢轻易与汉军交战。

陆逊不中计，刘备那边的伏兵也不能总在山谷里待着，见陆逊不上当。刘备只好把山谷里的八千伏兵撤出来。

双方从章武二年（222）正月对峙到六月，缺乏得力军师辅佐的刘备确实想不出新的奇谋。而长久的对峙，迟迟打不开局面，又屯驻在山林高地上，汉军的士气不可避免地下降，部队也十分疲惫。更危险的是，此时，刘备军的侧翼，已经暴露在机动性极强的东吴水军面前。

夷陵战役是陆逊接替吕蒙成为大都督的首战，而江东此时的处境陆逊也是心知肚明，十分危险。

陆逊表面上要对抗的是一个，实际上是两个，刘备在明，曹丕在暗。打输了，被刘备夺去荆州还是小事，到时曹丕肯定要趁火打劫，那就正如刘晔所说，蜀攻其外，魏攻其内。那吴国也就亡了。打赢了也未必轻松，曹丕可能也会来，毕竟人家占据着襄阳、合肥，想来随时都能来。

因此，陆逊不敢冒险，他要求稳，稳中求胜。他很清楚他的优势跟劣势。相比刘备，陆逊占据山水之势，他有地利，这个他已经充分利用了，分别在长江北岸的夷陵、南岸的夷道挡住刘备。这两地往东的水道是东吴水军控制，他又亲自守在陆上与汉军相持，先守住阵地，保证至少不被刘备打败，然后再等待时机，寻找刘备的破绽。

从章武二年（222）正月到六月的对峙，陆逊守住了阵线。接下来，陆逊终于等来刘备的破绽，那就是舍船就步，陆逊可以用上水军的优势沿江而上去攻刘备的侧翼了。

陆逊心里有数，他知道决战的时机已经成熟。陆逊随后在给孙权的上书中，表明了自己在夷陵与刘备决战的决心。夷陵不但是宜都郡治，更是荆州的西面门户。如让刘备攻破夷陵，吴军再无险可守。

他说开始最怕刘备水陆并进，现在刘备水军上岸处处结营。我已探明他的兵力部署，知道该怎么做了。

击败刘备，只有出奇制胜，派水军逆江而上出奇兵从汉军侧后登陆，与主力前后夹攻。

陆逊心里有底也就不像开始那么畏惧刘备。

陆逊是胸有成竹，才敢这么说。

章武二年（222）闰月，陆逊决定反攻。消息传出，吴军众将又炸了锅，这位主帅已经不是第一次让他们抓狂了。众人纷纷表示，当初刘备初来乍到，你不出击，如今汉军在山险之地已扎下数十座连营，你难道要我们一个一个去攻吗！就算能打下来，那要付出多大的代价。

对众将的反应，陆逊并不意外，陆逊说："刘备素来狡猾多诈，久经战阵，其军初来，锐气正盛，难以争锋。如今，师老兵疲，击败刘备正在此时。"众将心里不服，但人家毕竟是主帅，只好任凭陆逊发号施令。

陆逊先派兵攻击刘备的一个营寨，做试探进攻。结果大败而回，死伤惨重。这下众将有话说了，看看，人家早有准备，营垒坚固，你坚持要打，如何，还不是白白让士兵去送死。

虽然打了败仗，但陆逊却不以为意，只是淡淡地说："我已有破敌之法。"众将以为他又要发表高论，但陆逊却点到为止，不再往下说，搞得众将一头雾水，悻悻而去。

不久之后的一天，陆逊突然升帐聚将，他要反攻了。因为时机已到，炎夏之时，水位上升，江东水军可以派上用场了。

陆逊想出的击败汉军联营的方法，就是利用水军优势秘密在汉军的侧后实施两栖登陆，出其不意，前后夹攻。

陆逊先派大将朱然领兵五千乘船走水路逆流而上，深入汉军侧后，实施迂回包抄。

刘备实战经验丰富，对陆逊的反攻早有防备，事先在险要道口派重兵把守，经过数月的经营，防御坚固。陆逊想从正面击败刘备几乎是不可能的。

夷陵一带是沿江的山地，并不是开阔平原，只要守住要点，汉军就很难突破，所以陆逊才会选择后退到这里据险防守。反过来，相同的地形，陆逊要突破汉军的防线也很难。

陆逊剩下的选择也只有水路。

而刘备"舍船就步"给了陆逊机会。刘备沿江攻击却把自己的侧翼暴露给吴军最强的水军。

刘备的弱点是水军，舍船就步是不得已而为之。魏军骑兵最强，吴军以水战见长，而汉军多步兵更适合山地战。刘备在山地步步为营稳扎稳打向前推进也是想扬长避短，发挥步兵山地战的优势在陆战中取胜，但陆逊坚壁营垒不给他这个机会。

当刘备率汉军主力在猇亭一线与吴军对峙时，从猇亭到夷陵城大约七八十里的战线上，沿江汉军阵地缺少水军的侧翼保护。而吴军拥有强大的水军和船队，控制长江水面，完全可以保证把陆军快速、突然运送到这一段的任何一个地点实施登陆作战。

陆逊正是看到了这点，才满怀信心地向孙权打包票说他能对付刘备。

陆逊命令士兵每人带上一把引火的茅草，各部同时向事先各自指定的汉军营寨发起进攻。

陆逊突然全线反攻大获全胜，给人的印象就是靠的火攻。可是这里既没有顺风的记载，更没有如同赤壁之战那种"时风盛猛，悉延烧岸上营落。顷之，烟炎张天，人马烧溺死者甚众"的情况，为什么四十多座营垒转眼之间就崩溃了呢？

是否如曹丕分析的那样，刘备因为扎营在树林茂密处，才被陆逊火烧连营呢？

六月的夷陵，到处林木葱葱，不过以刘备多年的经验，还不至于把军营扎到树林中，至少要在军营四周开辟出足够宽的平地，以利防守。陆逊在给孙权汇报的信中，除了提到"臣初嫌之，水陆俱进，今反舍船就步，处处结营，察其布置，必无他变"这两个问题之外，根本也没有谈到刘备在林中立营的事。

刘备的部队在部署上并无大的失误，至少没有犯在草木茂盛的林木中扎营的错误。真实的作战过程很可能是朱然率领的五千精兵在刘备前军侧后登陆成功，并突然发起攻击。陆逊在朱然部得手后，才率主力从正面强攻，夹击汉军。

汉军突然遭敌夹攻，腹背受敌，顿时陷入苦战。汉军对正面的吴军有所准备，但对突然出现在侧后的朱然部则完全没有准备，阵脚大乱。大都督冯习、前部都督张南先后战死，蛮王沙摩柯也死于乱军之中。

夷陵之战，汉军失败的第一个关键因素，就是陆逊策划的这次成功的两栖登陆作战。这次两栖登陆突然切断了冯习前军与刘备中军的联系，而后陆逊全线发动攻击，结果造成汉军前军的迅速崩溃。

前军大都督冯习和前部都督张南、蛮王沙摩柯的战死，使前线汉军失去有效的统一指挥，导致前军各自为战，兵力分散，被敌人各个击破,将军杜路、刘宁因无路可逃而投降。

一次作战,如此多的大将战死和被俘并不正常。在当时发生的大多数战役中,大批高级官员战死或被俘,多数是因为后路被切断:比如官渡之战,因为黄河天险切断了袁绍的退路,襄阳之战孙权方面提前切断了关羽的退路,等等。因此,刘备大军在双方的突然交战中,损失如此多的高级将领,也可证明其后路很可能是被切断了。

刘备的主要精力都用于陆战方面,相对忽视了来自水路的威胁。加上长期对峙,又值炎炎夏日,士兵疲惫,陆逊发起进攻的点在汉军意料之外,发起进攻的时机又很突然,这才导致汉军的挫败。

陆逊在朱然得手后亲率大军发动攻击,一举击溃了汉军位于猇亭的前军。

刘备突然接到前线急报,反应也很迅速,立即集中自己的中军和部分突围回来的前军,在涿乡与随后赶来的陆逊吴军主力展开决战。

刘备全力以赴希望能够反败为胜,但吴军再一次靠着人多取胜。朱然、韩当等东吴猛将悉数上阵,而刘备一方却没有可以力挽狂澜的大将。赵云不受重用远在江州,黄权亦率军在江北警戒魏军,前锋大将冯习、张南已经战死,剩下吴班、陈式等人,寡不敌众,仗打到现在,胜负已分。

在敌人的围攻下,汉军伤亡惨重,刘备不得不率部向西撤退。

刘备率军撤到夷陵西北的马鞍山,背靠马鞍山结成圆阵。

刘备想坚守马鞍山,稳住阵脚。但陆逊没有给他喘息的机会。

刘备刚到马鞍山，陆逊的追兵就尾随而至，将刘备及其所部一万余人团团包围。

接下来，就是血腥的四面围攻，双方都拼尽全力，喊杀声震天动地。两军近战肉搏，转眼间，马鞍山前尸横遍野，血流成河。双方士兵的尸体交错重叠，布满山野。

守在刘备身边的汉军中军是汉军精锐，事到如今，只有拼死血战。

汉军面对围上来的吴军，拼死抵抗，但吴军人多势众，又占尽先机，汉军越打越少，到了半夜，刘备眼看再打下去，只能全军覆没，被迫下令趁夜突围。

在护卫亲兵保护下，刘备才得以突出重围。随行人员把士兵丢弃的铠甲堆在路上焚烧堵塞道路以阻挡追兵。

刘备率部撤到秭归后，焚烧船只，沿陆路撤向永安白帝城。

刘备率军向白帝城撤退途中，不断与追来的吴兵发生战斗，一路且战且退。汉军退入一座山谷，这时刘备一行早已人困马乏，疲惫不堪，从这里走出山谷不远就是白帝城，到了那里就安全了。

就在这时，追兵杀来，危急时刻，刘备的侍卫亲军白牦兵主动留下阻击吴兵，为刘备的撤退争取时间。

数百白牦兵转身折返，他们很清楚这意味着牺牲，但没有人退缩，因为这是白牦兵的职责所在，更是白牦兵的无上荣光。

白牦军在谷口布阵，迎战追踪至此的吴军。

汉军精锐白牦兵进行了夷陵之战中最为悲壮惨烈的一战，几百白牦兵与上万吴兵浴血搏杀，成批的吴兵死在白牦兵阵前，尸体堆积如山，可他们却始终无法逾越白牦兵的防线。战场上，血流成河，血战终日的白牦兵衣甲尽赤，身上早已被鲜血染红，这血有敌人的，也有他们自己的。

但面对数十倍于己的敌军，他们毫不畏惧，越战越勇，吴军终于领教了汉军精锐的厉害。

在惨烈的厮杀肉搏过后，英勇的白牦兵在杀伤大批敌军后，自己也仅剩数十人。

吴军喊话要他们投降，却无人理睬，当吴军再次战战兢兢地围上来时，白牦兵知道，最后的时刻到了。他们转身走入谷中点燃大火，当着成百上千吴军的面，脱去衣甲投入火中，接下来发生的一幕令在场的吴兵目瞪口呆，只见几十名白牦兵互相搀扶着走进熊熊烈焰之中，他们以自己的生命完成了护卫主公刘备的任务，尽到了自己的职责，最后选择在烈火中走向永生。

历史将记住这支光荣部队的名字，白牦军！

白牦军早已同虎豹骑、陷阵营、玄甲军一起，成为骁勇悍战、勇不可当的英雄部队的代称而永载史册。

目睹这一切的吴军将领被深深震撼了，面对眼前无法逾越的火墙，只好下令全军撤退。刘备才得以脱离险境，安全退入白帝城。

在败局已定，全军溃散的形势下，汉将傅肜依然率部竭力抵抗，奋勇拼杀。他们知道自己坚持得越久，刘备就会越安全。他们在用自己的生命为蜀汉守住希望。刘备的身边总是不缺忠义之士，他们忘身于外不顾生死，只为报答刘备的殊遇。

士为知己者死。当他们选择留下就已经清楚结果，但他们依然选择留下来，为自己的陛下牺牲，死得其所。

吴军也被傅肜部的顽强所深深震慑，纷纷喊话劝降。此时的傅肜与他的部下已被团团包围，面对敌人的劝降，傅肜怒不可遏，大喊："吴狗！何有汉将军降者！"说完，继续率领部下拼死厮杀。

战到最后，汉兵死伤殆尽，傅肜口吐鲜血力战而死，随同傅肜战死沙场的还有上千名英勇不屈的汉军将士。

从事祭酒程畿随军从水路乘船撤退，大船逆流而上航速缓慢。眼看追兵将至，部下劝他换小船逃命，却被拒绝。吴军战船很快追了上来，蜂拥而上，围攻程畿。身陷重围的程畿却丝毫不惧，站在船头与吴兵搏斗，最终还是寡不敌众，力战而亡。

此战汉军死伤数万之众，遗弃的军资器械、战船、辎重不计其数。战死的汉兵尸体顺流而下布满江面。

目睹如此惨状，刘备忍不住仰天长叹，悲愤交加。

刘备带出来的这四万人是他的主力部队，也是追随他多年的精锐之师，从西进取蜀，到北争汉中，再到兵进猇亭，这些人都跟着他。这些百战老兵皆是"四方之精锐，非一州之所有"。

夷陵一战，刘备苦心经营数十年的心血毁于一旦，烈士暮年，壮心不已的刘备看着部下的尸体随江漂流，怎不令他痛断肝肠！他有雄心有抱负却再也没有机会。这对一心想匡扶汉室，复兴汉朝的刘备来说是最为痛苦的，有心杀贼，却无力回天。

汉军主力败退回川，在江北督师的黄权因警备魏军，前出过远，撤退不及，被吴军堵住退路，不得已率部降魏。

黄权投降的消息传回蜀中，蜀汉的司法部门准备逮捕黄权的家属。奏章报上去，刘备却没有批，刘备对来人说："是我辜负了黄权，黄权没有对不起我。"下令对黄权家人不予追究，恩遇如初。

刘备的宽容信任最终得到了回报。四十年后，魏将邓艾偷渡阴平，进攻蜀汉。黄权的儿子尚书郎黄崇随同诸葛亮的儿子卫将军诸葛瞻临危受命，领兵迎战。在绵竹与魏军血战，黄崇激励将士，身先士卒，战死沙场。

留在魏国的黄权，虽为降臣却从不趋炎附势，司马懿很欣赏黄权。

一次，司马懿与黄权聊天，就问黄权："蜀中像您这样的人才有几人？"黄权听了大笑说，没想到您这么看重我。司马懿在给诸葛亮的信中对黄权夸赞有加。黄权后来就病死在魏国。

刘备退回永安，吴军跟踪追击，在白帝城南面的南山安营。吴军将领纷纷要求乘胜追击，攻入蜀中，一举拿下西川。

孙权问陆逊入蜀是否可行。陆逊很清楚，以吴国的实力根本打不进益州。要不是刘备舍船就步，能不能打赢刘备都很难说，那些人的话怎么能听！

刘备自夷陵兵败便退守鱼腹县，将鱼腹改名永安，亲自带兵留此驻守。这是真正的天子守国门。

陆逊深知刘备虽败于猇亭，损兵折将，但实力尚存，加之永安地势险要，汉军占据地利。如果强行进攻，那将是夷陵猇亭之战的重演，不过是攻守双方位置对换。

陆逊也明白，即使此时出兵也不占优势，弄不好还可能被刘备反击。陆逊干脆对孙权明言，蜀不可攻。孙权对陆逊言听计从，便不再提此事。毕竟，人家刚刚打了胜仗，有发言权。

陆逊反对入蜀的原因是需防曹丕趁机来袭，这当然是个不错的理由。不久，曹丕就印证了这个理由的合理性，但真正使陆逊止步不前的原因很简单,他压根攻不进去。

刘备的四万汉军虽伤亡惨重但并非有些人说的全军覆没,如果是,陆逊不可能错过这个大好机会。当初,吕蒙白衣渡江偷袭江陵,陆逊配合夺占连通荆益的宜都郡,那动作是又快又准。因为宜都兵力空虚,陆逊抓住机会袭取宜都,堵住了关羽的退路,又为夷陵之战抢占先机。

如果刘备的四万汉军全军覆没,陆逊怎么可能不乘胜进兵,都不用孙权给他下命令,更不用部将们怂恿,他自己就会直奔蜀地而去。

刘备在夷陵猇亭损失的兵力应在二三万左右,至少还有万余人马,这也是刘备天子守国门的底气所在。

不然,以陆逊的速度,刘备从蜀中调兵根本来不及,就算占据天险,也要有人来守。

陆逊有兵数万,刘备的兵力也要过万才能与之相当。

这也是有依据的,诸葛亮后来在《出师表》中夸赞的晓畅军事的将军向宠,刘备称之曰能,就是因为在这次败退中,向宠所率的营基本未受损失,全身而退。考虑到被东吴前后夹击伤亡殆尽的前军,向宠所部很可能是后军。不然,即使向宠再有能力也很难在数万吴兵的围攻下安全撤退。

因为从秭归到夷道猇亭,是狭长的山地,部队在崇山峻岭之间难以展开,不得不处处结营,以便前后接应。

要与敌军对阵又要确保后路,刘备的兵力配置是前重后轻,主力前军在前线,后军则沿狭长的山地连成一线结营布阵。

虽然是长蛇阵但不是夸张的七百里,不过至少也有上百里。后军的连营以及阵形还有连营的长度确保了吴军不可能包抄后军。吴军的侧后登陆是在前军的侧后、后军的前方,这就保证了后军有足够的时间从容撤退。

刘备亲自坐镇永安,令陆逊不得不知难而退。

永安托孤——诸葛亮临危受命

章武二年（222）冬，在夷陵之战结束半年后，曹丕终于开始行动了。他以孙权不肯送儿子做质子为由，于当年九月宣布出兵南征讨伐东吴。此次魏军兵分三路，阵容强大。

东路军出洞口，领兵主将为征东大将军曹休率领，麾下战将有令东吴闻之色变的大将张辽，还有颇具资历的老将臧霸。

西路军攻江陵，主将为上军大将军曹真与征南大将军夏侯尚，从征大将有张郃、徐晃。

中路军攻濡须口，由大司马曹仁统领，部将有曹泰、常雕。

曹丕亲自坐镇宛城指挥。

章武三年（223）正月，三路魏军在千里战线上发起总攻。魏军的攻击进入高潮，各条战线捷报频传，注意这个时间，又是冬天，又是正月。

魏军发起进攻的时间比刘备期待的整整晚了一年。如果曹丕在一年前的这个时候出击，局面将对刘备相当有利。刘备可以与曹丕心照不宣地相互配合，从东面与北面对东吴形成夹攻之势，等东吴土崩瓦解，与曹丕"平分"江东。即使东吴不亡，也可迫使其交出荆州，割地求和，一如当年的湘水之盟。

可惜，自作聪明的曹丕选在这个时候进兵，早已错过最佳时机。东吴不但已预判魏军的动向，而且也已经得到充分的休整，各支部队都已回防到位，专等魏军到来。

魏军虽精锐尽出，气势如虹，精兵猛将悉数上阵几乎是全程压着东吴打，却是得势不得城。被东吴挺过最难熬的冬天，仗打到三月，冰河解冻，江水上涨，又到了东吴水军的表演时间，战机已失的魏军只好撤退。三路伐吴，虎头蛇尾，草草收场。

对曹魏与东吴的这场战争，蜀汉方面全程都只是在旁观，因为夷陵之战的惨败，蜀汉已经失去参与这场角逐的资格。不论谁赢谁输，对蜀汉都不是好消息，因为两边都是敌人。

章武二年（222）底，坐镇成都的丞相诸葛亮收到来自永安的诏书，刘备让他立即前来永安商议国事。

自刘备率军东征，诸葛亮便担负起治理国家的重担。刘备长期留镇永安，国家的日常运转都要靠诸葛亮，他的责任重大。刘备自然清楚这点，但刘备却在此时召见诸葛亮，已经说明此次召见的非同寻常。

对此，诸葛亮也有充分的心理准备，联系到皇帝日渐沉重的病体，他最担心的事还是发生了。陛下召见必有国家大事要当面嘱托。

起初，刘备驻跸永安确实是天子守国门，不过随着危机很快解除，刘备已经不需亲自坐镇，但此时刘备想走却走不动了，因为他病倒了。

征战半生的刘备想不到他人生的终点会是永安。

一个六十多岁的老人带兵远征，排兵布阵，指挥作战，都是极其繁重的工作，日夜操劳、呕心沥血，不仅劳心费神，还要承受巨大的心理压力，而刘备一干就是一年，就算是年轻人也受不了，更何况是一位花甲老人。

而战争的结果也是刘备难以接受的，虽然刘备这辈子经常打败仗，但那些多是小仗，输赢都不关大局。

刘备亲自参与指挥、身历其中的重大战役有四场，分别是赤壁之战、取蜀之战、北争汉中与夷陵之战。前三次都是大胜，只有最后这次是大败。刘备其实并不惧怕失败，他这一路走来，遭遇的坎坷挫折是三国开国君主中最多的。他不像曹操生在富贵之家，也不如孙权那么幸运有父兄打下的现成基业。

刘备的人生经历就是一部催人奋进的励志史，不是小说却比小说更精彩，不是戏剧却比戏剧更传奇。愈挫愈奋、屡败屡战是刘备的真实写照。用四个字概括刘备波澜壮阔、跌宕起伏的一生，那就是百折不挠。

纵观三国英雄，也只有刘备当得起。

刘备有英雄之志，高祖之风，却没有高祖刘邦那么好的机会。时来天地皆同力，运去英雄不自由。

悲情英雄刘备不得不面对创业未半而即将不久于人世的现实。出师未捷身先死，长使英雄泪满襟。这大概就是刘备此时的心情。

刘备需要当面对诸葛亮做交代，诸葛亮明于治国，这在当时是公认的。只有将国家交给诸葛亮，刘备才放心。诸葛亮是值得托付的人，也只有他才能担此重任。

但很多事情刘备还是要当面托付，为此不惜冒险召诸葛亮来永安。因为此时的蜀汉帝国在三年之内遭遇两场挫败，整个国家处于内忧外患、风雨飘摇之中，可以说是危机四伏。

果然，诸葛亮刚走，成都南面的汉嘉太守黄元就举兵叛乱。好在之前劝诸葛亮速速发兵支援汉中的杨洪留守都城，他处变不惊，从容布置，迅速平定了叛乱。

然而，夷陵之战的影响远不止于此，南中四郡只是名义上归附，蜀汉对其控制本就很弱。战后，各地豪强也蠢蠢欲动。惯于使阴招儿的孙权自然不会放过背后捅刀的机会。曹丕三路伐吴前后，孙权又厚着脸皮主动向刘备求和，为的还是避免两线作战。等到魏军退走，听闻南中益州郡豪强雍闿有意叛变，孙权立即派人与之联系，策动其反水，意图搅乱南中，趁机浑水摸鱼占便宜。

蜀汉接连经历关羽毁败、秭归蹉跌，早已是人心惶惶，此时既有内忧也有外患。用诸葛亮《出师表》中的原话形容蜀汉当前的形势就是："此诚存亡危急之秋也。"

面对如此凶险严峻的局势，刘备的接班人太子刘禅肯定是应付不了的，能够力挽狂澜、扭转局面的也只有诸葛亮。

二月，诸葛亮从成都风尘仆仆赶到永安。君臣在此时此地相见，真是百感交集。两个人似乎有说不完的话，刘备有很多话想对自己的丞相说，可是千头万绪又不知从何说起。

刘备的病势日渐沉重，他知道属于他的时间不多了，必须尽快对国事做交代。那些日子里，想必刘备与诸葛亮做过多次彻夜长谈，一起度过了一个又一个不眠之夜。

然而，相聚的时刻总是短暂的，离别的日子还是到了。

四月，刘备病情加重，弥留之际，他将儿子们与心腹重臣召至榻前做最后的道别。

此时他最放心不下的就是他拼搏一生、辛辛苦苦创建的国家。即将接班的太子刘禅年纪轻轻尚不及弱冠之年，需要有人辅佐。

至于辅政大臣的人选，刘备早就想好了。在诸葛亮赶到永安之前，有一个人已经先于他来到这里，此人就是不久前刚刚被刘备任命为尚书令的李严。

是的，刘备选定的辅政大臣就是诸葛亮与李严。

刘备显然是经过深思熟虑之后做出的这个安排。诸葛亮成为刘备的托孤大臣是众望所归。诸葛亮的忠诚、能力令他成为整个国家未来的希望。

真正出乎众人意料的是李严。众所周知，蜀汉在政治上有三个派系：

一是刘备入蜀率领的荆州派，以诸葛亮为代表；

二是原刘璋手下掌握实权的东州派，以吴懿、李严为首；

三是备受压制的益州本土士人。

蜀汉政权的主体是由荆州士人为骨干所构成的，从始至终这个国家掌权的都是荆州派。因此也有人说，刘备入蜀，荆楚人贵。

以李严为代表的东州派是合作关系，但也仅仅是处于从属地位的政治势力。至于益州本土实力长期被边缘化，只能做些谏议大夫之类的闲散官。

在辅政大臣的人选上，荆州派的领袖诸葛亮被指定为辅政大臣而且是首辅，这也符合蜀汉的政治结构。在东州派现有官员中，能力最强、人脉最广的李严被选为次辅，这个安排也是遵从蜀汉的政治构成。

但李严的入选还是引起许多荆州籍官员的不满,侍中荆州武陵人廖立就是其中一个。廖立在荆州士人中的地位仅次于诸葛亮与庞统。孙刘联盟时,孙权曾派人问询诸葛亮,荆州士人谁可称大才。诸葛亮的回答是,庞统、廖立,楚之良才。

此时庞统已亡,廖立自谓才名仅在诸葛亮之下,期许颇高,然而,当朝廷宣布以李严为尚书令时,廖立大失所望,以至出言不逊,对刘备当年远出东争三郡后又迫于压力与孙权湘水为盟,错失汉中,乃至于得地不得其民颇多微词。

后主即位,廖立仅为长水校尉,期望与现实的巨大差距,加之对李严未得其劳坐享其位的不满,廖立越发愤懑,口出妄语。

廖立说国家不任贤士而用俗吏是识人不明。贤士显然是说他自己,而俗吏很明显是在说李严,因为李严年轻时在荆州就是从郡吏起家。

廖立对李严的态度代表了相当一部分的荆州派,这是个危险的信号。为维护团结以及稳定国家,诸葛亮不得不对当年称许的荆州才子严肃处理,将其罢黜为民,发配汶山。

诸葛亮严惩廖立既是维护团结也是安抚李严。

从廖立对李严入为辅政的不满可以看出,李严虽在东州派系中颇有人气,但在整个蜀汉政坛上,他的地位并不高。刘备对他的任用属于越级提拔,包括廖立在内的很多人是不服的。

因为李严威望不高功劳也不大,虽有率众归附、拥戴劝进、平定叛乱等功绩,但这些都很寻常,与李严有相同经历的人也不在少数。总之,李严遽得大位,他的功劳资历不足以服众。

对此,刘备与诸葛亮也很清楚。他们只能通过抬高李严的地位来做平衡。刘备不仅让李严与诸葛亮并受遗诏辅政,还任命李严为中都护，镇守永安，将东线防御东吴的重任交给他。

诸葛亮执政后又给李严封侯加官。数年之间，李严就被提升为前将军，成为蜀汉军中级别最高的将领。李严既受顾命又手握东线兵权，封侯拜将，才勉强消除异议。

由此可见，李严的政治地位比诸葛亮相差甚远，需要做各种弥补才能稍稍压服众人。

其实，刘备心中理想的托孤大臣有三人，他们分别是诸葛亮、庞统与法正。

托孤大臣必须忠诚这是首要的，诸葛亮在赤壁之战前的危急时刻挺身而出、自告奋勇前往江东促成孙刘联盟立下大功，这在当时是需要极大勇气的。因为当时孙权的态度尚不明朗，诸葛亮的江东之行是有风险的。

庞统追随刘备入蜀，悉心谋划，甚至亲自率众攻城。法正在汉中战斗最激烈的时候主动站到刘备的前面为刘备挡箭。他们都用行动证明了自己的忠诚。

其次是必须有威望，而威望从何而来，当然是功劳，但建大功需要有大才，因此托孤大臣也必须要有能力，深孚众望，才干超群。

能同时满足以上标准的也只有诸葛亮、庞统、法正，这三人的功劳远在众人之上。

赤壁之战，诸葛亮主动请缨只身前往江东说服孙权，孙刘联盟建立，刘备才实现逆转取得荆南四郡，在荆州才有立足之地，这也是刘备成就大业的起点，追根溯源，诸葛亮是首功。

刘备在荆州北有曹操虎视眈眈，东有孙权咄咄逼人，是庞统力主攻取蜀地以为根本。庞统甚至为此战死沙场。取蜀之役，庞统是第一功臣。

夺取蜀地之后,曹军仍盘踞汉中威胁蜀地,不取汉中则巴蜀不安。法正随刘备北上与曹军苦战三年,定军山一战,法正出奇谋设计斩杀曹军主将夏侯渊,迫使曹军退走,攻取汉中,法正当居首功。

刘备心中理想的托孤大臣只有这三人。庞统早亡,剩下诸葛亮与法正,两人都是刘备信任的心腹重臣,有能力有威望,当年为刘备打江山出生入死,都是追随刘备多年的忠臣。

可惜,法正在建国前夕病亡,令刘备伤感不已如折臂膀。庞统死时只有三十六岁,法正也才四十岁。刘备西取巴蜀,举兵北征,夏侯授首,走上巅峰,靠的是诸葛亮、庞统、法正的倾力辅佐。庞统、法正死后,刘备的势力迅速衰落。

如今三大军师,只剩诸葛亮。刘备能放心托付的也只有诸葛亮。至于李严其实不过是临时拉来的替补,提拔他纯粹是出于政治平衡的需要。李严接替的是法正的位置,但相比法正,李严的能力水平差得不是一星半点。刘备对此心知肚明,但他也没有更好的人选。李严不过是法正的替补,是紧迫情况下不得已的选择,李严自己却不自知,仍自我感觉良好。

谁知,李严能力不强脾气却不小,喜欢搞小团体,搬弄是非排挤同僚。法正与诸葛亮在政治上也有分歧,但他们都能做到求同存异,但李严就差远了。

李严后来被罢黜不过是矛盾积累到一定程度后的必然结果。以李严的行为处事,他的结局其实并不令人感到意外。

离别之际,刘备推心置腹地对诸葛亮说:"君才十倍于曹丕,必能安邦定国。如嗣子(指刘禅)可辅,请你辅佐他;如其不才，君可自取。"

诸葛亮闻言早已是泪流满面，伏地叩拜说道："臣敢竭股肱之力，效忠贞之节，继之以死！"

刘备将儿子以及整个国家都托付给丞相诸葛亮。

《三国志》作者陈寿对刘备的永安托孤给予极高的评价："举国托孤于诸葛亮而心神无贰，诚君臣之至公，古今之盛轨也。"

自古以来，君臣之间能做到如此坦诚信任的极为少见，刘备与诸葛亮可称得上古往今来君臣相知的典范。

刘备与诸葛亮从三顾茅庐到永安托孤，十六载春秋，君臣彼此成就，如鱼得水，确实古今罕有。

因为刘备是历史上少有的仁德之君，可以共患难也可共富贵。刘备既有英雄之器，也有侠骨柔肠，有情有义，与关羽、张飞虽为异姓却情同手足。糜竺当初在徐州刘备最困难的时候倾尽所有毁家纾难，刘备对此始终念念不忘。成事之后，刘备给糜竺的尊宠是最高的，赏赐也是最多的，连诸葛亮都比不上。

黄权为蜀中旧臣，曾极力反对刘备入蜀，然而刘备得蜀后不计前嫌，黄权也因其才干受到重用。夷陵之战，黄权被迫降魏，有司欲治其妻儿之罪，刘备却待之如初。在魏国的黄权也丝毫不担心留在蜀汉的家眷，他相信刘备能体谅他的苦衷，而刘备也的确是这么做的，还说出"孤负黄权，权不负孤"的话，这份君臣相知也足以令惯于与大臣耍心机的曹丕、孙权汗颜。

而诸葛亮也是千载难遇的贤相。他用实际行动履行了对刘备的诺言，为蜀汉，鞠躬尽瘁，死而后已。

《后出师表》即使存疑，"鞠躬尽瘁，死而后已"也足以代表诸葛亮的精神。

刘备得遇诸葛亮是刘备的幸运，更是蜀汉的幸运。刘备与诸葛亮是君臣，更是知己。多年的朝夕相处，加之刘备的识人之明，诸葛亮的为人他是最清楚的，所以才举国托孤于诸葛亮。

刘备与诸葛亮的君臣相知互信，也是两千年帝制时代所仅见的。

君臣之所以如此彼此信任，与他们的出身经历密不可分。刘备是远支宗室，实际出身于底层，是真正的平民英雄，饱尝民间疾苦，也最懂世道人心。这使他的政权与曹丕、孙权最大的不同在于，缺少宗室的辅助与掣肘。曹丕、孙权托孤，都是心腹大臣与宗室兄弟各居其半。只有刘备身边大都是与他一起奋战的与他出身相近的底层出身的英雄，典型的就是关羽、张飞。

诸葛亮也是普通士大夫家庭出身，小小年纪便遭逢战乱漂泊异乡，他的志向就是匡扶汉室，使天下重归安定，这也是刘备的愿望，他们的目标一致，志趣相投。

刘备与诸葛亮是同甘苦、共患难一起创业奋斗的君臣，这个经历、这份感情是承平时代的君臣不具备的。刘备是开国皇帝，诸葛亮是开国元勋，他们的才干能力也非承平时期坐享其成的君臣可比。

正是因为有可遇不可求的高尚品德、相似的出身、同甘共苦的经历，才有永安托孤的千古佳话。

而永安托孤之所以成为千年以来经久不衰的历史热点，甚至饱受争议，原因就在于刘备最后的那句话："君可自取。"

对这个四个字的不同解读是造成争议的主要原因。居然有人认为刘备说这番话是对诸葛亮的试探，这类人显然是阴谋论者，官场小说读多了。十六年的荣辱与共，何需试探！

其实，大可不必过度解读。

从字面上解释，刘备是对诸葛亮说，如果刘禅不堪辅佐，那你可自立为成都之主。从古至今，不会有任何一个皇帝会有这个想法，刘备也不例外。刘备的意思显然不是让诸葛亮自立为主。

刘备的话言浅意深，不可从字面去简单理解。君可自取，真正想表达的意思是，如果未来刘禅与你政见不同，或是他不堪大任，那么国家大事你可以自己做主，国事以你为准。

这已经是一个皇帝对一个臣子最大的授权。虽然这里面有蜀汉的特殊情况，但刘备能做到这一点已经是相当不容易了。

刘备说"君可自取"是给予诸葛亮充分授权，让诸葛亮消除顾虑，放手去干。

既然国家的未来要靠诸葛亮，那就必须给他相应的权力、充分的信任。

刘备这话不仅是对诸葛亮说的，也是说给在场的诸子、重臣听的，特别是同为辅政大臣的李严。

刘备的意思很明确，国家以后要听丞相的，这是我给他的权力。刘备在给儿子刘禅的诏书中也交代得很明白，你要像对父亲那般对待丞相，所以，刘禅对诸葛亮不称丞相而是称相父。连未来的接班人尚且如此，其他人自然更要服从丞相。只是李严未听懂，当然，也可能是他故意装作听不懂。

刘备随后屏退众人，只留下丞相诸葛亮。刘备显然是有话要单独对诸葛亮讲。众人退去后，刘备对诸葛亮说，丞相看马谡才干如何？诸葛亮素来器重马谡，自然在刘备面前对马谡夸奖一番，然而刘备却摇了摇头说，我观察马谡由来已久，此人言过其实，不可大用。丞相日后要多加考察，谨慎任用。此时刘备说的每一句话都至关重要，不重要的，他不会说。

显然，刘备对马谡的评价是有针对性的。诸葛亮赏识马谡应该是人所共知，体现在日常的方方面面。正因为诸葛亮欣赏马谡，刘备才会更加留意马谡，因为刘备清楚，自己百年之后，诸葛亮秉政必然会重用马谡。

但经过刘备的观察，发现马谡并非大才，至多只是出谋划策的幕僚，难以独当大任，所以，刘备在最后时刻才会刻意叮嘱丞相，不要在紧要关头重用此人。可惜，这次诸葛亮未听进去。刘备有识人之明，能人尽其才，这也是刘备能从布衣而起终成帝业，三分天下有其一的重要原因。

刘备至死仍念念不忘的还是兴复汉室，即使在生命的最后时刻也不会儿女情长，心里惦念的还是他的国家，男儿到死心如铁！

章武三年（223）四月二十四日，刘备病逝于永安，享年六十三岁，谥号昭烈皇帝。

五月，刘禅在成都即位，改元建兴，封诸葛亮为武乡侯，领益州牧。之前诸葛亮是丞相兼司隶校尉录尚书事。至此，诸葛亮既有公府之权，又掌台阁之事，再加监察之职，集军政大权于一身。《三国志·诸葛亮传》："政事无巨细，咸决于亮。"

诸葛亮的官位待遇可以说是一人之下，万人之上。同时代能与之相比的也只有曹操。

因为曹操是名义上的最后一任汉相。建安十三年（208），曹操恢复东汉的丞相制度，自任丞相。

曹操是丞相，受封武平侯，领冀州牧。

诸葛亮是丞相，受封武乡侯，领益州牧。

但两人的根本不同在于，曹操的待遇是自己弄的，也可以说是逼迫汉献帝给他的。而诸葛亮的待遇是刘备父子心甘情愿主动授予的。

刘备在世时，诸葛亮虽为丞相但尚未开府。很多人就此认为这是刘备对诸葛亮的不完全信任。事实并非如此。从刘禅即位诸葛亮便开府治事来看，这显然是刘备要将人情留给儿子来做，而刘禅也很明显是遵从父亲刘备的意愿。

刘备在世时未给诸葛亮开府，主要还是当时蜀汉的重心在于军事。刘备四月称帝建国，七月便率军东征，可见其有多匆忙。建国伊始，制度草创，又全力倾注于战事，丞相开府虽然重大，但战争时期，仍要以军事优先。

三国的开国皇帝尤其喜欢亲力亲为，轻易不愿分权于他人。即使是信任的丞相，也是如此。他们往往集大权于一身，君权远大于相权。此时，丞相开不开府其实区别不大。

但接班的二代君主能力都不如开国之君，他们需要分权于丞相以助其治理国家，弥补他们能力经验的欠缺。刘禅甚至公开说，政由葛氏，祭则寡人。也就是说，在特定时期，刘禅将军政大权交于丞相，他只担当名义上的国家元首。

因为此时只有诸葛亮的威望才能稳住局势，也只有诸葛亮有能力使国家转危为安。聪明的刘备选择大胆授权，不做保留地信任，历史已经证明刘备永安托孤的睿智。

平定南中——诸葛亮南下平乱

蜀汉建兴元年（223）夏，早已心怀异志的南中豪强在得知刘备驾崩的消息后，迅速起兵叛乱。

越嶲叟帅高定杀太守焦璜，举兵叛乱；益州豪强雍闿杀太守正昂也起兵响应；牂柯郡丞朱褒更是公然叛变，不再服从朝廷号令。

南中四郡，一下就反了三个，只剩西南的永昌郡仍奉蜀汉正朔。但永昌的形势也十分险恶，因为永昌北面是越嶲郡，东面是益州郡，他们已被叛军包围，与朝廷音信不通。永昌已成为飞地，关键是太守也跑了，但永昌军民在功曹吕凯与府丞王伉的率领下坚决抵抗。

其实，南中这地方发生叛乱并不奇怪，自从纳入汉朝版图，南中就几乎未消停过，数年一小闹，数十年一大闹，朝廷对此早已见怪不怪。

南中在汉武帝时归入中国。雄才大略的汉武帝从即位开始就从未停止过对外开拓的步伐。

很多人只知道汉武帝在北方对抗匈奴四十年，却不清楚，其实，汉武帝是全方位发展，东西南北，凡是够得着的，他基本没有放过。东面的朝鲜、西面的大宛也都被收拾得服服帖帖，东南的闽越、南越先后并入帝国。

西南的众多部落当时统称西南夷，汉武帝建元六年（前135），汉将唐蒙率兵开进南中，招抚夜郎国以其地设犍为郡。汉朝以此为基地持续向南拓展。

元鼎六年（前111），开牂柯郡、置益州郡。

元封二年（前109），设越嶲郡。

永平十二年（69），哀牢内附以其地设永昌郡。

永初元年（107），犍为郡划入蜀地，与广汉、蜀郡因地广民众并称"三蜀"。

至此，南中四郡益州、永昌、牂柯、越嶲正式确立，成为汉朝的西南边郡。

元初四年（117），益州、永昌、越嶲三郡夷人便聚众十余万反叛，但旋即被益州官军平定。

熹平五年（176），益州郡蛮夷再次叛乱。汉灵帝将巴郡太守李颙调为益州太守。

李颙率领从巴郡征募的板楯蛮前往益州平叛。板楯蛮骁勇善战，益州蛮明显不是对手，很快就被板楯蛮打得四散溃逃。也许是这次被收拾得很惨，之后的数十年南中蛮夷都很顺服，必须将他们打服，才能让他们心服。

诸葛亮早在隆中时就注意到这里，在隆中对策时提到南中，诸葛亮的办法是"南抚夷越"。

刘备夺取蜀地后，于建安二十年（215）改犍为属国设朱提郡，以荆州南郡人邓方为朱提太守，同时任命其为庲降都督。而这个都督的职责就是经略南中。

当时刘备的主要精力都用于北面与东面，向北与曹操争汉中，向东与孙权争荆州，对南中投入的资源相当有限。

邓方靠着少量兵力只能控制朱提郡，至于南中腹地的四郡鞭长莫及，仅能维持表面的隶属关系。杨戏在《季汉辅臣赞》中说邓方是"以少御多，殊方保业"。大意是说，邓方仅靠极少的兵力就维护了南中的稳定，是大功一件。

其实，以少御多帮刘备稳住局面的人还有很多，比如霍峻。刘备从葭萌南下进攻成都时几乎倾尽所有，主力部队都随刘备出征，但葭萌这个后方也需要人留守，荆州南郡人霍峻就是刘备选定的守葭萌的主将。只是刘备此时在蜀中的兵力本就不多，还要首先确保前线需要，所以刘备能留给霍峻的兵力很少，只有数百人。

刘备看人是真准。霍峻没有辜负刘备的期望，就凭这几百人硬是顶住了刘璋上万人长达一年的围攻，既牵制了刘璋的大量兵力，又为刘备守住了后方，为刘备顺利取蜀立下大功。战后，刘备特意从广汉郡分出数县新设梓潼郡，以霍峻为梓潼太守，以酬其功。

邓方的经历与霍峻类似，都是能力超强，用小资源办大事的人。他们都是荆州南郡人，也都深受刘备信任，而他们的表现又都十分出色。

刘备为他们甚至不惜设置新郡，也要提升他们的待遇级别。刘备将犍为属国改置朱提郡也有因人设政的意思。诸葛亮在《出师表》中写道："侍卫之臣不懈于内，忠志之士忘身于外者，盖追先帝之殊遇。"霍峻与邓方都是典型的例子。

邓方的庲降都督驻地位于朱提郡的南昌县，这个地方勉强算在南中的边上，从邓方的驻地就可看出此时蜀汉对南中的控制程度。

章武元年（221），邓方去世。刘备认识到治理南中还是本地人更合适。至于人选，刘备早就想好了。李恢，南中益州郡俞元人。刘备选中李恢，一是因为李恢是南中人，派他去熟悉情况；二是看中李恢背后的家族极其庞大的关系网，尤其是后者对于稳定南中至关重要。

南中汉人有著名的八大姓：爨、孟、李、董、雍、毛、朱、吕。这些家族多是汉武帝开发西南从中原移民实边的汉人。因为南中地区蛮夷众多，生存环境恶劣，为了生存下去，他们只能抱团取暖，以家族血缘为纽带发展壮大，形成南中八大地方豪强。

八姓之间也通过联姻的方式加以巩固，这点与中原相同。李恢很可能就出身于八姓中的李姓，而李恢的姑父爨习是益州郡建伶县的县令，因事被查，李恢受到牵连本应免官。但当时的益州太守董和处事谨慎，考虑到爨氏与李氏都是南中大姓，贸然罢黜势必引发冲突，就将李恢派往成都，将处置权交给州府。

李恢北上之际正值刘备率军南下。李恢审时度势，认定刘璋必败，干脆绕过成都，直接投奔刘备。

革命要趁早，资历很重要。李恢投刘备正是战争进行的最激烈的时期，很多蜀中的士大夫还在犹豫观望。李恢在这个时候选择投向刘备，是对刘备最大的政治支持，这也是后来李恢受到刘备重用的主要原因。这个政治资本使李恢得到刘备的充分信任。

刘备有意让李恢出任庲降都督，亲自召见与之谈话。刘备对李恢说，邓方去世，你看由谁出任庲降都督合适？李恢说当年羌人作乱，汉宣帝问老将赵充国谁可带兵平叛。赵充国说朝中众将都不如老臣熟悉边情，臣不自量力毛遂自荐，希望为陛下分忧。刘备听后大笑，说我的本意也是打算派你去呀！

于是，李恢成为新任庲降都督，同时兼领交州刺史。李恢将庲降都督的驻地南移数十里至牂牁郡的平夷县。

尽管驻地南移，但这个位置仍在南中边缘，距离不会产生美，只会削弱控制力，但也不是没有好处。正因为处于蜀地与南中的交界，叛乱发生时，李恢才未被围在里面，不然也会如永昌郡那般与朝廷失去联系。

南中之乱，南中八大姓爨、孟、李、董、雍、毛、朱、吕，或主动或被动都不同程度卷入其中，孟氏的代表自然是不久后即将出场的孟获，李氏即是李恢，雍氏是雍闿，朱氏是朱褒，吕氏则是吕凯。其中，雍闿、朱褒、孟获选择反叛，而吕凯、李恢选择效忠蜀汉。

在这场席卷南中的变乱中，李恢在南中的身份大致相当于赤壁之战前诸葛亮在荆州的地位。他们与地方大姓都有着千丝万缕的关系，而他们也充分利用了这些关系为刘备效力。

刘备任命李恢为庲降都督是刘备在南中布下的一个大局，深谋远虑，影响深远。

李恢担任庲降都督长达十年之久。他为蜀汉在南中统治的稳固出力甚多，在即将发起的平叛战争中，李恢也是诸葛亮的得力助手。

而诸葛亮的助手不止一个，还有一个人也要隆重介绍，他就是未来的庲降都督益州巴西郡人马忠。刘备兵败猇亭时，靠近前线的巴西太守阎芝立即从各县调兵，集结了五千兵马交给马忠让其率领紧急救援。

马忠率兵赶到时，刘备已退回永安。刘备善于识人，与马忠一番交谈后对其大为欣赏，对一旁的尚书令刘巴说："虽然失去了黄权，但又发现了马忠，可谓世不乏才。"

丞相诸葛亮开府治事后以马忠为门下督，被先帝看好的人自然错不了。马忠后来接任庲降都督，在南中一待就是十六年，蜀汉对南中的治理是一个系统而又艰辛的过程，经过四任庲降都督三十年坚持不懈的努力，才真正将南中纳入蜀汉版图。

面对跋扈嚣张的南中叛军，诸葛亮却不急于进兵，因为他还有更重要的事要做，那就是尽快与东吴恢复关系正常化。

建兴元年（223）底，诸葛亮派邓芝出使东吴。蜀汉需要改善外部环境，北、东、南三面受敌，压力太大。

突破口在东面的孙权，此时孙权的日子也不好过，其实孙权也是三面受敌，北面曹丕特别喜欢找东吴刷存在感，时不时就要过来揍东吴，而东吴与蜀汉兵戎相见后也不得不在西面留兵，而且东吴也有与蜀汉相同的烦恼，因为东吴的南方也有山越数十年如一日地进行顽强的山地游击战。

双方都有改善关系的意愿，于是一拍即合，互派使臣，实现互访，两国顺利达成协议。

之后，诸葛亮可以专心平叛，孙权也可以集中精力对付曹丕的进攻。双方都不想两线作战，而结果也令双方都很满意。

南中乱起，诸葛亮以新遭大丧不便用兵，于是务农殖谷，闭关息民。

建兴三年（225）三月，经过一年多的休养生息、整军经武，蜀汉国力有所恢复，兵精粮足，讨伐叛乱的时机已然成熟。

于是，诸葛亮上表后主后率军南下。

大军兵分三路：

西路军由诸葛亮亲自率领此次平叛的主力，目标是越巂郡的夷王高定；

中路军由庲降都督李恢负责，目标是益州郡的雍闿；

东路军由新任牂牁太守马忠统领，目标是牂牁郡的朱褒。

高定在汉嘉郡的旄牛以及越巂的定筰、卑水分别筑垒防守，妄图阻挡诸葛亮大军。

结果，可想而知，螳臂当车。

诸葛亮率军从僰道县出发，经安上县走泸江由水路进入越巂，而后由泸江转卑水，登岸后攻占卑水。

经过一番激战，高定的乌合之众被汉军击溃。高定的妻子被俘，老巢被占，高定本人则率余部四处逃窜。通常蛮夷叛乱进行到这里，剩下的剧情就是首领束手归命，拜服请降。但高定这厮着实是个死硬派，仍负隅顽抗，不肯投降。

益州郡的雍闿听说高定兵败率孟获等人从益州赶到越巂支援高定。但不知为何，两伙人发生火并，雍闿被高定的部曲杀死。可笑的雍闿远道而来只为送人头。

雍闿的被杀也反映出一个被长期忽略的事实，那就是在南中的汉人与夷人之间也存在着很深的矛盾，不然不会拔刀相向。高定是夷人首领，雍闿是汉人地方豪强。夷汉冲突在南中长期存在并深刻影响着南中的历史走向。夷汉矛盾对这场平叛战争带来的改变也是显而易见的。

出征前，参军马谡前去为丞相诸葛亮送行。诸葛亮对马谡说，你我谋划多年，现在我就要率军南征，你可有话要对我说？

马谡言道:"南中恃其险远,不服久矣。今日破之,明日复反。丞相志在兴复汉室,当举倾国之力以伐曹贼,彼知蜀中空虚,更欲谋叛。用兵之道,攻心为上,攻城为下,心战为上,兵战为下,愿丞相服其心而已。"

马谡的这番话重点在最后两句:"攻心为上,攻城为下;心战为上,兵战为下。"

那么问题来了,攻心为上,攻的是谁的心?其实,从这次南中叛乱众匪首的结局便可知一二。

高定杀死雍闿不久即兵败身亡。越嶲叛军在汉军的追杀下也死亡殆尽。雍闿部众推举孟获继任首领。孟获见汉军势大,便率部退回益州郡。

南中叛乱的罪魁祸首就是雍闿、高定、朱褒以及替补上位的孟获。雍闿被杀,高定被诛,朱褒在马忠的攻击下生死不明、不知所终,大概率是死了。

最后存活的只有孟获,而孟获能活下来的原因也很简单。

首先,他不是匪首而是替补,也就是说他不是首恶,因为历朝历代对叛乱的惩罚都是最狠的,首恶必诛。孟获不是首恶,就此逃过一死。

再者,孟获在南中有威望,"素为夷汉所服",这点最为重要,因为有威望,所以众人推举他为首领,也因为他有人望,所以朝廷才不杀他,因为留着他还有用,可以镇抚南中汉夷百姓。

最后,诸葛亮通过七擒七纵孟获,让孟获见识到了汉军的厉害。孟获被彻底打服,表示不会再反。

虽然大军走后,南中仍有叛乱,但造反的大都是夷人,相比之下,危害不大而且容易平定。

很多人受到电视剧《三国演义》的误导，认为孟获是脑袋上插羽毛住在山洞里尚未开化的野人。这是大错特错，孟获不是蛮夷而是汉人，而且是汉人中的士人，其家族更是汉人中的地方豪强。孟获在蜀汉后来做到御史中丞，住山洞的野人肯定是不具备这个水平的。

答案就此揭晓，马谡所说的攻心，攻的是南中汉人的心，更准确地说是士人之心。只要南中的汉人豪强归心朝廷，南中就是稳定的大后方，偶尔有夷人叛乱也不足为虑。

其实，就算马谡不说他的攻心论，诸葛亮也会这么做。但马谡能想到这个层面，至少说明在谋略方面他达到了诸葛亮的层次，两人是不谋而合，天下智谋之士所见略同。这也是诸葛亮将马谡视为心腹，引为知己的原因所在。

诸葛亮在荡平越巂叛军后率军乘胜追击，于当年五月领兵渡过越巂郡与益州郡的界河泸水即今天的金沙江。这就是诸葛亮后来在《出师表》所写的"五月渡泸，深入不毛"。因为泸水以南更加荒蛮，越向南走，汉人越少，这里是夷人的聚居区。

在西路军高奏凯歌胜利推进之时，中路与东路也是捷报频传。

中路军李恢率部从犍为郡的僰道出发南下攻击益州郡。李恢部经味县进至益州郡的昆泽县，这里距李恢的老家俞元县不到百里。记住这点，因为它对不久后发生的战事很重要。

然而，李恢军在昆泽突然被数量多数倍于己的叛军合围。但令人困惑的是，尽管占据人数优势，但叛军似乎并不打算开战，而是对李恢部围而不攻。接下来双方的操作更加魔幻。

李恢放出消息说，官军粮尽，即将北还。而我离开家乡多年,这次好不容易回归乡里,就不想再回去了。我想与大家一起干,所以才如实相告。

然后,叛军居然信了,放松了对李恢部的包围。而李恢也抓住时机,趁叛军防备松懈,突然出击,将叛军一举击溃。

李恢与叛军之间一系列看似不可思议的操作,其实都能在本篇的开头找到答案。

因为南中八大姓爨、孟、李、董、雍、毛、朱、吕,通过联姻等方式早已形成紧密而又复杂的关系网。

虽然他们因为在对待朝廷的态度上立场不同而分成两个阵营,但即使处于敌对状态,他们也很少会彻底决裂,而会留有余地,毕竟,他们之间很多人都是亲戚,不好下手。

八大姓之一的雍闿是被夷人高定所杀;八大姓之一的朱褒可能是被马忠斩杀;八大姓之一的永昌功曹吕凯在叛乱平定后被诸葛亮任命为首任云南太守,也是被反叛的夷人杀害。八大姓之间很少会将对方置于死地。因为他们是地方豪强,彼此又是姻亲,做事留一线,日后好相见。

知道这些就不难明白叛军为何对李恢围而不攻,因为李恢的李氏也是八大姓之一,他被围的地方距他的家乡不过百里,可能叛军里面就有许多他的亲朋好友,大家都是亲戚熟人,自然不好意思动手。

三路大军中属东路军马忠这路最为顺利。马忠的敌人朱褒最弱,所以收拾起来也容易。

剩下的时间就是诸葛亮单独对孟获的"耐心教育",即著名的"七擒七纵",本来这应该是南征最精彩的部分,可惜由于史料的匮乏,更多的细节详情已经不得而知。至于是一擒还是七擒，具体多少次已经不重要。

据说孟获被汉军俘获后，诸葛亮曾让孟获参观汉军大营，这既是自信的表现，也是向孟获展示汉军的威武雄壮。

当诸葛亮问孟获，观感如何时，孟获却说，向者不知虚实，所以才会兵败。今得蒙赐观览营陈军阵，不过如此而已，若放我归去，整军再战，定能获胜。诸葛亮听后，不但不恼，反而大笑，令人将孟获放归。不服不要紧，打服就行。

孟获被擒七次又被放归七次。孟获第七次被擒后，诸葛亮仍教人给孟获松绑遣去，这次孟获却不走了，对诸葛亮说："丞相天威，南人再也不反了！"

孟获算是心服口服外加佩服了。在未来的岁月里，南中虽仍有叛乱，但主要是夷人造反，在叛军中已经很少见到汉人豪强的影子。孟获所说的南人其实是南中的汉人。从这点上说，至少孟获是说到做到了。

之后，三路大军会师滇池，平叛南中的战争至此胜利结束。

在这场平叛战争中，前期的诛高定、杀雍闿、平朱褒都只是开胃菜，这其中雍闿是被高定杀的，高定此举为汉军省去一个麻烦，但即使雍闿不死于内斗，大概率也会被汉军斩杀。

不论是高定、雍闿，还是朱褒，在汉军的实力碾压之下，结局都是相同的。打败他们甚至杀死他们很容易，难的是如何确保大军走后，南中能保持稳定。这才是重点。

所以，后期驯服孟获才是大菜，"七擒七纵"才是重头戏。

诸葛亮与马谡在开战之前就明白，这场战争的重点是攻心战，而孟获就是那个攻心的对象。因为这个人必须在南中有威望，能安抚南中夷汉百姓。

留着孟获不杀还要不嫌麻烦"七擒七纵",只是因为孟获有用,而这点别人很难取代。

因为南中的难于治理就在于这里是夷汉杂处。如果单纯是汉人,那就很容易了。诸葛亮明于治国,是可遇而不可求的千古贤相。但诸葛亮的治国理政之法只适用于汉人地区。

对南中的统治,最好还是用本地人,但夷人特别是汉化不深的夷人难保忠诚,因为非我族类,其心必异。而孟获是本地人又是汉人豪强,在地方的影响力又非常之大,不论汉人还是夷人都听他的,这点就很稀有。所以,诸葛亮才会耐心地"七擒七纵"也要收服孟获。

丞相诸葛亮率军自"五月渡泸"以来,主要的精力都用来降服孟获,因为高定、雍闿、朱褒之类,在渡泸之前就解决了。而诸葛亮率军返回成都已是年底,由此推算,他降服孟获至少也在当年秋天。不过,这些付出、努力都是值得的。

战后,诸葛亮重新调整南中的行政区划,改益州郡为建宁郡,由庲降都督李恢兼任建宁太守。同时,从建宁、永昌、越巂三郡各划出一部设云南郡,以坚守永昌、功绩卓著的原永昌功曹吕凯为云南太守。

加上朱提郡以及从牂牁郡、建宁郡分出部分新设的兴古郡,重新划定的南中已有七郡,分别是建宁、永昌、越巂、朱提、牂牁、兴古、云南。

增设郡县,既可削弱各郡,变大为小便于治理,又能提供更多职位给归附的南中士人。

因为诸葛亮治理南中的新政就是"南人治南"。南人中最早进入蜀汉政权又最忠心的李恢被任命为庲降都督,在这次叛乱中立场坚定忠于朝廷的吕凯被提拔为云南太守。这些都体现了南人治南的理念。他们都是南中八大姓效忠蜀汉的代表。

然而，仅仅这些还是远远不够的。诸葛亮接下来做的两件大事才是确保南中长治久安的关键。

第一件就是抽调南中青壮补充军队。

南中青羌一万余户被迁往蜀郡，蜀汉选其精壮编为五部，因其善于山地作战，在山岭之间也能健步如飞，号称"飞军"。

如此既可补充蜀汉兵源的不足，又能最大限度削弱南中的造反力量。此消彼长之下，南中更弱而朝廷更强。

诸葛亮的重心在于北方，不久就要开始他筹谋已久的北伐大业，而要远征必须确保大后方的安定。北伐需要庞大的后备兵源，需要更多悍勇善战的生力军。将南中可战之兵补充进汉军，可以同时达到稳定后方与扩充军队的效果。

至于朝廷挑剩下的羸弱夷人则分给南中大姓如焦、爨、李、孟等做部曲。夷人桀骜不驯，不服管束，就令这些豪强出金帛聘用，拿钱解决。当然，豪强的钱也不会白花，朝廷规定聘用夷人做部曲多者可以世袭为官。夷人贪图财货也乐为所用，久而久之也就顺化为民，渐服于汉。

以南治南，以汉制夷，这是诸葛亮平南之后蜀汉对南中的基本国策。

第二件是在南中正式收取赋税。

国家对一个地区行使主权的两大标志是驻军与收税。蜀汉因要北伐，诸葛亮出于实际需要暂时未在南中大规模驻军。因为兵少则不足以威慑，兵多又影响北伐大计。

但在南中征税则是必需的、可行的且迫在眉睫。因为北伐将近，战争不仅需要兵源也要消耗财富。战后，南中赋出金银犀革以充军资。

蜀汉在南中的最高军政长官庲降都督的驻地也从靠近蜀地的牂牁郡平夷县搬到建宁郡的味县，南进数百里深入南中腹地。这是蜀汉对南中行使权力最鲜明的标志。

在这场平叛战争中，蜀汉朝廷是最大的赢家，南中从这时起才真正属于蜀汉国土。

南中的反叛势力被最大限度地削弱，与此同时，随着南中的兵源持续输入，蜀汉的军力得到极大补充。南中的金银铜铁也成为北伐战争的重要财源。

南中的汉人豪强中反叛朝廷的势力被诛杀殆尽，剩下的几乎都是坚定的拥护者。虽然在这场战争中不可避免遭受损失，但他们所得远大于所失，进入朝廷意味着政治地位的提升，合法扩充部曲又增强了在地方上的影响，也是受益者。

南中夷人要么迁往蜀地编入军队领取粮饷，要么被招为大姓部曲也有收入。

最差的夷人部族首领，几乎被全方位打压，很多人被带到成都，名为做官封赏实为就近控制。但仍有很多部落的首领小头目留在当地，这些人对现状最为不满，也成为南中的不稳定因素。

南中后来发生的小规模叛乱大多是这群人组织的。但因为大头目被带走，剩下的小头目们虽然很能闹却也掀不起大浪，很容易平定。

诸葛亮很清楚南中的复杂程度，不能按蜀地的标准去治理南中，他对南中的要求并不高，纲纪粗定，夷、汉粗安，即可。这个"粗"字用得精妙恰当，很符合当时的实际。帝制时代，在错综复杂的民族地区在极其有限的时间内能做到粗定粗安已经是难能可贵。

需要说明的是,蜀汉对南中的治理从未放松,而由"粗"变"细"也需要时间,更需要过程,这就要靠未来的庲降都督马忠跟他的得力部将张嶷了。未来的二十年,正是他们将南中彻底纳入了蜀汉帝国的政治体系。

孟达败亡——司马懿千里奔袭上庸城

建兴三年（225）冬，诸葛亮南征班师返回途中遇到从魏国投诚而来的李鸿。而李鸿在入蜀之前经过上庸孟达的防区，在那里遇见了从李严处叛逃到魏国的降将王冲。

正是这次会面促成了孟达反正事件。

席间，王冲对孟达说，当初您率部投魏，诸葛亮曾建议主公刘备诛杀您留在蜀中的妻子，只不过主公刘备未同意才作罢，但孟达并不相信王冲的话。孟达说以他对诸葛亮的了解，诸葛亮肯定不会这么做，还说了许多赞赏钦慕诸葛亮的话。

从这也能看出蜀汉君臣之间的以诚相待，相互信任。这在中国两千多年的帝制时代都是极其罕见的。当初黄权降魏，也有从蜀中投降过来的人传言说刘备已将黄权的妻子连坐处死。对此，黄权很坦然地明确表示，他与刘备、诸葛亮情义深厚，自己是迫不得已，刘备与诸葛亮一定能体谅他的苦衷，不会为难他的妻子。过些日子，蜀地传来确切消息，果然，黄权的家属未受任何牵连，刘备对黄权的家眷待之如初。

孟达的反应与黄权出奇的一致，这只能说明蜀汉君臣之间的关系融洽，彼此充满信任。

孟达通过李鸿向诸葛亮释放出积极的信号。诸葛亮何其聪明当即领会，也积极做出回应。

当时，蒋琬、费诗也在座。诸葛亮对二人说，虽然传言虚妄，但还是有必要写信给子度解释说明一下。孟达，字子度。

费诗说，孟达反复小人，昔日对振威不忠（振威指刘璋），后又背叛先帝。此等反复之人，何足与书！

诸葛亮默然不语，单从道德层面，费诗的话没错，但道德只能修身不可治国。

诸葛亮是求真务实的政治家，这体现在他执政的方方面面，思考处理问题必须从大局着眼长远考虑，不可意气用事。后来，诸葛亮不顾众人反对坚持承认孙权，二帝并尊，就是从国家大计考虑最典型的策略，因为需要联合孙权共伐曹魏，不得不如此，至于扫平魏国之后，自然要讨伐东吴，统一天下。

平南归来，北伐已提上议事日程，诸葛亮北伐的重点是西线的陇右。

此时上庸的孟达有意反正，对诸葛亮而言简直是喜出望外，这意味着蜀汉有兵力在东线对魏国的关中、荆州两个方向进行牵制。孟达的实力进攻不足，防守有余。

其实，孟达降魏后，曹丕对他是相当不错的。曹丕将上庸、房陵、西城合为新城郡，以孟达为新城太守，建武将军，加散骑常侍，封平阳亭侯。新城郡位于三国交汇处，地点敏感又极为重要，对曹丕的任命，众人多有微词。曹丕为平息众口，将西城分出以降将申仪领西城太守，正是这个申仪要了孟达的命。

申耽、申仪兄弟是东三郡的地方豪强，也是有名的墙头草。

孟达败亡——司马懿千里奔袭上庸城

申耽降蜀时,为防其有变,申耽的妻子被送往成都做人质。孟达投魏,申耽是不想的,但孟达、申仪都愿降,申耽是被裹挟才降,所以投降之后也不受信任,很快被调往荆州南阳闲住。

魏黄初七年(226)五月,曹丕病亡。魏主曹叡即位,中军大将军曹真、镇军大将军陈群、征东大将军曹休、抚军大将军司马懿并受遗诏辅政。

孟达的快活时光就此结束。因为曹丕宠信孟达是其最大的靠山,而与孟达交好的朝中重臣桓阶和夏侯尚也相继去世。

失去靠山的孟达很快就感受到了寒意,因为司马懿对孟达极其反感,曾当面对曹丕说孟达"言行倾巧,不可大任"。朝中无人难做官。司马懿后来派人询问孟达是否有意入朝为官。这在孟达看来是一个极其危险的政治信号。

因为孟达是拥兵自重的地方实力派,他的重要来自他的实力,他手下的兵与掌握的地盘是他与司马懿博弈的筹码。一旦入朝,孟达就是光杆司令,他就彻底完了。

孟达自然不愿去洛阳束手归命任人宰割,这次还只是试探,下次如果以朝令相召,他不敢不从。不想去,不敢去,又不敢不去。司马懿在步步紧逼。孟达在逼迫之下有意还蜀。

诸葛亮也抓住机会争取孟达的反正。

建兴四年(226),诸葛亮回到成都便写信给孟达:"往年南征,岁末乃还,适与李鸿会于汉阳,承知消息,慨然永叹,以存足下平素之志,岂徒空托名荣贵为乖离乎!呜呼孟子,斯实刘封侵陵足下,以伤先帝待士之义。又鸿道王冲造作虚语,云足下度量吾心,不受冲说。寻表明之言,追平生之好,依依东望,故遣有书。"

诸葛亮这封信意在消除孟达的顾虑,言明当初是刘封侵凌于你在先,你投魏在后。先帝待你不薄。我们都期待你的归来。

同年,李严晋升为前将军,从永安移防江州。孟达在蜀中时与法正交好,与李严亦有私交。

李严也写信给孟达:"吾与孔明俱受寄托,忧深责重,思得良伴。"李严此举既向孟达表明相邀之意,也是有意炫耀自己在蜀中的政治地位。诸葛亮也在随后给孟达的信中夸奖李严来印证李严的说辞:"部分如流,趋舍罔滞,正方性也。"

建兴五年(227)春,诸葛亮率汉军主力进驻汉中。

孟达身在上庸,距离更近,双方信使往来频繁。而从上庸去汉中要经过申仪的西城,时间一长难免泄露机密。

申仪本就与孟达不和,经常打孟达的小报告,抓住这个把柄岂能放过,当即向司马懿告密。

六月,魏主曹叡命司马懿都督豫州、荆州诸军事,屯驻宛城。申仪向司马懿密报孟达意图谋反是在年底。之前说过,司马懿派人征询孟达是否愿意入朝,在得到孟达婉拒的消息后,司马懿基本确定孟达谋反属实。

为了稳住孟达,司马懿写信给孟达在表示对他信任的同时进行挑拨离间,说当初你背蜀来投,蜀人对你恨之入骨,诸葛亮也有意除掉你,只是苦于找不到机会罢了。降人郭模言你有心投蜀。此等机密,郭模从何得知,想必是诸葛亮有意泄露,欲借刀杀人,借我之手杀你,当然,我是不会轻信其言上当的。

司马懿的话戳中了孟达的痛点,又令孟达犹豫不决。而司马懿对他表示信任的话又令他本已紧张的心绪又放松下来,认为司马懿不会来,即使来也不会很快,因为需要请示,等司马懿得到准许再来,这个时间,他早已做好准备。

诸葛亮曾提醒孟达小心行事,但孟达却不以为意。孟达不知道他已经中了司马懿的缓兵之计。

司马懿可是辅政大臣,即使先斩后奏也不是多大的事情。实际上,在发信之前,司马懿就已经行动了。司马懿一面派人去洛阳报告,一面率军昼夜兼程赶往上庸。司马懿出发时,孟达尚未起兵。

司马懿确实率军奔袭一千二百里,但不是用八天,而是远多于八天。

很多人据司马懿写给孟达的信就说是诸葛亮有意派人诈降,目的就是除去孟达。这完全是上了司马懿的圈套。司马老贼的话岂能听信。司马懿的信很明显是在挑拨离间,为拖住孟达争取时间。

建兴五年(227)底,诸葛亮的北伐大军已经出发,目标是西线的陇右。

此时,司马懿率军正在赶往上庸的路上。

在诸葛亮大军出发不久,孟达为配合西线汉军,在上庸起兵,意在牵制魏军。

但他想不到,八天后,司马懿即率大军兵临城下。其实,司马懿已经急行军很多天,只不过孟达不知道罢了。

孟达赶紧派人向蜀汉与东吴求救。诸葛亮与孙权在接到求援后也几乎同时派出援兵。对此,司马懿早有预料,事先已派出阻援部队。

诸葛亮率领的主力已经从汉中出发,留守部队本不多,东三郡又是被群山环抱的山地,只要守住山口很容易就能挡住援兵。

结果，蜀汉与东吴的援军分别被阻击于木兰塞与安桥。

虽然援兵受阻，但孟达对守城依然信心十足。上庸城本建在山险之地，又三面环水，易守难攻。

当初，孟达给诸葛亮写信说："宛城距洛阳八百里，距我一千二百里，闻我起兵，司马懿当上表魏主，往返也需一月，那时我城池营垒已成，凭我的部队足以应付。上庸在山险之地，司马懿不会亲自来，派别人来，我是不怕的。"

孟达的言外之意是，他可以应付来自魏国的大军，不必派援军来。

很多人质疑诸葛亮为何不派兵救孟达，其实是派了兵的。只不过不是主力，因为主力已经去了陇右。

不过，最不希望汉军主力进入上庸的不是别人，正是孟达本人。很多人忽略了孟达为何背魏投蜀。孟达叛魏最主要的原因是司马懿要征其入朝夺其兵权，这才迫使孟达不惜铤而走险也要起兵。

孟达希望保持"独立自主"，也就是继续拥兵自重，当他的军阀。上庸是他的地盘，他要做主。

汉军进驻势必危及他的地位。孟达不希望魏军进入，也不愿汉军进入。

诸葛亮正是因为清楚孟达的心思才率主力西进，留下偏师在汉中策应上庸的孟达。

诸葛亮只是希望孟达在东线牵制住司马懿的魏军，至少在当时，汉军也不想进入上庸，默认孟达在上庸的"自行其是"，双方在这点上早已达成默契，所以才有后来的合作。孟达在东线起兵，诸葛亮在西线北伐。两线相互配合，令魏军东西难顾。

孟达败亡——司马懿千里奔袭上庸城

因此,那些阴谋论者实际上是中了司马懿的奸计。这就不得不说,司马懿果然老奸巨猾,两千年过去,依然有很多人被他欺骗。

诸葛亮最不希望孟达有事,因为他需要孟达为他牵制东线魏军。

最希望孟达死的人是司马懿。虽然司马懿是奸佞小人,但也痛恨叛徒。

更重要的是,孟达在他的防区,归他统领。反复横跳的孟达是不安定因素,而司马懿不希望有任何事情超出他的掌控。

孟达所在的新城虽贫瘠险塞,但位置具有战略价值。从上庸北上可以威胁长安,东出可包抄襄阳。一旦有事,司马懿是要背锅的。

司马懿出其不意赶到上庸将城池团团包围。孟达虽然吃惊但也不是特别慌乱,孟达的底气在于他占有地利。

为增强防御,孟达在城外河上树立木栅,阻挡魏军。

建兴六年(228)正月,司马懿指挥魏军渡河强攻,摧毁木栅直逼城下,八道攻城。

魏军连攻十六日,仍未破城。

司马懿见强攻难以取胜,只能另寻他策。

司马懿的他策也是攻心战。看来司马懿也深知攻城为下,攻心为上。他派人秘密潜入城中找到孟达的外甥邓贤与亲信部将李辅,对二人晓以利害,明言上庸城已被重重包围,孟达插翅难逃,吴蜀兵马已被击退,城池指日可破,城破之日即是尔等人头落地之时,若能献城投降,不但可以免罪,还能立功受赏。

二人经过商议决定投降出卖孟达,悄悄打开城门放司马懿大军进城。背叛者终究为人所背叛。孟达一叛刘璋,再叛刘备,三叛曹丕,一人三叛,终遭唾弃。

孟达被生擒活捉当即被斩首示众,首级被送往洛阳,用大火焚烧化为灰烬。

告发孟达的申仪也没有好下场,被带走审查,罪名是私刻公章。东三郡的割据势力至此被一网打尽。

司马懿千里奔袭上庸,速战速决,可谓三国时代闪击战的典型战例,不过最后上庸城也不是被司马懿攻下的,而是收买叛徒才得逞其谋。

出师北伐——兵进陇右

建兴五年（227）三月，丞相诸葛亮率军北上汉中，出征前，上书后主刘禅，说明出兵北伐的意义所在。此即传颂千古的名篇《出师表》：

先帝创业未半而中道崩殂，今天下三分，益州疲弊，此诚危急存亡之秋也。然侍卫之臣不懈于内，忠志之士忘身于外者，盖追先帝之殊遇，欲报之于陛下也。诚宜开张圣听，以光先帝遗德，恢弘志士之气；不宜妄自菲薄，引喻失义，以塞忠谏之路也。

宫中、府中，俱为一体，陟罚臧否，不宜异同。若有作奸犯科及为忠善者，宜付有司论其刑赏，以昭陛下平明之理，不宜偏私，使内外异法也。侍中、侍郎郭攸之、费祎、董允等，此皆良实，志虑忠纯，是以先帝简拔以遗陛下。愚以为宫中之事，事无大小，悉以咨之，然后施行，必能裨补阙漏，有所广益。将军向宠，性行淑均，晓畅军事，试用于昔日，先帝称之曰能，是以众议举宠为督。愚以为营中之事，悉以咨之，必能使行陈和睦，优劣得所。亲贤臣，远小人，此先汉所以兴隆也；亲小人，远贤臣，此后汉所以倾颓也。先帝在时，每与臣论此事，未尝不叹息痛恨于桓、灵也。侍中、尚书、长史、参军，此悉贞良死节之臣，愿陛下亲之信之，则汉室之隆，可计日而待也。

臣本布衣，躬耕南阳，苟全性命于乱世，不求闻达于诸侯。先帝不以臣卑鄙，猥自枉屈，三顾臣于草庐之中，咨臣以当世之事，由是感激，遂许先帝以驱驰。后值倾覆，受任于败军之际，奉命于危难之间，尔来二十有一年矣。

先帝知臣谨慎，故临崩寄臣以大事也。受命以来，夙夜忧叹，恐托付不效，以伤先帝之明。故五月渡泸，深入不毛。今南方已定，甲兵已足，当奖率三军，北定中原，庶竭驽钝，攘除奸凶，兴复汉室，还于旧都，此臣所以报先帝，而忠陛下之职分也。至于斟酌损益，进尽忠言，则攸之、祎、允之任也。

愿陛下托臣以讨贼兴复之效，不效，则治臣之罪，以告先帝之灵。若无兴德之言，则责攸之、祎、允等之慢，以彰其咎；陛下亦宜自谋，以咨诹善道，察纳雅言。深追先帝遗诏。臣不胜受恩感激。

今当远离，临表涕零，不知所言。

诸葛亮为何要出兵北伐？因为汉贼不两立，王业不偏安。

在《出师表》中，诸葛亮已经做出了回答。先帝创业未半而中道崩殂。先帝的大业是兴复汉室，重振汉朝。如今先帝不在，我们自然要继承先帝的遗志，完成他未竟的事业。曹魏篡汉，蜀汉继承汉朝正统，推翻曹魏，还于旧都，复兴大汉，是蜀汉的历史使命。

从"衣带诏事件"起,刘备即与曹操公开决裂,一个志在兴汉,一个图谋篡汉,二者势同水火,不可共生。从那时起,刘备与曹操就是不共戴天的敌人。孙权尚可与曹操言和,但刘备与曹操只能在战场上分胜负,二人中只能有一个胜者。

蜀汉的立国基础就是复兴汉朝,这决定了这个政权不能偏安一隅,必须进取图强。

然而当时的形势对蜀汉极为不利。天下三分,益州疲弊,是不得不面对的现实。北有曹魏虎视眈眈,东有孙吴咄咄逼人,南有夷越叛乱,此诚存亡危急之秋。

丞相诸葛亮几乎是以一己之力挽救危局。他临危不惧从容应对,东和孙权,南平夷越,只用三年就将国家从危机重重中解救出来。

而今南方已定,兵甲已足,诸葛亮自然要秉承先帝之志出师北伐。且侍卫之臣不懈于内,忠志之士忘身于外,盖追先帝之殊遇,欲报之于陛下也。忠勇之士尚在,蜀汉志气未衰,当恢弘志士之气,出兵讨贼。

诸葛亮告诫后主刘禅不可妄自菲薄,这话是对后主讲的,更是对那些经历痛失荆州秭归之败灰心消沉的朝臣说的。

北伐注定是一条漫长而又充满艰辛的道路。

诸葛亮追忆了随先帝创业的艰辛,特别提到赤壁之战前的危急处境,自己受任于败军之际,奉命于危难之间,终不辱命,促成联盟,赤壁之战大破曹贼。

对先帝的重托,诸葛亮深感责任重大,夙夜忧叹,食不甘味,寝不安席,唯思北征。

诸葛亮写道:"北定中原,攘除奸凶,兴复汉室,还于旧都,此臣所以报先帝，而忠陛下之职分也。"

北伐，既是责任，也是使命。

临表涕零，不知所言。这就是诸葛亮写《出师表》时的真实感受，国弱主幼，自己本应留守成都尽心辅佐，然而，北伐是国策，更是国家未来的希望，自己必须担负起北伐中原，复兴汉朝的使命责任。

刚刚平南归来，又要匆匆踏上北伐征途。诸葛亮为何如此急于北伐？因为时不我待。

天下三分，蜀汉最弱。曹魏窃据中原跨有九州，地广兵多。东吴拥长江之险，又据扬荆交三州之地。蜀汉仅有益州，地狭民弱，非久驻之地。只有北伐，国家才有出路。

北方自董卓之乱以来，屡遭兵火，关中更是十室九空，一片衰敝。蜀汉与东吴之所以尚能与曹魏抗衡，在于北方兵乱之后仍未恢复，一州之户口不及往日一大郡。

两汉魏晋之际，北方依然是国家经济政治文化中心，随着战乱结束，中原渐渐恢复生机。以北方的人口规模，将在各方面对南方形成压倒性优势。

蜀汉想实现复兴，必须抓紧时机，一旦错过机会，旷日持久，必然对蜀汉不利。

而在蜀汉方面也是十分紧迫。诸葛亮在《后出师表》中写得很明白，随先帝入蜀的精兵勇将都是"四方之精锐，非一州之所有，若复数年，则损三分之二，当何以图敌"。

人才的损失随着时间的推移将越发严重。迁延日久，人才凋零，蜀汉将面临将帅乏人的局面，到时蜀中无大将的情况将不可避免。为最大限度发挥自身优势，不与敌久战，就必须尽早尽快与敌决战。

敌国疮痍未复，精兵良将尚在，不趁此时北伐，更待何时！这即是诸葛亮急于北伐的原因。

很多人认为诸葛亮的北伐是以攻为守，是为团结国家的权宜之计，此类说法既未对诸葛亮的北伐做深入认真的研究，更不懂三国的军事历史。

他们的依据是曹魏强而蜀汉弱。魏国的户口是蜀汉的五倍，军队是蜀汉的四倍。可是，他们忘了，魏国虽强却是四面受敌，北有鲜卑压境，东有孙吴掣肘，兵力分散，不可能专力于关中陇右。

追根溯源，蜀汉的立国之战其实是建安十三年（208）的赤壁之战，这是一场以少胜多、以弱胜强的经典战役。

战前，刘备尚无容身之地，战后才据有荆南四郡。这里是刘备奋发图强的起点。刘备正是以此四郡为基本，迅速发展壮大。

赤壁之战前，刘备与曹操的实力差距是最大的，刘备当时的处境用四个字形容就是岌岌可危。

那么凶险的时候，刘备与诸葛亮都未曾动摇未曾惧怕，难道二十年后，有富庶的巴蜀，有十万雄兵，反而畏难不前，甘愿固守？

至于说强弱悬殊，刘备、诸葛亮从赤壁之战到后来的入蜀之战再到争夺汉中，这一路走来，哪一战不是以少敌众，又有哪一战不是以弱胜强？

如果畏惧强敌，就不会有这些胜利；如果畏惧艰险，就不会有蜀汉这个国家。蜀汉就是在艰难困苦中建立起来的政权。

三国之中，蜀汉的建国之路最为坎坷也最为曲折，蜀汉的开国君臣何曾畏惧艰难！从不畏惧、勇往直前是他们的本色。

在商议进兵路线时，大将魏延提出一个大胆的计划，即由他率兵一万，其中五千战兵、五千负粮，从褒中出发循秦岭而东出子午谷袭取长安。诸葛亮率汉军主力出斜谷与他会师关中。这就是三国历史上颇具争议、聚讼纷纭的子午谷奇谋。

因为此时坐镇长安的是曹操的女婿，靠裙带关系上位的超级草包夏侯楙。在魏延看来，像夏侯楙这种纨绔子弟根本不用打。只要汉军在长安出现，夏侯楙就会吓得屁滚尿流，抱头鼠窜。夏侯楙守长安基本等于白送。只要在长安坚守十余天，等到诸葛亮率大军赶到，潼关以西一战可定。

但诸葛亮并未采纳魏延的"奇谋"。

从汉中前往关中有四条路线，从西向东依次是陈仓道、褒斜道、傥骆道、子午道。其中，子午道距长安最近。这也是魏延选择子午道的原因。

魏延的子午谷奇谋首要的一点就是，攻敌不备，出奇制胜。

而要达成奇袭的效果就必须要快，行动隐蔽、攻击迅速，趁敌防备不及，突袭取胜。

但魏延明显做不到，汉中与关中横亘着一道秦岭，陈仓道、褒斜道、傥骆道、子午道都要穿岭而过，山路崎岖，很多地方都要靠修筑栈道才能勉强通行。这四条大道远近不同、路况各异，但基本都有四五百里长。有的容易通行，有的崎岖难行，但这个容易也是相对而言，因为都是穿秦岭而过的山间谷道，道路大同小异，而子午道是其中最难走的一条。

汉代日常行军大约是一日三十里，这还是在平原旷野，考虑到山路陡峭崎岖，速度还要更慢。子午道全长约六百里，即使按正常速度也要二十天，但魏延说他只需十天，明显过于乐观。

即使魏延能在十天赶到长安，真的就能达成奇袭的效果吗？奇袭最重要的是速度，其次是隐秘，而这两点魏延都做不到。

魏延的一万人大部分是步兵，而步兵在军事上很少被用于突袭因为速度上不来。而奇袭速度是关键，兵贵神速。

上万人长途行军十余日很难做到保密。敌人就算再迟钝，这么长时间也会发现突袭部队的行踪。

假设这些魏延都做到了。这一万人顺利到达长安。但长安会被轻易攻克吗？夏侯楙是草包，但不等于夏侯楙的手下都是草包。

如果魏军固守待援，魏延仅凭一万人几乎不可能攻下长安。即使攻下，在魏军的大举反攻下也守不住。

长安的地位仅次于洛阳，也曾是西汉的都城，规模很大，城高池深，守军不会少。听闻长安有失，曹魏必起倾国之兵来争，长安洛阳本就相距不远，魏军还有数量可观的骑兵。

即使魏延夺占长安，不出意料也很快将陷入魏军主力的合围。辛辛苦苦长途奔袭几百里往敌人的包围圈里钻，主动要求被围攻，这不是勇敢，这是嫌命长。

显然，子午谷奇谋不具备可行性，诸葛亮不予采用也在情理之中。但诸葛亮不用魏延之计，其实还有更深层的原因，那就是大军的主攻方向。

诸葛亮最终选择的路线是祁山道。而祁山道不到关中，是去陇右所在的凉州的。

诸葛亮北伐的首要目标是西线凉州的陇右，不是东线关中的长安。

魏延搞错了方向。

虽然北伐的终极目标是还都洛阳，克复中原。

但很明显这是一个大目标，必须分步进行。这点不难推测，从诸葛亮的北伐路线上便可得出答案。

诸葛亮五次北伐，四次的攻击重点都指向西线的陇右，需要说明的是，第二次攻陈仓与第三次攻取武都、阴平二郡应看作是一次行动，前者的目的是声东，后者的目标是击西，进攻陈仓是为夺取武都、阴平做掩护。其实，诸葛亮的第五次北伐虽然是向东逼近长安，但也有切断陇道夺取陇右之意。

诸葛亮的北伐战略是先取陇右以为根基，再以陇右为基地东下占领关中，而后东出潼关收复故都洛阳，实现"兴复汉室，还于旧都"的理想。

诸葛亮的首次北伐目标明确，就是趁敌不备，夺取陇右；具体战术则是避实击虚，声东击西。

这里的"实"就是魏军重兵云集的关中；这里的"虚"就是兵力空虚的陇右。

诸葛亮声言将出兵斜谷进攻关中的郿县，以此吸引魏军主力向东运动，与此同时，诸葛亮亲率汉军主力直奔陇右而来。

相比陇右，魏国更重视关中。但对诸葛亮而言，前期陇右的价值要远大于关中。

陇右因在陇山以西得名，西邻黄河，南依秦岭，东连关中平原。陇右在两汉归属雍州，黄河以西的河西地区则归凉州。河西陇右在广义上都属于陇右。

建安十八年（213），曹操将凉州并入雍州。但陇右叛乱频发极不稳定，曹丕篡汉后不得不再次将其分出重设凉州以加强管理。

凉州所在的陇右是曹魏统治最薄弱的地区,纳入曹魏版图也不过十余年。

陇右还是农耕与游牧的交汇地带,亦农亦牧,羌胡与汉民杂居共处。这里地近匈奴,民风彪悍,尚武敢战,妇女皆能携弓而斗,说的就是陇右。

西汉时,汉军反击匈奴,征募骑兵多取六郡良家子弟。这六郡分别是天水郡、陇西郡、安定郡、北地郡、上郡、西河郡,其中前四郡都归属凉州。

在与匈奴的战争中涌现出许多彪炳史册的百战名将,如大名鼎鼎的飞将军李广、百闻不如一见平定羌乱的老将军赵充国,都是以六郡良家子的身份从军报国建功立业的。

蜀汉北伐最紧缺的就是精于骑射的骑兵部队。为抗衡魏国庞大的骑兵,诸葛亮才耗尽心血钻研改进连弩,用弩兵压制魏军的骑兵。

如能夺取陇右,组建蜀汉自己的骑兵部队,汉军的机动能力将大大增强。汉军的作战范围也将随之扩大,加之诸葛亮出神入化的指挥,用骑兵在敌后做大范围穿插机动,切断魏军的粮道,到时,司马懿再想以拖延战术固守不战就不管用了。三国乃至中国的历史都可能因此而改写。

兵马未动,粮草先行。困扰汉军的除了魏军的骑兵,还有就是粮草转运。从汉中出发不论是去陇右还是去关中都要走数百里,补给线过长,令汉军的攻势难以持久。司马懿就是看准这点才用拖延战术。

如能占据陇右,所有的问题都将不是问题。因为陇右也有粮田，陇右的胡人汉人也都种地，汉军可以就地补给，不用再辛苦劳作翻山越岭地转运粮食了。骑兵、粮食，陇右这里都有。

诸葛亮北伐首选陇右也就不难理解了。

战事一旦开启，潼关以东的魏军势必向西增援。汉军的作战就不可避免要分成两部分，攻城与阻援。

先攻陇右对汉军更有利。因为陇右地处西北与中原相距遥远，洛阳的魏军赶过来需要时间，突破汉军的阻击也需要时间，而汉军只要进攻顺利完全可以在敌人援兵赶到之前夺取陇右。

攻击关中则很容易陷入兵力占优的魏军的包围，这个可以参考魏延的子午谷奇谋。魏军在关中的驻军本就比陇右多，防守也更加严密，且长安距洛阳更近，不足千里，对拥有大批骑兵的曹魏并不算远，魏军骑兵从洛阳到长安十天之内就能赶到。即使汉军抢先占据潼关，魏军也能绕道并州自北向南渡过黄河，这个可以参考马超与曹操的潼关之战。

虽然目标是陇右，但还是要做出攻击关中的假象以迷惑魏军。

建兴六年（228）三月，汉丞相诸葛亮亲率汉军出祁山道西进直取陇右。

与此同时，镇东将军赵云、扬武将军邓芝率偏师出斜谷，一路伪装成大部队虚张声势，吸引魏军注意，目的就是策应诸葛亮汉军主力的行动。

诸葛亮用的是声东击西之计。战争中最常见也是最实用的计策，不复杂，也很好懂，但如何用、怎么用，才能让敌人中计，完全看水平。

三十六计，相信大多数人都能看懂，但在实战中如何运用才是关键。战场上从来不需要复杂的套路，战场上最讲究简单实用。套路是用来表演的，而战场上不需要表演，大家都是来拼命的。

诸葛亮的计策很成功，因为魏军中计了。

汉魏两军自汉中樊城大战已有近十年未发生大的战争。当时的人认为蜀汉最能打的是刘备，其次是关羽，但荆州之战关羽败亡，夷陵之战不久刘备驾崩。整个魏国朝野都觉得蜀汉已经不具备威胁，顿时感到压力减小好不快活，加上秦岭阻隔，穿越数百里山谷去攻打蜀汉，想想都怕，他们这时倒不是怕蜀汉，而是怕山高路远。所以，从曹操到曹丕，乃至如今的魏主曹叡都喜欢找东吴练手，时不时带兵出去攻打东吴已经成为魏军前线将领们刷战绩的日常操作。

久而久之，魏国对西线的防守越来越不上心，直到诸葛亮率领的汉军发起北伐，他们才手忙脚乱地仓促应战。

因为准备不足，魏军从一开始就陷入被动。

大将军曹真被指派都督关中陇右兵马抵御汉军。为何派曹真去？因为曹真在曹丕在位时就是镇西将军，都督雍凉诸军事，负责潼关以西的军政。

曹真与曹休一西一东是曹魏宗室掌握兵权的方面统帅，加上他又是曹丕指定的辅政大臣，这时候自然他要上。

听说汉军出现在斜谷，曹真带兵就奔那儿去了。斜谷即褒斜道，呈东北西南走向，南口称褒谷，北口称斜谷，全长约五百里。

当时汉军据守南口褒谷，魏军控制北口斜谷，在褒谷与斜谷之间有一个地势相对开阔的谷地叫箕谷，它就像一个交通枢纽，从褒谷进兵斜谷必经箕谷,而从箕谷向东可到斜谷,向北可通陈仓。

赵云的任务是牵制魏军,不是真的要进攻斜谷,所以他的主阵地应该是设在箕谷。这么做既可以保护身后的汉中门户褒谷,又可以将魏军的主力吸引进来,诱敌深入拖住曹真的部队,为丞相诸葛亮攻取陇右尽可能创造条件。

赵云可能只派出少量部队去诱敌,他的主力则守在箕谷,这可以防备魏军从陈仓方向来袭。

曹真果然中计,率兵从斜谷一路追进来,一直杀到箕谷,而从箕谷到斜谷至少有上百里的路程,大部分还是栈道。曹真率魏军主力深入褒斜道,进来再出去加上两军交战的时间怎么算也得一个月。

赵云留在箕谷不进攻斜谷,目的就是为了最大限度拖住魏军主力。在赵云率部领着曹真的魏军在褒斜道的山间谷地捉迷藏的工夫,诸葛亮已经率领汉军的主力杀进陇右腹地。

汉军突然出现在陇右令当地魏军震惊不已,多年的平静生活令他们麻痹大意,防备松懈,完全不是汉军的敌手。

史书记载,诸葛亮率领的汉军,号令整肃,军纪严明,一望而知是训练有素的精锐部队。古往今来,历史的经验告诉我们,真正能打硬仗的部队都是军纪好的。

陇右诸郡对曹魏本就缺乏归属感,见汉军到来,纷纷打开城门迎接汉军。天水、安定、南安三郡先后起义归汉,只有西面的陇西郡与东边靠近渭水的广魏郡尚在顽抗。

形势一片大好,诸葛亮可能也未想到开局会这么顺。

但魏国君臣就傻眼了。

魏主曹叡这才反应过来，看来是低估了蜀汉的能力，拿对付东吴那套来应付蜀汉是行不通的。

但魏国朝野这时也都看明白了。孙权是以攻为守限江自保，但蜀汉的诸葛亮是来真的。

等魏国发现中了诸葛亮的声东击西之计为时已晚。陇右大半郡县已被汉军占领，靠当地那点儿驻军不要说反击，就是守住现有的城池都难。

而关中的机动兵团主力部队都被曹真带走了。此时曹真正在褒斜道上与赵云玩捉迷藏的游戏，玩得不亦乐乎。

陇右魏军朝不保夕，关中魏军又身陷褒斜道不能自拔，魏主曹叡迫不得已只能从洛阳调中军紧急向西增援。

军队有了，还得有领兵的将领。魏主曹叡第一时间想到的就是左将军张郃。

说起来，张郃也是一员老将了。自官渡之战倒戈来降，投效曹操，张郃便追随曹氏东征西讨、南征北战，征张鲁入汉中有他，袭扰巴西大战张飞的是他，与刘备战汉中还有他。

张郃在汉中是夏侯渊的部将。夏侯渊被黄忠砍了，他又追随曹真平定安定羌胡叛乱。从入汉中降张鲁算起，张郃在汉中陇右关中征战十年，熟悉西北军情。直到曹丕发起三路伐吴才把他从西北调到荆州。

张郃在陇右归曹真领导，在荆州归司马懿指挥，他的两个顶头上司都是辅政大臣。

张郃可谓曹氏的一块砖，哪里需要往哪里搬，承担突击队长的角色，只要有吃紧的地方就派他去。

张郃急匆匆赶到洛阳。魏主曹叡将魏国的中军主力五万人交给他,令其昼夜兼程前去救援陇右诸郡。

因为蜀汉的保密工作极其出色,陇右的军政官员事前对汉军的进攻一点儿准备都没有。加之,诸葛亮声东击西战术的成功,赵云执行又十分得力,曹真被成功调动。

在张郃援兵到来之前,陇右的地方郡县几乎得不到任何外部增援,已经乱得一塌糊涂。

本来事情到此,汉军有望顺利攻取陇右。但一个人的出现,使局势发生变化。这个人就是魏国雍州刺史郭淮。

郭淮对汉军的到来也不知情,当时正带着天水太守马遵等一众州郡官员在外巡视。等他们听到消息,诸葛亮大军已在祁山。

郭淮对马遵说大事不好,立即领人掉头向东逃进上邽。不得不说,郭淮的反应是相当快,他的做法站在魏国的角度说也是正确的。因为上邽是连通陇右与关中的关口要地。

汉军所到之处各县群起响应。太守马遵听说后立即对跟在身边的功曹梁绪、主簿尹赏还有参军姜维产生怀疑。

因为两汉三国,太守通常由朝廷委派,而功曹、主簿等郡吏主要是地方大族担任。这些人都是本地人,而他们的家乡都已响应汉军。

太守马遵认为他们这些本地人靠不住,于是连夜跟着刺史郭淮逃往上邽。

清晨,姜维等人醒来不见太守,四下寻找不见踪影,猜到太守可能逃去上邽,便随后紧追,但因为太守是半夜跑的,他们紧赶慢赶还是未能追上。他们追到上邽,城上认为他们已经投蜀,闭门不纳。

姜维等人只好回天水冀县老家,怎奈冀县认定他们是太守马遵的人，也不让他们进城。

进退失据、走投无路之下，姜维等人只好来汉军大营投奔诸葛亮，好在诸葛亮收留了他们。

姜维等人起初作为郡吏愿意追随太守，不是他们背弃太守，而是太守先抛弃了他们。正是由于他们平时辅佐太守兢兢业业，家乡人才认定他们与马遵是一伙儿，这才将他们拒之门外。

两边都不接纳他们，他们也只能来投蜀汉。

而对诸葛亮而言，得到姜维是他此次北伐最大的收获。因为千军易得，一将难求。

诸葛亮在很早就已经将蒋琬、费祎作为政治上的接班人，经常给他们机会来历练他们。但诸葛亮军事上的接班人却一直未遇到合适的人选。

作为中国历史上少有的军政全才，诸葛亮对接班人的要求是很高的。而在遇见姜维后，诸葛亮敏锐地发现姜维是难得的将帅之才，在军事上极具造诣，只要假以时日悉心教导，日后必成大器。蜀汉建国后的十年全靠诸葛亮的文治武功，而蜀汉最后的十年也几乎是靠姜维一人在苦苦支撑。

虽然形势大好，但风险依然存在，在陇右尚未完全占领而魏军援兵已在路上的形势下，汉军必须同时进行攻城与阻援。诸葛亮不得不分兵，派部将进攻陇西郡，而诸葛亮自己亲自率兵进攻上邽的郭淮。进攻上邽不仅是攻城，也是为了阻援。

魏军从关中向陇右增援，有两条大道可走，一个是陇山道，另一个是陈仓渭水道。

其中，陈仓渭水道的西口就在上邽，魏军守住这里就能确保关中陇右通道的畅通。

而陇山道的西口，熟悉三国史的人都不陌生，街亭。诸葛亮自己领兵攻上邽，他派去守街亭的人就是马谡。

诸葛亮领兵封锁陈仓渭水道。

马谡带兵封堵陇山道。

诸葛亮既要攻城又要封路，难度很大。但马谡就相对轻松很多，他只需要封住路即可。

诸葛亮派马谡去守街亭是第一次北伐的转折点。诸葛亮为何派马谡去？因为马谡是知己是心腹，更是重点培养的接班人。诸葛亮与马谡为北伐大业共谋之历年，如今正是实现理想的关键时刻，身为亲信并参与策划的马谡自然要担当重任。

诸葛亮相信马谡能贯彻执行好他的方略。在诸葛亮看来，对经常提出奇谋妙策的参军马谡来说，只是封锁陇山道口并不难，而结果大家都知道。马谡是诸葛亮最信任的人，却令诸葛亮最失望。

首次北伐本来形势一片大好，却功亏一篑毁在马谡身上，这么说并不算过分。这次北伐是希望最大的一次，因为魏国上下都没有准备。而经过这次战役之后，魏国全面提升了防御等级，再想出其不意、攻其不备就难了。

马谡领命来守街亭也是踌躇满志很是激动，因为这是他初次领兵既紧张又激动，他也很想好好大干一场，但就是这个想法毁了他。

诸葛亮用兵素来谨慎，他知道马谡经验不足，所以分给他的任务难度并不大，只需守住街亭，为大军攻取陇右争取足够的时间就是大功一件。

但马谡犯了一个致命的错误，赶到街亭后，他没有据城防守,反而把部队拉到了山上。街亭是有城的,诸葛亮的本意就是让马谡进城,因为当时攻城的办法不多,只要防御得当,守上十天半月不成问题,这个时间汉军可能就会实现对陇右的完全占领。再之后,即使张郃突破街亭,汉军也可以腾出手集中兵力应战。

马谡舍水上山,才有街亭之败。副将王平久经战阵,经验丰富,极力劝阻,马谡却刚愎自用,一意孤行,铸成大错。

马谡率部放弃街亭城登上附近的南山。所谓南山并非因在街亭之南而得名,相反它在街亭的北面,之所以叫南山是因为它处在陇山山脉的最南端。

占据南山居高视下,确实可得地利,两军相遇,抢占制高点甚至是领兵大将的本能反应。但兵书战策必须根据实际情况灵活运用,马谡的兵书肯定读过不少,理论水平很高,辩论起来,识字不超过十个的王平铁定是说不过他的,但王平的实践经验要比马谡多。理论来自实践。王平很快就发现了南山的弱点,那就是缺乏水源。

而因为马谡放弃现有的城池选择上山,还要重新构筑工事,即史书上说的"举措烦扰",这就浪费了本就宝贵的时间。张郃的行军速度相当的快。从洛阳到街亭一千四百里,张郃的部队只用了不到三十天,几乎是正常行军速度的一半,但这么快也有问题。虽然魏军骑兵很多,但五万人里面大部分还是步兵。急行军提高了速度,但也造成很多人追不上部队。张郃带到街亭的只是少数前锋。

马谡之所以把部队带到山上,是想占据地利来一次自上而下的势不可挡的冲锋,一举击溃魏军。相似的场景在十年前曾经出现过。是的，马谡想复制定军山之战，效法当年黄忠阵斩夏侯渊，可是他不是黄忠，张郃也不是夏侯渊。只能说马谡真的太急于立功了。

可是，张郃根本不给马谡冲锋的机会。老将张郃率军赶到街亭，很快他就发现了马谡布阵的漏洞：占据南山虽然抢占了制高点，但是山上缺水。

张郃将南山围了起来却不进攻，只是切断了山上汉军的水源。这下轮到马谡慌乱了。

原本可以坚守一月的街亭，马谡一天就丢了。街亭丢失意味着魏军援助陇右的通道就此打开，此后魏军的援兵会从这里源源不断开进陇右战场。

自以为聪明的马谡其实未领会诸葛亮让他守街亭的意义。诸葛亮不是想要一场定军山大捷，他只是希望马谡能堵住街亭，尽量拖住魏军。

胜负的关键在于时间，守卫街亭是为攻占陇右争取机会。张郃率领的只是少量先锋部队，只要指挥得当是可以挡住的。街亭之战最重要的拖延时间，不是一定要守住街亭。因为随着时间的推移，魏军的增援部队会陆续赶到，当魏军占据兵力优势时，马谡不管怎么守都挡不住，但只要守的时间足够长，只要在这期间，汉军攻下整个陇右，即使魏军突破街亭防线，胜利依然是汉军的。

但街亭的迅速失守令战局急转直下，魏军援兵持续从陇山道口涌入，尚在陇西、广魏两郡攻城的汉军将面临腹背受敌的局面，兵力不占优势且极度分散的汉军已经处于危险之中。为避免更大的损失，诸葛亮只得下令全军向汉中撤退。

大军退回汉中，对此次挫败负有主要责任的马谡自然是罪责难逃。

诸葛亮军纪严明，执法如山，马谡虽为亲信，但违背军令以致军败也不得不杀，军法无情，军令如山。

诸葛亮下令将马谡斩首。

行刑之日，十万之众为之垂涕。对马谡的死，历来颇多争议，诸葛亮想不想杀，不想，因为大家都知道，诸葛亮是挥泪斩马谡。

流泪是因为痛惜，马谡是人才，能与诸葛亮自昼达夜谈论军计的自然非等闲之辈，而众所周知，蜀汉地处西南，人才本来就少。

诸葛亮的另一位心腹部下蒋琬就劝诸葛亮对马谡从轻发落，令其戴罪立功。蒋琬给出的理由是当年晋楚城濮之战，楚国大将子玉战败被杀，晋文公听闻为之大喜。蒋琬说天下未定而杀智计之士，岂不可惜。诸葛亮流着泪回答："孙武所以能制胜天下，以其用法严明；今四海分裂，兵交方始，若复废法，何以讨贼！"

尽管有很多人为马谡求情，但诸葛亮不为所动。

其实，处死马谡，最心疼的人是诸葛亮。马谡是诸葛亮的左膀右臂，斩马谡，如折臂膀。

既然马谡是人才，又是心腹，还有这么多人为之求情，为何还要杀呢？再说胜败乃兵家之常事，如果打了败仗就要杀，那军中的战将十之八九都会被拉出去砍头。因为历史上百战百胜从未打过败仗的将军只有韩信等极少数人。很多人反对诸葛亮杀马谡的理由即源自于此。

但他们只知其一，不知其二。如果只是单纯的打败仗，确实不至于死罪。他们忽略了最重要的事实，据《三国志·诸葛亮传》及《三国志·王平传》载："谡违亮节度，举措烦扰，舍水上山，不下据城，大为郃所破。"

马谡违背军令在先，才有街亭之败。战场抗令，后果有多严重，不必多说。如果战胜还可将功抵罪。可是，抗令又打败了，战败造成的影响有多严重？三郡得而复失，首出祁山，功败垂成。这次兵败不是普通的败仗，已经对整个北伐全局产生负面影响。战场抗令，重大挫败，马谡罪责难逃。

诸葛亮在《街亭自贬疏》中写道："臣以弱才，叨窃非据，亲秉旄钺以厉三军，不能训章明法，临事而惧，至有街亭违命之阙，箕谷不戒之失，咎皆在臣授任无方。臣明不知人，恤事多暗，春秋责帅，臣职是当。请自贬三等，以督厥咎。"

诸葛亮身为三军主帅用人不当，这点诸葛亮并未回避，而是主动承担败军之责，请求自贬三等。朝廷贬诸葛亮为右将军，代行丞相职权。

诸葛亮在上疏中提到的"街亭违命之阙"显然是指马谡在街亭未服从战前部署而自作主张所说。与之前的"违亮节度"相互印证，进一步证明马谡未听从诸葛亮的作战指挥才导致街亭失守。

诸葛亮挥泪斩马谡，杀将军李盛、张休，夺将军黄袭兵权。王平是这次问责中少数未受处罚而得到晋升的将军。因为他在街亭之战全军溃败的危急时刻聚拢散兵敛众固守，才使张郃不敢进逼，汉军得以从容撤退，避免了更大的损失。战后，王平加拜参军，统五部兼当营事，进位讨寇将军，有赏有罚，赏罚严明。

诸葛亮在奏疏中所说的"箕谷不戒之失"指的是赵云在箕谷

的失利。赵云确在箕谷被曹真击败,然而,此战的胜利者却是赵云而非曹真。

直到主战场战事结束,曹真才击败赵云,但赵云早已出色完成了拖延曹真的任务。

因为必须清楚赵云此次的任务才能得出正确的结论。赵云所率的是偏师疑兵,目的就是拖住曹真诱其深入,减轻主战场的压力。这点赵云做得相当成功。因为在双方战事最激烈的时候,出现在战场上的只有陇右郭淮的魏军以及张郃率领的魏国中军援兵,全程看不到曹真及其部队的踪影。

马谡与赵云领受的任务都是拖住魏军。马谡负责拖住张郃,赵云负责拖住曹真。从效果上看,马谡不及格,而赵云是优秀。

在诸葛亮事后的处置上也能明显看出其中的区别:马谡部主将马谡被杀,部将杀的杀、贬的贬;赵云只是从镇东将军贬为镇军将军,至于部将邓芝则未受任何处分。

赵云失利只是因为兵弱敌强,然而赵云所部是各路中损失最小的。这点连诸葛亮都大感意外,为此特意问询邓芝。而邓芝的回答令诸葛亮对赵云的胆识将略更为欣赏。邓芝说军退之时赵云亲自殿后掩护全军撤退,这才平安归来。

赵云牵制曹真立有战功,箕谷失利只是表面小败,但毕竟还是败仗,所以只做象征性的处罚。

诸葛亮让赵云把军中余下的绢帛分赏将士,但赵云的反应令诸葛亮对其刮目相看。赵云的回答是,战事失利,不应再做赏赐,请将绢帛存入赤岸府库,待十月作为冬赐再赏不迟。

此举说明,赵云不但通兵略更懂政治,顾全大局。在全军失利,将领大部分受罚,将士普遍未获封赏的情况下,独赏赵云所部，势必引发友军的不满甚至嫉妒。赵云明明完成了任务，理应受赏，却不得不接受处罚已经很委屈，诸葛亮提出用绢帛赏赐赵云所部将士也是对赵云的一种补偿，更是对其在箕谷卓越表现的肯定。但诸葛亮也未想到，赵云竟如此顾大局，考虑周全。

在众将中，诸葛亮对赵云最为欣赏。刘备在时，赵云只是翊军将军。诸葛亮秉政后对赵云重点提拔，任命其为中护军统领京师宿卫部队，与此同时又晋升赵云为征南将军，封永昌亭侯，不久又升赵云为镇东将军，与镇北将军魏延平级。

首次北伐，赵云更是深受信任，自领一军独当一面。

赵云虽败犹胜。曹真虽胜犹败。

诸葛亮很想重用赵云。怎奈老将军第二年便因病去世，箕谷之战也成为常山赵子龙的最后一战。

曹魏方面，表现最差的就属曹真，全程被赵云牵着走，陷入被动却不自知。固守上邦的郭淮都比曹真强。而立功最大的自然是张郃。

在局势已定，汉军早已安全退往汉中后，大将军曹真才姗姗来迟，来到陇右抢夺"战果"。面对几乎是空城的陇右三郡，表演了一场接收大戏。表面上是曹真带兵收复三郡，实际上，三郡得失跟他一点儿关系都没有。曹真到陇右完全是办手续、走过场。

在这次战役中，曹真表面风光的背后其实丢尽了脸面。只有不知内情的小民才会觉得曹真春风得意，而参与战事的各级将领都心知肚明，心照不宣。

露脸还是丢人，没有比曹真本人更清楚的了。曹真中了诸葛亮的声东击西之计，如果不是郭淮坚守上邦，张郃突破街亭，陇右早已易主。

声东击西——佯攻陈仓实取二郡

诸葛亮第一次北伐最大的经验,也可以说是教训,并不是错用马谡去守街亭,而是过度分兵。军队一分为三,既要打援还要攻城,兵力严重不足。诸葛亮所能调动的用于北伐的机动兵力在六万左右,这个兵力,不论是攻城还是打援都不算多,更何况是分兵。

以诸葛亮的能力是可以做到攻城、打援兼顾的,但兵力过少,这才有街亭之败。即使不用马谡,换别人,不会输得这么快,但想击溃张郃难度也很大。

诸葛亮是善于总结经验教训的。第一次北伐之后,他充分认识到蜀汉兵力不足的这个弱点。此后,他的战略清晰而又明确,集中兵力先野战后攻城。先集中优势兵力在野战中围歼敌方的野战军主力,再从容不迫地去攻城。

如此既能在攻城的时候没有后顾之忧专心进攻,也可以狠狠打击守军的士气。在敌人失去外援又遭到汉军全力猛攻的情况下,陇右各城是守不了多久的。

此后的北伐,诸葛亮很少再分兵,而是集中兵力专找机会与魏军的主力决战。第四次、第五次北伐，这种战略已经十分明确。

诸葛亮第一次北伐的第二大经验，也可以说是教训，那就是尽可能亲自指挥，亲力亲为，而且尽可能靠前指挥。

诸葛亮是真正的军政全才。诸葛亮的治国才干在蜀汉首屈一指，这个不会有争议。但很多人忽略的是，其实，诸葛亮的军事才干也是能排第一的。这个是有争议的。

当时人普遍认为，蜀汉军事能力排第一的是刘备，第二是关羽。但其实，他们都错了。

蜀汉军事能力最强的是诸葛亮。

诸葛亮后来在对阵司马懿时，把对手打得连营门都不敢出，差点自闭就是明证。

有人说，司马懿只是想用防守拖垮补给线很长的汉军，不是怕诸葛亮。

这么认为是错的，司马懿的确是想用这招儿拖垮汉军，但这是最笨也是最丢脸的招数。

司马懿也是个狠人，在面对别的对手时，他从来都不防守。

很多人都忽略了，司马懿是进攻型选手，在遇上诸葛亮之前，他从来不守。在之后，与别的对手过招，他也不守。因为他的风格就是攻。

之所以，面对诸葛亮才摆出防守阵势，那是因为他真的在野战中打不过诸葛亮。防守只是被迫的选择，不是他想要守，而是不得不守。

诸葛亮的军事才能被忽视，只是因为，刘备在世时，诸葛亮缺少单独领兵的机会。

刘备认可的是诸葛亮的政治才干，但对诸葛亮的军事才能认识不清。他认为自己是蜀汉最能打的，但其实不是，诸葛亮才是蜀汉最优秀的军事统帅。

因此，蜀汉的真实军事水平排序，刘备、关羽的排名应该是在诸葛亮之后。当然，刘备跟关羽都是英雄也都很厉害，只不过，诸葛亮比他们更优秀而已。

建兴六年（228）九月，曹魏东线主帅曹休兴师十万主动向东吴发起攻击。曹吴新一轮大战随即开启。

曹休有渡江之志由来已久。曹丕三路伐吴时，曹休即有意横渡长江。曹休在洞口上书曹丕："愿将锐卒虎步江南，因敌取资，事必克捷，若其无臣，不须为念。"大意是，我就要率精兵猛将南下江东，将夺取敌人的辎重充当补给，此行必胜。如果我战死沙场，您也不必难过，不要为我伤心。

曹休的请战书写得慷慨壮烈，大有风萧萧兮易水寒，壮士一去兮不复还之意。弄得曹丕十分紧张，赶紧派人骑快马去阻止。因为当时虽三路进兵，但只有西路攻江陵的曹真、夏侯尚才是主攻。曹休的任务是助攻，却比主攻还积极。曹丕在的时候还能限制一下曹休。等魏主曹叡继位，已经控制不住这位前朝大将顾命大臣，只得准其所请。

按照传统，这次又是三路出兵，三路伐吴，目的当然是令东吴方面顾此失彼，增加胜率。不管是上次曹丕策划的，还是这次曹休主导的，说是三路其实是两路，因为可供大军攻击的路线只有两条：荆州方向司马懿由襄阳攻江陵；扬州方向曹休由寿春攻皖城。贾逵则负责攻击东关濡须口策应曹休。

鉴于扬州的曹休积极请战，魏主曹叡也不可能让他单打独斗，荆州的司马懿只能出动打配合。

说起来，曹休这次主动求战信心满满，原因在于他有"内线"，东吴鄱阳太守周鲂派人过江联络曹休，表示愿做内应，到时里应外合，一举扫平江东。

曹休亲率十万大军南下皖城准备接应周鲂。可当曹休领兵来到石亭时见到的却是全副武装、严阵以待的六万吴军。很明显，曹休上当了，中了吴人的诈降之计。

二十年前，曹操在赤壁遭遇黄盖诈降。二十年后，曹休在石亭被周鲂诈降。套路还是相同的套路，为何还会上当？

因为习惯性麻痹。当年曹操南下，降者络绎于途，久而久之，曹操就习以为常。曹休的情况也差不多，自从他坐镇东南，东吴方面来投降的兵将就未停过。吴将韩综、翟丹先后率众诣休降。吴将张婴、王崇也紧随其后率军降魏。面对接二连三的叛逃事件，孙权也害怕了："权恐将畏罪而亡，乃下令自今诸将有重罪三，然后议。"

为了止住投降风潮，也为了打击曹休减轻东线压力，孙权与周鲂又上演了一番苦肉计。

孙权故意频繁派人去责问周鲂，在东吴这是一个严肃的政治信号，表明这个人即将被政治审查，后来的陆逊就是这么被逼死的。

周鲂为向孙权的使者表示服罪，剪下头发明志，古人讲身体发肤受之父母，剪发在当时也是很重的处罚。当然，曹休也很快就知道了此事，对周鲂的投降更加深信不疑。东吴在玩苦肉计搞诈降方面确实很有一套，这点曹魏跟蜀汉确实比不上，因为脸皮不够厚。

《三国演义》在写这个故事时用的题目就叫"周鲂断发赚曹休"。东吴设计诈降的目的不仅仅是要算计曹休，还想以假乱真阻止投降风潮，要是人都跑到北边去，孙权可就成光杆司令了。与其被动接招，不如主动发招。

　　深入敌后又中敌人诈降之计的曹休却异常镇定并不慌乱。

　　一来魏军素来看不起吴军，打陆战魏军极具心理优势。只要在陆地上打仗，魏军就从未怵过东吴。魏军上下对与吴兵陆战都充满信心。士兵的自信也影响到统帅，曹休也未将东吴放在眼里。

　　二来是魏军兵力上占据优势。曹休带来的可是十万大军。对面只有六万，且北方士兵的战斗力历代以来都强于南方士兵。即使是以少战多，北方人也不会害怕，更何况还有近两倍的人数优势。

　　但曹休为他的轻敌付出了代价。因为他的对手是陆逊，并且对方还是蓄谋已久，有备而来。

　　虽然曹休的指挥水平差劲能力低下，但对付江东那些人还是绰绰有余。即使对面是陆逊，正面对抗，曹休也未必会输。但江东的路数从来都喜欢用暗箭不用明枪，因为明枪打不过。

　　陆逊对曹休用的是伏击，还是三面夹击，伏击叠加夹击，加上魏军深入敌后行军疲惫，东吴又是以逸待劳，这才让陆逊占了点便宜。

　　曹休十万大军中伏又被围攻，全军溃散，被吴兵追杀，死伤万余。即便如此，魏军的损失也只有总兵力的十分之一，主力尚存。幸亏贾逵率援兵及时赶到，虚设旗帜以为疑兵。吴军遥见，望风崩溃。

九月，曹休兵败归来上表请罪。魏主曹叡以曹休宗室贵戚又是辅政大臣不予追究。但经此大败，曹休羞愤难当，不久即抑郁而终。

十一月，石亭大战的消息传到汉中。诸葛亮当即上表后主刘禅请求再次北伐。此时距前次出兵不过一年，朝中大臣多有疑虑，很明显是因之前的挫败信心不足。为此，诸葛亮又写下一篇出师表回应多方质疑，言明北伐的必要性及紧迫性，即《后出师表》：

先帝深虑以汉、贼不两立，王业不偏安，故托臣以讨贼。以先帝之明，量臣之才，固当知臣伐贼，才弱敌强也。然不伐贼，王业亦亡。惟坐而待亡，孰与伐之？是故托臣而弗疑也。臣受命之日，寝不安席，食不甘味。思惟北征，宜先入南，故五月渡泸，深入不毛，并日而食；臣非不自惜也，顾王业不可偏安于蜀都，故冒危难，以奉先帝之遗意也，而议者谓为非计。今贼适疲于西，又务于东，兵法乘劳，此进趋之时也。谨陈其事如左：

高帝明并日月，谋臣渊深，然涉险被创，危然后安。今陛下未及高帝，谋臣不如良、平，而欲以长策取胜，坐定天下，此臣之未解一也。

刘繇、王朗各据州郡，论安言计，动引圣人，群疑满腹，众难塞胸，今岁不战，明年不征，使孙策坐大，遂并江东，此臣之未解二也。

曹操智计，殊绝于人，其用兵也，仿佛孙、吴，然困于南阳，险于乌巢，危于祁连，逼于黎阳，几败北山，殆死潼关，然后伪定一时耳。况臣才弱，而欲以不危而定之，此臣之未解三也。

曹操五攻昌霸不下，四越巢湖不成，任用李服而李服图之，委夏侯而夏侯败亡。先帝每称操为能，犹有此失，况臣驽下，何能必胜？此臣之未解四也。

自臣到汉中，中间期年耳，然丧赵云、阳群、马玉、阎芝、丁立、白寿、刘郃、邓铜等及曲长、屯将七十余人，突将、无前、賨叟、青羌、散骑、武骑一千馀人，皆数十年之内所纠合四方之精锐，非一州之所有；若复数年，则损三分之二，当何以图敌？此臣之未解五也。

今民穷兵疲，而事不可息；事不可息，则住与行劳费正等。而不及今图之，欲以一州之地，与贼持久，此臣之未解六也。

夫难平者，事也，昔先帝败军于楚，当此时，曹操拊手，谓天下已定。然后先帝东连吴越，西取巴蜀，举兵北征，夏侯授首，此操之失计，而汉事将成也。然后吴更违盟，关羽毁败，秭归蹉跌，曹丕称帝。凡事如是，难可逆见。臣鞠躬尽力，死而后已。至于成败利钝，非臣之明所能逆睹也。

诸葛亮开篇明义：汉贼不两立，王业不偏安。我们与曹魏，二者只能存其一。我们继承的是汉朝正朔，北伐是使命是立国之本。所以，先帝才将讨伐汉贼、兴复汉室的重任交给微臣。

自受命以来，臣不敢懈怠，唯恐辜负先帝重托。臣甘冒风险深入南方平定叛乱，又出兵北伐，为的是复兴汉朝。如今敌人东西难以兼顾，疲惫不堪，正是进兵的大好良机。

当年刘繇、王朗安于现状不思进取，贪图安逸，结果如何呢？坐视孙策壮大反而为其所并。诸葛亮列举刘繇、王朗就是为了告诉那些保守大臣，贪图安逸、不思进取的结果就是被人兼并，只有北伐才是正确的方向。

诸葛亮接着说，曹操用兵向来为人所称道，连先帝都称曹操为能。然而，曹操也历经多次挫败，五攻昌霸不下，四越巢湖不成，任用李服而李服图之，委夏侯而夏侯败亡。曹操尚且如此，更何况是微臣？诸葛亮这是告诉众人，通往成功的道路注定是充满挫折的，不可能一帆风顺，要做好进行长期艰苦战争的准备。

然后，诸葛亮十分痛心地说，精兵良将随着岁月的流逝日渐凋零，人才的损失超出想象，这些人都是四方的精锐，仅靠益州是难以补充的。等到这些精锐损失殆尽，靠谁去北伐？时不我待，北伐中原刻不容缓。

诸葛亮又说，我们国家仅有益州一州之地，曹魏窃据中原占有九州。仅靠益州是不可能长期与敌人对抗下去的。所以，北伐是必须的。

最后，诸葛亮说，我的能力有限，但我会竭尽全力，至死方休。至于能不能成功，这就不是臣所能预料的了。

十二月，诸葛亮率军走陈仓道出散关来攻陈仓。

此次出兵陈仓，诸葛亮有两个目的，一是以实际行动支持东吴，表明联盟抗魏的诚意，减轻东吴方面的压力；二是吸引关陇魏军的注意。

这次出兵从头到尾，诸葛亮都没有夺取陈仓的打算。因为只取陈仓并没有实际意义，这里是关中与陇右的接合部，陈仓孤城又远离汉中大本营。攻下陈仓反而容易陷入关中与陇右魏军的东西夹攻。

诸葛亮的确很重视陈仓，但诸葛亮看重陈仓，是因为夺取陈仓可以断陇,将关中与陇右分割,从而各个击破。攻下陈仓封锁陇道是夺取陇右的前提,但问题是,这次诸葛亮出兵陈仓的同时并未派兵去陇右,那封住陇道也就不具备军事价值。所以,诸葛亮的二次北伐进攻陈仓只是佯攻,目的只是吸引魏军,引出陇右魏军向东增援,调动荆州魏军向北救援。

因为此时诸葛亮的对手司马懿跟张郃都在荆州,他们留在荆州当然是要攻江陵。本来曹休与司马懿应该同时出兵,加上贾逵那路的助攻,还是三路伐吴的老战术,但不知曹休是求战心切还是急于抢功,先行出发不等司马懿,连贾逵都被甩在后面,结果三路变一路,却被东吴三路围攻。直到曹休兵败,石亭大战结束也未见司马懿有所行动。

司马懿为何迟迟不出兵呢?也是曹魏的老战术,他在等冬天,因为冬天水位下降,东吴的传统优势项目水军的作战将受到极大限制,从曹操到曹丕再到司马懿,一直都在延续秋冬伐吴的老习惯。

东吴虽然取得石亭之战的胜利,解除了扬州方向的压力,但在荆州方面,东吴仍然承受着巨大的压力。因为在与司马懿的对战中,他们几乎未赢过。

诸葛亮的汉军突然出现在陈仓,立即引起魏国的高度紧张,有了上次的教训,他们不敢怠慢,立刻将张郃从荆州召回洛阳,并将中军三万交给张郃统领去救陈仓。

魏主曹叡亲自给张郃送行。曹叡问张郃:"将军看在援兵抵达之前,诸葛亮能攻下陈仓吗?"张郃不愧是久经沙场的老将,根据诸葛亮出兵的日期,他推算出这次汉军出兵仓促准备不足,携带的粮食不会多,在缺乏补给的情况下,最多只能维持二十多天。

于是，张郃对魏主曹叡说："等臣赶到，诸葛亮恐怕早已退走。"事情果如张郃所料，待他赶到，汉军已经退去很久。

魏将王双不知死活竟敢率兵追赶，结果中了埋伏，被汉军斩杀。汉军从容退去，第二次北伐也随之结束。这是蜀人陈寿《三国志》的版本。

但在魏人鱼豢的《魏略》里却记载着另一个版本。

说起陈仓之战，不得不提魏国陈仓守将郝昭。因为他"守住"了陈仓，郝昭也因此被曹魏方面大肆吹捧。记载郝昭陈仓之战最详尽的是《魏略》。这本书写诸葛亮以云梯冲车攻城。郝昭用火箭射梯，以绳连石磨压制冲车。诸葛亮又以土丸填堑欲攀城直上，郝昭在内筑重墙。诸葛亮派人挖地道，郝昭在城内穿地横挖深沟，双方昼夜相攻拒二十余日，汉军攻城不下，退走。整个过程写得颇为生动，画面感极强，比小说还精彩，准确地说，《魏略》写的郝昭守陈仓就是小说，因为全程靠想象，通篇都在胡说八道。

诸葛亮是在十一月得知石亭大战的消息后才上表出兵的，历时一月，于十二月赶到陈仓，因为全程急行军，连粮食带得都很少，更不用说携带如云梯冲车这类大型的攻城器械了。

汉军在陈仓只停留二十余日，这点时间勉强够修攻城器械，但昼夜攻守肯定是谈不上的。

《魏略》是魏国郎中鱼豢私人撰述。这部书在记载魏国本国历史的时候还算靠谱，但只要涉及吴蜀就是另一股画风。在得不到确实史料的情况下，便脑洞大开用脑补编故事的方式来记述历史。这种极不严肃的行为就连引用《魏略》为《三国志》做注的裴松之都看不下去了。

《魏略》记载蜀汉最胡扯的当属关于刘禅身世的记述。据《魏略》说，刘禅是刘备在小沛所生。刘备在徐州被曹操击败，刘备父子失散。刘禅后被人拐卖去汉中，还是被张鲁发现被送还刘备。这就相当胡扯了。

刘禅建安十二年（207）才出生，一年后被赵云保护安全撤到江夏，从未与刘备失散。这事儿记载明确，《三国志·后主传》《三国志·诸葛亮传》都可为证。裴松之在列举这条史料后面专门写下一条评论：此《魏略》之妄说。

引发争议的子午谷奇谋的详细记述也出自《魏略》。《三国志·魏延传》只说魏延有意与诸葛亮分道进兵，也未说过出子午谷十日可到长安，更未说一战定关中的豪言。

郝昭守陈仓的"战斗经过"带有明显的《魏略》风格。

策应东吴的目的达成后，诸葛亮即率军撤离陈仓，但并未回汉中。

建兴七年（229）春正月，大将陈式奉诸葛亮之命率军西出进攻陇右的武都、阴平二郡。而此时关陇魏军的注意力都被吸引到东面的陈仓，在二郡的兵力空虚。汉军趁势而入，顺利攻取武都、阴平。

诸葛亮东出陈仓的真实目的也由此揭晓。这又是一次漂亮的声东击西。

诸葛亮明为取陈仓，实为夺二郡。二次北伐攻陈仓是为三次北伐取武都、阴平做掩护，甚至可以说这两次北伐其实是一次，不过是分成两步走。

而诸葛亮的目标还远不止于此。魏国雍州刺史郭淮听说陈式来取武都、阴平，立刻率兵去救，但在去救援的路上，他遇见了诸葛亮。

原来诸葛亮从陈仓道撤军未回汉中，而是再度强行军一千里转入祁山道，为的就是阻击魏军的援兵。诸葛亮在祁山道的建威严阵以待，只等魏军上来厮杀。

郭淮见是诸葛亮亲自带兵就知道汉军是有备而来。郭淮自知不是对手知难而退，狼狈撤走。

来救武都、阴平的魏军只有郭淮部，因为曹真的主力部队都被他派部将费曜领着去救陈仓了。张郃率领的魏军中军也去了陈仓。

诸葛亮的第二次声东击西比第一次效果还好，而最郁闷的就要数曹真了。

第一次中计被骗去褒斜道与赵云玩捉迷藏；第二次中计被骗去陈仓，结果连汉军的影子也未见到。

更令曹真难堪的是，诸葛亮两次用的都是相同的计策，而曹真两次掉进同一个坑里，不郁闷是不可能的。正因为被坑得够惨，恼羞成怒的曹真才会在陈仓之役的第二年不顾众人劝阻，不理会群臣反对，执意要进兵汉中，谁都劝不住，因为他要挽回颜面。

第一次中计，魏国为保住曹真的脸面特意叫他去天水、安定、南安搞接收，谁都知道那里已经没有正规军，谁去都能拿下，派曹真去就是给他个台阶下。

第二次中计，大家都知道郝昭那个"战功"充满水分，但也都很懂事地选择看破不说破，给曹真遮羞。

魏国还刻意宣传说是曹真早就预料到诸葛亮第二次北伐一定

会去陈仓,所以才派大将郝昭去守陈仓。

如果只听魏国的一面之词,还真以为是曹真预判精准,郝昭守卫得当,诸葛亮二次北伐被击退。

至今仍有很多人对魏国的单方面宣传深信不疑。这些人会上当还是因为未仔细研究,未看地图。

然而,武都、阴平失守,诸葛亮再次出现在建威,逼退郭淮,所有的谎言都被揭穿。

魏国的宣传不攻自破,那些刚刚还在吹嘘的人更是被狠狠打脸。被打脸最狠的当然是大将军曹真,脸都被打肿了。

两次惨重的失败硬生生被宣传成两次"大捷",但只有曹真自己清楚,所谓的大捷是何等成色。曹真表面风光的背后是难以言说的苦楚。

曹真在这场战役中的表现可以用四个字评价——呆若木鸡。全程被动、反应迟钝的曹真根本不是诸葛亮的对手。曹真不仅未做到战前的精准预判,甚至在战斗打响后,连诸葛亮的主攻方向都弄不清楚。

两次战役,魏军在关陇的最高指挥官大将军曹真却都不在主战场,街亭之战、陈仓之战,他都不在。两次战斗,两次跑偏走错战场,两次都是张郃给他擦屁股。明明曹真才是关陇战场的主角,却被张郃抢了风头。

诸葛亮率领的汉军在两三个月的时间里,长途奔袭,从陈仓道到祁山道,以步兵转战两千里,先后出现在两个战场,进退自如,始终占据上风,全程掌握主动。

诸葛亮在这次北伐中更是将声东击西之计发挥到极致,为弥补兵力上的不足,他本人率领的汉军既是声东诱敌的主力军,也是击西攻击二郡的生力军。一军分饰二角,且场场获胜。仅靠步兵即完成千里战场的奔袭转战,足以说明汉军的训练有素及诸葛亮的治军之才。

第二次的战场陈仓以及第三次的战场陇右的武都、阴平,都是诸葛亮选定的。

诸葛亮率军走陈仓道出散关攻陈仓。陈式领兵走祁山道攻武都、阴平。汉军的所有部署都经过诸葛亮的精心策划。

既然击西的陈式要走祁山道去陇右,那么声东的诸葛亮就要穿越秦岭去关中。只有如此才能声东击西。

从汉中去关中有四条路,从西向东依次是陈仓道、褒斜道、傥骆道、子午道。傥骆道与子午道距长安过近,又距目标武都阴平过远,不选。褒斜道在第一次北伐时被赵云放火烧毁百余里,道路不通,不选。陈仓道虽然在四条路中最远,长达千里,但道路相对平坦适合大部队行军,而且这里距陇右最近。

因为诸葛亮率领的主力汉军在短时间内既要声东也要击西,必须尽可能缩短行军路线,所以,陈仓道是最好的选择。即便如此,诸葛亮率军从陈仓道转入祁山道也前后行军两千里。

武都、阴平东接汉中南屏巴蜀,二郡与汉中同为蜀中门户,地位也相近,都是北伐的前进基地,也都是防御外敌的重要关口。

从武都、阴平南下可不经过汉中直入蜀地。当年马超投奔刘备即是从武都入蜀,马超、张飞配合刘备取汉中也是从武都北上包抄曹军侧翼。后来邓艾也是从阴平入蜀。

汉军得胜班师,收到捷报的后主刘禅立即恢复了诸葛亮的丞相之职。

安居平三路——汉军的攻势防御

四月,从东吴传来消息,孙权在武昌称帝。汉魏吴三国鼎立的局面在形式上正式确立。孙权称帝并不意外,这么久才称帝才让人意外。九年前曹丕就篡汉称帝,八年前刘备也称帝了。

孙权为何迟迟不肯称帝,是他不愿意吗?当然不是,不是他不想,而是不敢。

东吴群臣见曹丕、刘备先后称帝,都觉得皇帝轮流做,今年也该到江东了。东吴群臣也想攀龙附凤,于是纷纷劝进,可是孙权就是不答应,大家以为孙权是在演戏。他们做得还不够,便轮番上阵,搞得孙权实在受不了,不得不说实话了。

夷陵之战后,蜀汉两面受敌,强敌环伺。其实,东吴也好不到哪儿去,处境也很难甚至更被动。孙权跟刘备、曹丕闹翻后,既要防蜀汉也要防曹魏。用孙权自己的话说:"二处受敌,于孤为剧,故自抑按。"

孙权对群臣说,不是我不想当皇帝,而是一旦我称帝,魏蜀两方都要来打我们。他们一起上的话,我们可是招架不住的。

曹丕就特别喜欢虐孙权,在位仅六年却对东吴发动了三次大规模进攻。持续的攻击搞得孙权焦头烂额,他哪还有心思称帝。

魏主曹叡继位,曹休又率军十万南下。孙权片刻不得闲。魏国频频南下进攻东吴,在此期间却一次也不曾攻击蜀汉。

曹魏如此"厚此薄彼"也是有原因的。说起来也很简单,交通便利。进攻蜀汉要翻山越岭走数百里山路,道阻且长,汉军只需凭险据守就可以很轻松地将其挡在外面。

但东吴正好相反,魏军从荆州、襄阳攻江陵,从扬州、合肥攻濡须口都是通衢大道,还可以走水路,不仅速度快,补给还很方便。

魏军对东吴经常是一言不合就开打,因为实在是过于便利。

东吴夺取荆州后不得不常年在荆州与扬州两个方向配置重兵沿江布防,繁重的兵役徭役导致民怨沸腾。孙权不得不依靠严刑峻法进行镇压,而这只能招来更激烈的反抗。

内忧外患之下,孙权自然不敢轻易称帝。但石亭大战之后,形势变了,东线的威胁暂时解除;而诸葛亮兵出陈仓牵制荆州魏军减轻了东吴在西线的威胁,这让孙权认识到蜀汉是可靠的盟友,意味着可以放下对蜀汉的戒备。

外部环境安全了,孙权才敢称帝。孙权称帝后立即派出使者通报蜀汉,希望得到蜀汉的认可。

孙权这下给蜀汉出了一个不大不小的难题。蜀汉继承汉朝正朔,蜀汉皇帝才是天子。孙权妄自称帝属于僭逆,这点蜀汉很难接受。

果然,蜀汉的朝堂上一片反对声音,但诸葛亮力排众议,接受了东吴提出的二帝并尊的提议。诸葛亮对群臣说,北伐需要江东配合牵制曹魏。孙权有悖逆之心由来已久,如果拒绝,当然可以，但两国关系便很难改善，更不可能相互信任。如此一来，国家就要增加在永安一线的兵力加以防备。两国甚至有可能因此兵戎相见，而江东非朝夕可平，若迁延日久势必影响北伐大计。

诸葛亮的言下之意很明确，国家的首要目标是北伐，而北伐必须要有孙权从东线配合，东西合力才能更快击败汉贼曹魏，承认孙权，二帝并尊，不过是权宜之计，也是不得已而为之。

诸葛亮是正统观念极强的人，能做到这些也是很不容易的。通过此事可以看出，诸葛亮是个既有理想也很务实的政治家。

但要说服群臣也非易事，有人说孙权满足于三国鼎立，如今志得意满，只求限江自保，恐怕很难与之并力，不如拒之。

诸葛亮说孙权并非不想渡江，只是他的智慧能力不足罢了。孙权不能过江北上就如同魏军不敢渡江南下，不是他们不想，只是因为做不到。

不是孙权不想北伐，只是实力不允许。

只要我军北伐，孙权看到有机可乘也会出兵，可以开疆拓土，难道他会不想？即便他确有苟且偷安之意，不思进取坐守江东。只要两国和睦，我们不再有东顾之忧，可以全力北伐，于我国亦为有利。

在诸葛亮力主之下，蜀汉同意二帝并尊，同时派卫尉陈震出使东吴。孙权本心存忐忑，担心为汉所拒，得知汉使到来，喜出望外。于是，两国重申盟好，约定中分天下，豫州、青州、徐州、幽州属吴，兖州、冀州、并州、凉州属汉。

九月，两国既已联盟，孙权也不再顾虑，将都城重新迁往建业。迁都意味着战略重心的东移，孙权令陆逊留守武昌，自己则返回建业。

十二月，诸葛亮将自己在汉中的中军大营从汉水北岸的沔阳移到南岸的定军山。这么做是为了对可能发生的战事做准备。将大本营放在南岸，即使敌人突破汉中的外围防线，汉军依然可以依托汉水防守。

经过三次北伐战役，实际上是两次，曹真肯定会进行报复。诸葛亮思维缜密、思虑周详，体现在防御上就是不给敌人任何可乘之机。

为此，诸葛亮将大本营南移的同时又在汉中盆地的东西各建一座新城留兵驻守，西面的叫汉城，东面的叫乐城。

魏国南下攻蜀有六条路线可选：从西向东分别是祁山道、陈仓道、褒斜道、傥骆道、子午道、从东三郡朔汉水而上的水路。

两座新城各对应三个方向，其中，汉城守卫祁山道、陈仓道、褒斜道，乐城守护傥骆道、子午道、从东三郡朔汉水而上的水路。

汉城与乐城也在汉水南岸，并不直接控制各处谷口。封锁祁山道、陈仓道进入汉中盆地的关口是著名的阳平关。封锁傥骆道的是兴势山。封锁子午道的则是黄金戍。

汉城、乐城是各处关口的后援，补给基地与集结屯兵之处，一旦前方有警可以及时派兵过去堵口救援。

建兴八年（230），曹真到洛阳朝觐，被晋升为大司马接替死去的曹休。曹真还受赐剑履上朝、入朝不趋。他是第四个获得这个待遇的大臣，之前的三个人分别是萧何、董卓、曹操。

曹真为挽回颜面当即向魏主曹叡提出要取道斜谷出兵伐蜀。对这位宗室重臣的请求，魏主曹叡只得同意。但另一位辅政大臣也是唯一的一个纯文官陈群表示反对，他反对的理由也很充分。

安居平三路——汉军的攻势防御

陈群劝谏说:"当初太祖(曹操)征汉中攻张鲁于阳平关,收汉中豆麦补充军粮,张鲁尚未降服而军中已然乏粮。今前有蜀兵据险而守,难以因粮于敌,且斜谷道路阻险,转运艰难,还应从长计议。"

曹叡听了也觉得有道理。曹真听说后再次上表,陈群不是说斜谷不好走吗?那行,我改道从子午道进兵。陈群知道后又提出反对意见,曹叡直接把陈群的奏疏拿给曹真看,但急于报仇的曹真这次连看都不看,执意出兵。曹叡也只得随他去了。曹真之所以这么"任性",还是因为之前被汉军坑得太惨所致。但曹真不会想到,他的一意孤行强要出兵招来的是更大的羞辱。

八月,魏军兵分三路大举攻蜀。大司马曹真由子午谷入;大将军司马懿溯汉水而上由西城入;车骑将军张郃由斜谷入,三路并进。

对此,诸葛亮早有准备,已经等待多时,亲统汉军主力驻于城固县的赤坂。魏军虽三路进兵但只有两路是主力,分别是走子午谷的曹真与从东三郡西进的司马懿。

这两路魏军想进汉中,赤坂是他们的必经之地。所以,丞相率汉军在此以逸待劳,只等魏军前来厮杀。

与此同时,为加强兵力,诸葛亮令骠骑将军李严率兵两万北上驰援汉中,以李严之子李丰为江州都督接替其职。

诸葛亮的高瞻远瞩、未雨绸缪在此时大放异彩,正因为一年前变通从权,二帝并尊,才实现蜀汉与东吴的政治同盟与军事互信。汉军也才能从东线的永安抽调兵力支援北线的汉中。

再说曹真兴冲冲领兵一头扎进子午谷的崇山峻岭,然而,很快他就体会到了当年曹操征汉中的痛苦。

子午道不仅路途遥远而且极不好走,更倒霉的是进入谷道不久,就迎来大雨,而且还是下个没完的连绵秋雨。连续三十余日的大雨令魏军士兵苦不堪言,汉中地处西北,平日降水并不多,这种情况极其少见,偏偏被曹真赶上了。只能说,曹真的运气真是"太好了"。

大雨使得魏军衣甲尽毁,更要命的是谷中栈道也被雨水冲毁多处。曹真的大军在子午谷冒雨行军三十余日才走完一半路程。

照这么走下去,大军就算能抵达汉中,还能有多少战斗力真的很难说。此时的曹真可谓尴尬至极进退两难,当初不顾元老重臣的反对高调进兵,如今困在山间谷地,忍受凄风苦雨,还有三军将士的抱怨,曹真这次真是欲哭无泪。要是不取得点战绩就这么回去,自己的面子往哪搁,可是眼前的形势,不要说攻进汉中,就是安全撤回长安都不容易。

而此时曹真的前锋军已经进至汉中的外围防线兴势山,这也是本次子午谷之役中魏军推进最远的部队。担任大司马曹真先锋的是偏将军夏侯霸。

十一年前,夏侯霸的父亲夏侯渊就战死在汉中,身系杀父之仇,心怀切齿之恨,夏侯霸常欲报仇,积极求战,所以曹真才选他做先锋。一个为报父仇,一个为雪前耻,这次入蜀,就只有夏侯霸与曹真是真想干事,剩下的要么如张郃出工不出力,要么如司马懿应付差事。

这次战役是曹真发起并由其主导的,司马懿跟张郃两路只是起配合作用。而这俩人也真是领会精神,说配合就真的只是配合,一点儿抢功劳出风头的意思都没有。反正打赢功劳肯定是曹真的,打输还得背锅,那不如就沿途看看风景,就当公费旅游了。

司马懿好歹还转了一圈。张郃干脆就消失了，从开始到结束都不见他的消息。当然，他也有他的理由，张郃走的褒斜道其中的栈道前年被赵云放火烧毁上百里，魏军只能边行军边修路，速度肯定是快不起来。

张郃更是一点儿也不着急，一改往日奔袭街亭的闪电速度，慢悠悠地走，反正有大把时光，何必焦虑。

张郃跟司马懿有这么好的心态也是有资本的。张郃之前在街亭之战、救援陈仓两次军事行动中已经赚足了军功。

司马懿在荆州大功未建，但小功就从来没停过，就算他不想立功，对面又菜又爱玩的东吴将领也会主动跑来送人头。而司马懿在遇到诸葛亮之前，属于逮谁揍谁，怎么打怎么赢的存在。

真正愿意为曹真尽力的只有他的先锋夏侯霸。可就是这个夏侯霸差点重蹈他爹夏侯渊的覆辙。

夏侯霸进到兴势汉军外围防线后，并未急于进攻，可能是兵力不足，也可能是在等待后面的大部队，反正就是未采取行动。夏侯霸未动，但汉军行动了。

一天夜里，汉军对魏军营地发动夜袭，冲入魏军大营。战斗激烈时，夏侯霸亲自带人与汉军近战肉搏。在汉军的围攻下，眼看夏侯霸就要坚持不住，这时魏军援兵及时赶到，夏侯霸才捡回一条命。兴势之战也是整场战役中发生的唯一一次战斗。

此战过后，不论是前线将领还是普通士兵乃至后方朝臣都认识到，这仗不能再打下去了，必须尽快撤兵。

王朗之子散骑常侍王肃上疏说："千里馈粮，士有饥色，樵苏后爨，师不宿饱，这还是平地坦途行军；如今大司马率军深入阻险，凿路而前，辛苦倍之，今又加之霖雨，山坂路滑，听闻大军进谷已有一月而行程才将近半，沿途治道，战士劳苦。敌以逸待劳，而我疲劳已极，此兵家之大忌。"太尉华歆等人也纷纷进言主张撤军。这么多人反对，魏主曹叡不得不认真对待。

事到如今，还在坚持的也就只有这次战役的发起者大司马曹真了。

众意难违，九月，魏主曹叡下诏令曹真班师。曹真尽管心有不甘，但也只能悻悻退兵。

诸葛亮的汉军全程未动，而曹真的魏军却早已疲惫不堪。

本想露脸，却丢人现眼，极度郁闷的曹真回到洛阳不久便抑郁而死。

曹魏的两个宗室重臣，曹休与陆逊石亭大战大败而归，羞愧难言，抑郁而终。曹真两次中诸葛亮声东击西之计，本欲攻蜀立军功雪前耻，却连遭败绩，郁闷而亡。

卤城之战——诸葛亮与司马懿的主力会战

建兴九年（231）春，汉丞相诸葛亮率军从汉中出发开始第四次北伐，目标仍是陇右。这次不再声东击西，而是长驱直进。

诸葛亮知道陇右魏军已有准备，也知道长安乃至洛阳的魏军得知消息会来增援。但诸葛亮并不担心，这次他要围城打援。

围城是真，打援也是真。

准确地说，诸葛亮围的不是城而是山，祁山。即《三国演义》说的"六出祁山"的祁山。其实，诸葛亮一共只进行了五次北伐，而出祁山也只有两次。首次北伐出的就是祁山，这次是第二次。

因通俗小说《三国演义》的流行普及，"六出祁山"已经成为诸葛亮北伐的标志性说法。说到北伐，很多人第一时间想到的就是"六出祁山"。

北伐为何一定要先取祁山？因为北伐的首要目标是陇右，而去陇右走的是祁山道。

北伐军从汉中出发沿祁山道向西北而行，走的也是山间谷地，祁山道两侧群山绵延，走出北口就是陇右腹地天水郡姜维的故乡。而祁山就在北面出口上，占据祁山的制高点可以有效控制祁山道。祁山是连通汉中与陇右通道的重要堡垒。

控制交通线的关城是兵家必争之地。首次北伐，诸葛亮为何派马谡去守街亭，因为街亭是连接陇右与关中的陇山道上的重要关口。诸葛亮为何要攻上邽，因为上邽是连通陇右与关中的陈仓渭水道的重要关城。

控制一个地区首先就是要控制住这个地区的交通枢纽。占领这些要地就能从战略上占据主动，进可攻，保证进兵通道及补给线的畅通；退可守，防止守敌外逃并堵住敌人援军的增援路线。

祁山就是祁山道上的街亭、上邽。

祁山的重要性还不止于此，诸葛亮选择兵出祁山还因为这里有水道可资利用。西汉水与祁山道在大部分地区都是平行的，这就意味着汉军不仅行军可以坐船，而且后勤补给也可依靠水运。

水运的优势相比陆运是巨大的。祁山道虽长达千里，但部队走水路不仅速度加倍而且不易疲劳，即使长途跋涉仍能保持战斗力。对后勤补给的好处也是显而易见的，水路转运效率更快，损耗更小。

诸葛亮用兵喜欢依水而行，原因即在于可得水运之利。

二十多年后，大将军姜维与魏安西将军邓艾在陇右激战数年，魏人认为蜀汉连年出兵国力已竭，姜维不会再来。邓艾却忧心忡忡地表示："彼以船行，吾以陆军，劳逸不同。"邓艾说的"船行"，指的就是汉军以西汉水运兵，汉军远来反而占据以逸待劳的优势。

此时接替魏大司马曹真坐镇长安都督雍、凉二州的是魏抚军大将军司马懿。这不仅仅是一次简单的人事替换，更是曹魏军权易手的重要标志。魏国兵权开始从宗室向世族转移。

司马懿家族是中原世族的代表，他最尊敬的前辈也是同为世族的荀彧。司马氏的政治背景不容小觑，曹操的第一份工作洛阳北部尉就是司马懿的老爹司马防推荐的。

世族出身的司马懿是注定要走仕途的，但他却不急于入仕。他装病躲避曹操征辟的故事早已尽人皆知。司马懿最后还是出来做官了。只不过，在曹操当政时期，司马懿还是官场新人，极度缺乏存在感。但司马懿的起点很高，他是曹丕的人，著名的太子四友之一。

于是，曹丕篡汉称帝后，司马懿的地位迅速上升。曹丕去世前更是指定司马懿为顾命大臣。

但司马懿在曹丕在位时期大多数时间是在后方留守，很少有机会领兵打仗，这点与诸葛亮很像。

其实，两个人相似的地方还有很多。

司马懿是在曹丕死后才第一次率军作战。

诸葛亮是在刘备永安托孤之后第一次以三军统帅的身份南下平乱。

两人的作战风格也很像，都主攻。诸葛亮南征北伐始终都是攻方。而司马懿偏爱的也是进攻，他首战对阵的是东吴的诸葛瑾。本来吴军是去袭扰的，目的达成已经撤退。司马懿却不依不饶硬是追上去痛打，斩杀诸葛瑾的部将张霸，杀败吴兵才肯收兵。

再之后擒杀孟达更是千里奔袭闪击战的典型范例。若干年后去辽东征讨公孙渊，也是数千里征伐的进攻战。

但司马懿留给人们印象最深的却是防守。司马懿喜欢进攻不喜欢防守,之所以改变风格是因为他遇上了诸葛亮。

虽然在小说《三国演义》里,诸葛亮的北伐从一开始就遇到司马懿,开启两人长达八年的斗智斗勇。然而,真实的历史中,诸葛亮前期对阵的是曹真、张郃,直到建兴九年(231),两人才以大军统帅的身份正式出现在关陇战场。

当时,关陇很多地方已经有半年不下雨,随之而来的是粮食紧缺。汉军远征虽有水路补给,但粮食转运也始终是困扰汉军的难题,路远转运艰难,加之数万大军消耗惊人。

诸葛亮决定进攻祁山,吸引魏国援军从关中奔赴陇右增援,然后在野战中将其一举歼灭,赶在曹魏动员第二批援军之前,占领陇右。

诸葛亮兵进陇右,身为魏国雍凉都督的司马懿必须援救陇右。而因为陇右缺粮,魏军所需军粮大部只能从千里之外的关中补给,上邽之麦成为魏国援军最近的粮草来源。

这导致汉魏双方抢夺上邽之麦,也成为诸葛亮与司马懿首次交锋的第一场重头戏。

司马懿当时驻军长安。听说汉军出现在陇右围攻祁山,司马懿留费曜、戴陵领精兵四千守上邽。他亲率主力向西来救祁山。

不过《汉晋春秋》的记载方式,却产生了误导:"乃使西屯长安,督张郃、费曜、戴陵、郭淮等。宣王使曜、陵留精兵四千守上邽,馀众悉出,西救祁山。"

这个记载让人以为上邽似乎就在长安附近,司马懿派费曜、戴陵率四千人驻守上邽,其余军队随司马懿往西援救祁山。

实际上长安在关中,上邽在陇右,而魏军从长安出发,走陇山道出街亭,抵达上邽,要走七八百里。

真实的情况是，诸葛亮兵出祁山，魏雍州刺史郭淮已经屯兵于上邽，他归属雍凉都督司马懿指挥，但并不与司马懿在一处。

司马懿担忧汉军割取上邽的小麦，便分兵两路，费曜、戴陵率四千人，先走数百里的陈仓渭水道援救上邽的郭淮。司马懿本人率其余军队走一千里的陇山道，赶往陇右。

张郃想要分兵驻守雍、郿。司马懿说："料前军能独当之者，将军言是也；若不能当而分为前后，此楚之三军所以为黥布禽也。"

张郃建议司马懿分兵，是有道理的，属于吸取教训，毕竟上次诸葛亮出兵陇右祁山，就是让赵云从褒斜道出关中。

但此一时彼一时，关中雍、郿，距陇右上邽近一千里，一旦分兵，前后相距太远，就可能导致被各个击破的结局，再加上关中也是有驻军的，所以司马懿拒绝分兵建议，也属正常。

魏军兵分两路，司马懿先派费曜、戴陵率兵四千走陈仓渭水道，援救上邽的郭淮。而司马懿本人则率主力走陇山道赶往陇右。

郭淮固守上邽，随后费曜、戴陵率四千人，走陈仓渭水道，来到上邽。

诸葛亮听说费曜、戴陵抵达上邽，知道司马懿快要来了，就留下部分兵力围攻祁山，亲自率军从卤城出发，往东北进攻上邽。

孙子曰："故我欲战，敌虽高垒深沟，不得不与我战者，攻其所必救也。"

郭淮、费曜、戴陵被迫出战。诸葛亮一举击破魏军，迫使魏军退回上邽。蜀军大举割麦（五月芒种，四月可以割麦）。

然后，诸葛亮往东遇上司马懿，双方对峙。不久，诸葛亮就撤退了。

魏军还在隃麋，听闻诸葛亮要亲自来割麦，"皆惧"。这时，司马懿站出来说，诸葛亮这个人考虑很多，会先安营扎寨，然后割麦，而我们两天就能赶到。

但从隃麋出发，走陇山道去上邽，路程有七百里，司马懿说两天就能到上邽，纯属胡说八道。

轻骑兵一日一夜三百里，两天差不多，可魏军并非纯骑兵，而是步骑混搭。即使强行军日行百里，七百里也要七天。这个时间足够诸葛亮割麦了。

诸葛亮先安营，再割麦？那只是司马懿的一厢情愿。

而诸葛亮本人并没有在上邽停留。

诸葛亮留下部分兵力在上邽割麦，自己则率军向东北深入广魏郡。司马懿"晨夜赴之"后，出街亭，抵达略阳。

稍后，司马懿认为诸葛亮"不敢据渭水"。渭水在上邽以北，可司马懿刚"进次汉阳"，突然就与诸葛亮相遇。

汉阳就是天水。东汉为汉阳郡，曹魏改名天水郡。司马懿与诸葛亮在天水相遇，依然发生在渭水以北。

诸葛亮的确没有"据渭水"，而是在渭水以北的天水。

司马懿在相当长的时间里，都没有踏入上邽所在的天水郡。

上邽往东是陈仓渭水道，所以准确地说，诸葛亮是往东北，再向北遇上司马懿。

汉军正在上邽割麦，上邽东北几十公里外，诸葛亮与司马懿两军正在对峙。

汉军在抢收麦子，但司马懿居然"列阵以待之"。司马懿的

卤城之战——诸葛亮与司马懿的主力会战

正常反应,应该是立即发起进攻,不给汉军从容收割的时间。可是,司马懿却停住不动,一点儿也不急,他好像忘了他是来干吗的了。要抓紧时间的是司马懿,而不是诸葛亮。

汉军需要的就是拖延,拖到成功收获麦子就赢了。司马懿是来阻止汉军的,可他却"列阵以待之",他在等什么?难道等汉军收完麦子,然后向远道而来的汉军挥手告别?

诸葛亮率领汉军在上邽以外机动,甚至往东北深入到隔壁的广魏郡,从略阳到渭水北岸,与司马懿始终保持接触,但又不决战,边打边走,一路往南。

诸葛亮是在争取时间,以保护在上邽割麦的汉军能够安全撤退。

诸葛亮割完大部分麦子后,就撤回卤城—祁山一带,而司马懿随后赶到上邽,麦子多已经被汉军收走。司马懿的魏军只能可怜巴巴地在地头拾麦穗,然后接着跟踪诸葛亮来到卤城。

《魏书》吹司马懿"赖得此麦以为军粮",可惜"赖"不了多久,就杯水车薪"陇右无谷",司马懿只能让郭淮从羌胡征集粮草,来运往前线。

到诸葛亮撤退时,魏军也是"粮亦尽",证明司马懿获得的上邽之麦十分有限,羌胡调粮也不是很多。而从接下来卤城之战的发展看,上邽之麦对诸葛亮来说非常重要。

卤城之战,诸葛亮先故意陷入包围来诱敌,再一举击破敌军的钳形攻势。

卤城之战,魏军闭门自守。诸葛亮在各种不利条件下,想尽办法引诱魏军出战。

诸葛亮不惜让粮道被魏军断绝,并陷入南北包围,最终成功诱使司马懿和张郃从南北两个方向，对汉军发动夹击的钳形攻势。

会战中，诸葛亮向北击破司马懿，向南击退张郃，重创魏军，粉碎其南北包围而大获全胜。

战后，司马懿只能率军从卤城北沿木门道仓皇败走，退回上邽，而诸葛亮重新夺回战场主动权。

诸葛亮在这场会战中，在谋略、战术、治军各方面，都展现出卓越的军事才能。

解析卤城之战，必须要了解卤城的地理形势。

卤城夹在上邽与祁山之间，而西汉水从祁山道而出，自南向东北，连接祁山和卤城。

从上邽沿木门道到卤城，要一百多里，卤城距祁山二十里，而祁山恰恰是卤城之战中，最容易被忽视的。

祁山扼守数百米外的西汉水，是祁山道连通陇右的出口，更是魏军在陇右的防御重地。汉军围困祁山，可以保护粮草走西汉水，漕运通往卤城。

而诸葛亮在第四次北伐期间，自始至终没有攻取祁山，他把祁山当作诱饵，用以围点打援。

司马懿为何一定要到上邽，乃至卤城来找诸葛亮？

原因在于：如果司马懿不来陇右待在关中，诸葛亮就有时间从容攻取陇右。

祁山的魏军被围困，司马懿身为雍凉都督，不能视而不见，肯定要出兵救援。

陇右半年不雨，仅存上邽之麦，可大部分又被诸葛亮夺去。司马懿所得甚少，很快军粮告罄，魏军计划从关中运粮，但陇右距关中千里之遥，远水难解近渴。

而司马懿的办法是让郭淮从陇右的羌胡那里就地征粮，自己则靠剩下的为数不多的上邽之粮赶赴卤城。

此时张郃建议司马懿：我军应打持久战。祁山被围，但将士知道援军就在附近，人心自定。只要停在上邽，我军分兵抄蜀军后路，诸葛亮就会因缺粮而不得不撤兵。

上邽到卤城的路就两条，一条是木门道，另一条是铁堂狭道，都是狭窄的谷道。木门道略宽，距卤城约一百二十里，两条路的终点都在卤城以北。

魏军想从上邽抵达卤城，抄蜀军的后路，怎么走都绕不开这两条谷道，从谷道走，终点只能是卤城以北。所以，张郃建议司马懿"示出其后"，抄卤城蜀军后路，只能是在魏军抵达卤城以北后，才有实现的可能。

司马懿苦于粮草供应，只能从上邽出发，去卤城寻找诸葛亮，而汉军正在围困祁山。

但诸葛亮在卤城"围点打援"的战术，司马懿当然能看出来，所以司马懿在抵达卤城以北后，第一时间做的是"登山掘营，不肯战"，意图进行休整，等待后续部队抵达，再找机会反客为主，反将诸葛亮。

司马懿不肯主动进攻，对诸葛亮来说，意味着围点打援的战术可能面临失败。诸葛亮毕竟也不是神仙，他吃不准魏军到底还有多少粮草。

于是，诸葛亮做了一个极为大胆而又极度冒险的举动，他撤去围困祁山的汉军，收缩兵力，北撤卤城，南北立营固守。为保证全军饮水，汉军在西汉水"断水为重围"，作为水源。

祁山在卤城西南,就在汉军祁山粮道的北面不远处,围困祁山的汉军一撤,被困的祁山魏军得以解围。司马懿派出的援兵与留守祁山的贾嗣、魏平会师。

魏军重新获得祁山的主导权后,诸葛亮就从"围点打援",陷入被四面合围的境地,不仅祁山旁的漕运粮道,拱手相让给魏军,还陷入魏军的南北包夹之中,只有水源尚能保证。

解围后的贾嗣、魏平两人开始不断叫嚣要跟汉军决战,但司马懿却不肯轻易出战,这两人就公然嘲讽司马懿"畏蜀如虎,奈天下笑何"。

卤城汉军陷入魏军的南北包夹,粮道又被断,只能依靠上邽抢收的粮食来维持。

不单是祁山的贾嗣、魏平多次求战,就连司马懿本部的魏军将领也都看出,诸葛亮已被包围,于是"诸将咸请战"。

为何魏营诸将如此亢奋,纷纷请战,而主帅司马懿却偏偏不想打?因为此时的局势,表面上看来对魏军实在太有利了。

司马懿面对这种有利情况,恐怕也是蒙了。他实在很难想象诸葛亮为了能跟自己交战,主动陷入包围。

魏营诸将越是亢奋请战,司马懿就越是谨慎冷静,毕竟诸葛亮这种布阵,实在过于反常。

魏军众将起初听说诸葛亮来割麦的反应是"诸将皆惧"。现在见诸葛亮被围,又纷纷请战。

从害怕到不怕,从皆惧到敢主动请战。这个强烈的反差,充分说明了人性。可他们也不想想,诸葛亮怎么会轻易被围呢?但这些人不想那么多,司马懿却不能不多想,因为他是主帅。

司马懿也很谨慎,不过他思来想去,也实在想不出诸葛亮还能有何后手。

汉军除了水源尚能保证，主力已经深深陷入魏军重围，孤军深入，又被包围，时间越久，对被围的汉军越不利。

在这么多有利条件下，军中众将又接连请战，司马懿压力很大，个别不地道的还嘲笑他畏蜀如虎，各种冷嘲热讽的舆论压力加上魏军的军粮即将耗尽，虽然司马懿也可能怀疑过这是诸葛亮的诱敌之计，但还是未能抵住胜利的诱惑，决定出战。

诸葛亮军被包围又被断粮，局面明显对魏军有利。司马懿用兵也很谨慎特别是当他面对诸葛亮的时候，但他实在看不出这种情势下汉军有何胜算，因为表面形势都是魏军占优，这才下定决心出战，对汉军发动钳形攻势，在南北两个方向同时发起进攻。

司马懿亲自率军进攻诸葛亮的北营，让张郃"示出其后"，进攻王平固守的南营。司马懿心说，张郃，你不是一直嚷嚷着要抄蜀兵后路吗？好，这次你去打王平，别再说我不给你机会。

诸葛亮千方百计露出一切破绽来引魏军出战的目的终于达成。

司马懿从北而出，张郃从南而来，南北对进，对汉军实施钳形攻势。

诸葛亮从容应战，先以王平拖住张郃，再令魏延等人从正面迎击司马懿大军。

诸葛亮以王平固守南营抵挡张郃，而集中魏延、高翔、吴班三支精兵向北迎战司马懿的北路魏军，先把魏军的铁钳掰下半边，再回师向南，合力对付张郃、贾嗣、魏平的南路魏军。

建兴九年（231）五月，双方在卤城以北展开主力会战，魏延、高翔、吴班率汉军精锐大破司马懿军，斩杀魏军甲首三千级，缴获玄铠五千领，角弩三千张。此战是司马懿一生中最大的一次败仗也是唯一的一次，卤城之战令司马懿刻骨铭心，从此再不敢与诸葛亮率领的汉军正面野战。

而南路的张郃在得知北路战败后又攻不下王平的南营，只得狼狈退走。连司马懿的主力都败下阵来，张郃自然也不敢久留。

南线张郃的这一退，之前喊出战喊得最凶的贾嗣、魏平也不再叫嚷，被迫退守祁山堡，而北线的司马懿在遭到重创后立即从卤城拔营，往北沿木门道退回上邽。夺回主动权的诸葛亮引兵南下，再围祁山，卤城之战以汉军大获全胜而结束。

在历史上，会战中往往采用钳形攻势的进攻方是占据优势的一方，也往往是最后的胜利者，而在卤城会战，胜利者却是被包围夹击的一方，是诸葛亮率领的汉军。

诸葛亮在卤城之战取得胜利，重新围困祁山堡，并迫使司马懿撤回上邽，全面掌控战争的主动权。

诸葛亮在卤城会战中，以劣势兵力，在野战中大破司马懿，粉碎了司马懿、张郃两位名将发动钳形攻势，南北夹击的企图。

孙子曰："昔之善战者，先为不可胜，以待敌之可胜。"

善于用兵的人，要先创造不被敌人战胜的条件，然后再等待寻求战胜敌人的时机。

但诸葛亮却反其道而行之，为了"围点打援"，不惜露出一切破绽，来创造让敌人"先为可胜"的条件，以诱使魏军出战。

于是诸葛亮如教科书般演示了，如何让小心谨慎的司马懿相信他已经胜券在握从而放心大胆地出来决战，然后在野战中大败敌军的整个过程。

从开始诸葛亮试图"围城打援"，然后故意陷入包围，最后以正兵击破敌方南北夹击的钳形攻势。这一连串的战术运用令人叹为观止，即使在世界军事史上，也是罕见的，这充分展现了诸葛亮震烁古今，史诗般的用兵技巧，完全属于战争的艺术。

诸葛亮为诱敌出战，故意露出破绽，主动陷于重围，终于成功引出魏军，达成与敌野战的目的。此战足以说明丞相军事指挥的卓越，丞相不仅善治军，领兵打仗也极优秀。

这种孤军深入、主动求围的战术，统帅的临战指挥能力必须很强，不强，不敢如此布阵。险中求胜，靠的完全是实力，部队心理素质必须很硬，否则，很容易军心不稳，导致崩溃。

卤城野战即是明证。

诸葛亮以数万步兵深入敌境，进退自如，从始至终占据主动。

司马懿兵力占优，还有兵种优势。魏国骑兵是野战主力，对步兵有传统优势，与吴国步兵对阵向来都是碾压，但遇上汉军步兵，马上被打到怀疑人生。

纵观司马懿的军事生涯，这是一个主攻的人，此前上庸奔袭孟达，后来千里征伐辽东，都是主动进攻。司马懿属于进攻型将领，但遇上诸葛亮就变得异常保守，与平时判若两人，根本不敢出来，必须诸葛亮引诱，露出破绽，还要军中众将请战，才肯出战。诸葛亮有多强，由此可见。

后来孙权四路伐魏，魏国朝廷认为应该坚守再待其自破，司马懿反对并亲自带兵支援樊城，派轻骑挑战吴军，吓得吴将朱然动都不敢动。

明明朱然才是进攻方，被司马懿搞得攻守逆反。司马懿在面对朱然时的强势与对阵诸葛亮时的固守不出形成强烈的对比。

之后，诸葛恪在皖城屯田，司马懿主动提出带兵去收拾诸葛恪，大臣们大都认为吴军城坚粮多，魏军远征可能会失利，结果司马懿没听，坚持要去。诸葛恪听说司马懿要来吓得不战而逃，连与司马懿对阵的勇气都没有，硬生生被吓走。

综上可见，司马懿用兵相当主动大胆，擅长攻坚，诸如挖山开道，跟吴军打水战，这些非常激进的战术他也敢提出来，并且敢做，带兵支援友军时总把防御战打成进攻战，对敌方将领主要是吴军的将军们穷追猛打，一点儿情面都不留。

他的这些特征和其他魏军将领大相径庭，例如满宠防守合肥时向魏主曹叡提出弃城退守寿春，夏侯儒在樊城救援时不敢主动进攻，司马孚坐拥大军和诸葛恪长期对峙，等等，只有对实力极度自信的人才会像司马懿这样用兵。

司马懿不但喜欢进攻，还可以看出他是一个非常享受带兵作战的人，不但总是寻求机会和敌方决战，连六十多岁成为辅政大臣后还主动申请领兵出征。像程昱、满宠这些人年纪大了之后都主动申请归还军权，司马懿却流露出对战场生活的恋恋不舍。就在去世前半年，司马懿还亲自带兵逼降试图发动兵变的王凌。

有对比才有高下。

司马懿此前去荆州攻打江东的时候可是很威风的，只有见到诸葛亮才登山掘营，死活不肯战。

五月的卤城之战，诸葛亮击破司马懿和张郃的南北钳形攻势。魏军被迫沿木门道撤退，返回上邽。

而诸葛亮重新围困祁山，局面持续到六月，不过正值夏秋之际，大雨笼罩着祁山道，汉军后勤运输遇上困难。

此时汉军先前割取的上邽之粮几乎耗尽，于是诸葛亮决定接受李严的建议撤兵。从卤城撤军退往西南的祁山。

诸葛亮拔营后,卤城东北的上邽魏军才知道汉军撤退。这时魏军将领就是否追击诸葛亮,产生争议。

都督雍凉的司马懿命令张郃追击,但张郃认为"归军勿追",还是不要追。只是司马懿坚持让张郃去追。张郃才不得已领兵出木门道追击汉军。

可张郃也不是傻子,从上邽出发,走木门道到卤城,只有一百多里。

既然张郃要追击,那魏军的追击速度肯定要快于汉军的撤退速度,不然,就不要追了。

孙子曰:"卷甲而趋,日夜不处,倍道兼行,百里而争利,则擒三将军,劲者先,疲者后,其法十一而至;五十里而争利,则蹶上将军,其法半至;三十里而争利,则三分之二至。"

从上邽到卤城,正常行军一日三十里,三四天就能走到,轻骑兵甚至一天就能赶到。

但张郃从六月开始追击,一直追到七月初,仅仅追到木门谷。一个月的时间,张郃追出不到百里,这与当年他奔袭街亭的速度相比,简直判若两人。

司马懿与张郃在直面诸葛亮时都不约而同地改变了往日的风格与战术。

喜欢进攻的司马懿在卤城被诸葛亮教训后,再遇见诸葛亮就条件反射般摆出防守阵形,防守之专业态度之坚定甚至让人产生误会,以为司马懿擅长防守,不喜进攻。只有司马懿自己知道,遇上诸葛亮想正面进攻只会加速失败的进程。

司马懿不是不想进攻,只是对面是诸葛亮,不管他情不情愿，都只能老老实实蹲在大营，挖堑壕筑高垒。这么做也许很丢脸，但至少可以保命。

张郃也是如此。之前以快著称的他，突然就慢下来。张郃在木门道的行军速度很慢，这与他突进街亭驰援陈仓的疾风暴雨般的作风完全不同。

木门道狭窄，张郃如果抓紧时间，两三天快速通过木门道，诸葛亮不仅没有时间反应，也很难在大路上伏击张郃。

此时诸葛亮早已从卤城撤退到祁山。

汉军斥候要侦查魏军的追击行踪，报告诸葛亮。等诸葛亮再派兵到木门谷进行伏击，至少需要好几天。

而张郃的慢动作追击，给了诸葛亮充分的时间进行情报收集，再进行伏击布置。

伏击地点木门道非常狭窄，不过数十米宽，所以诸葛亮派的伏兵不会很多。

七月初，汉军在木门道成功伏击张郃。汉军在高处乱箭齐发，箭矢射中张郃膝盖，张郃伤重死去。

由于张郃只追出百余里，司马懿很快就知道了张郃的死讯。

司马懿应该会再派出追兵，当魏军追到卤城时，汉军早已退走。

诸葛亮率汉军主力，日行三十里，只需两天，就能踏上祁山栈道，估计这时张郃还没追到木门道。

虽然追不上汉军，但这不影响司马懿在报捷文书里，写出"俘斩万计"的"战果"。

臣司马懿有本启奏：

"太和五年（231），蜀贼诸葛亮率二十万之众犯我陇右，臣身为雍凉都督，率众抵御。

"六月，臣等追击千里，至七月，俘斩万计，此诚数年未有之武功也！车骑将军张郃不幸殁亡。臣诚惶诚恐，蘸蜀贼之血，叩上。"

如果吹牛也上税的话，那司马懿一定是纳税大户。

诸葛亮要是真有二十万大军，以诸葛亮的军事才能，陇右一战可定。那司马懿就不会有一点儿机会，卤城之战已经可以说明两人在能力上的差距，司马懿不是诸葛亮的对手。

秋风五丈原——鞠躬尽瘁，死而后已

诸葛亮的前四次北伐，第一次是功败垂成，马谡失街亭固然是主因，但其实归根结底还是兵力过少。因为如果兵力足够多，诸葛亮便能在短期内拿下陇右。而赵云兵败也是兵少。

第二次与第三次北伐是一个整体，前者声动后者击西，牵制魏军、夺取武都阴平的目的全部达到，怎么看也不能算作失败，可以视为一次成功的北伐。

诸葛亮的第四次北伐之所以退兵是因为司马懿坚守不战与补给线过长，后勤供应不上。

诸葛亮是特别善于总结的，他充分吸取了前四次的经验教训，为积蓄足够的力量，他准备了整整三年，整军经武，积谷屯粮。

魏国是一个大国，北伐注定是长期的、艰苦的，想通过一两场战役打垮曹魏是不现实的，北伐将是长期的战争。诸葛亮在经过四次北伐后，对此已经有充分的认识。

经过建兴九年（231）的交战，诸葛亮已经摸清了司马懿的底牌。司马懿虽然主场作战，兵力占优，还有蜀汉不具备的骑兵优势。但司马懿野战完全不是诸葛亮的对手，卤城之战的大败就是最好的证明。

司马懿其实也知道这一点，所以他从不主动求战。诸葛亮为诱敌出战，主动陷入包围。

司马懿架不住众将的怂恿跟挖苦，加上他的一点点侥幸心理，认为形势这么好，怎么看也不至于被打败吧。然而，事实却是，卤城野战是他带兵以来打得最惨的一仗。

经此一役，司马懿知道，想要在野战中战胜诸葛亮基本是不可能的。但他自认为找到了对付诸葛亮的办法。那就是坚守不战。等到诸葛亮的补给线支撑不下去，自然会退走。

诸葛亮第四次北伐也的确是因粮草转运艰难，不得不退兵。

诸葛亮在筹备三年后即将发起第五次北伐。而出于对司马懿的了解，诸葛亮知道这位老对手大概率会故技重施，堵在汉军的进兵路上，然后深沟高垒坚守不出，等他粮尽退兵。

上次已经被证明是有效的方法，司马懿不可能只用一次。

但诸葛亮筹划三年也是有备而来。诸葛亮已经想好了对付司马懿固守不出的计策，至于是何计策，很快就会说到。

为缩短战时运输线，诸葛亮于建兴十一年（233）在汉中斜谷口修筑大批仓库，将蜀中和军屯生产的粮食源源不断运到这里储存，方便转运。

经过三年的紧张筹备，建兴十二年（234）二月，诸葛亮再次出兵，这是诸葛亮第五次北伐，也是最后一次。

这次北伐，汉军的总兵力近十万，这已是蜀汉所能动员的兵力极限，也是历次北伐以来，兵力最多的一次。

诸葛亮这次志在必得。三年准备、十万大军，诸葛亮的决心再明确不过，那就是与魏军决一死战。

这次，诸葛亮没有选择以往常走的西进陇右路线，而是走褒斜道出斜谷向东直接进入关中。

诸葛亮之所以选择这条路，就是要同魏军主力在关中决战，毕其功于一役。

诸葛亮兵进关中，直插魏国腹地，进逼长安，就是要迫使司马懿决战！

诸葛亮进入关中平原后屯兵于五丈原。

渭水将战场分为渭北和渭南。武功水从斜谷流出注入渭水，又将渭南分为东西两岸。

司马懿先立营于渭水和武功水交汇的渭水南岸，而诸葛亮屯兵五丈原，随后对司马懿发起一系列主动进攻。双方争夺的重点是渭水和武功水的控制权。

诸葛亮还在渭水南原的兰坑时，魏军将领就纷纷表示要屯兵"渭北"，而司马懿知道人口田地多在南岸，守在北岸当然更安全，但那等于将渭南拱手让给诸葛亮。司马懿虽然内心深处也对诸葛亮畏惧有加，但也不得不冒险，率军渡过渭水，在渭水南岸"背水为垒"。

司马懿放话说，诸葛亮要是有胆略，应该出武功依山而东。诸葛亮要是驻屯五丈原，那就安全了，而诸葛亮就是屯兵在五丈原。

可是，武功在五丈原东面数十公里外的渭水北岸，距长安约四百里。

诸葛亮屯兵五丈原，渭水东面就是武功水。诸葛亮向东进军至武功，则必须东渡武功水，但司马懿主场作战，早已抢先屯兵在渭水和武功水交汇处的渭水南岸，不仅堵住诸葛亮北渡渭水的路线，还堵住了诸葛亮东渡武功水的路线。

由于诸葛亮本身是客场作战，只能屯兵五丈原。

诸葛亮数万大军，不可能绕过或撇开司马懿大军，渡渭水或武功水，进至武功。诸葛亮要考虑的是如何渡过渭水和武功水，而魏军目的就是阻止诸葛亮渡河。

司马懿在渭水和武功水交汇处的渭水南岸背水为垒，想阻止汉军北渡渭水，但他真的挡不住。

诸葛亮派兵渡过渭水，双方随即在渭水北岸的北原开展争夺。北原不是焦点，汉军能强渡渭水上岸进攻北原，才是关键，说明此时汉军已经能有效控制渭水。而诸葛亮接着又开始争夺对武功水的控制权。

诸葛亮四月屯兵五丈原，正好是夏季的涨水期。诸葛亮派孟琰占据武功水东岸。

司马懿派兵进攻孟琰营地。诸葛亮做竹桥，越水以弓弩击退魏军。司马懿被迫退走。

武功水之战规模不大，但很重要。从诸葛亮在武功水东岸设营，造桥成功，到诸葛亮后来能够数次挑战司马懿，证明诸葛亮大军已经成功把战线推进到武功水东岸，并站稳脚跟，与司马懿对峙并挑战，而司马懿只会死守不敢出战。

诸葛亮通过一系列战斗，将司马懿在渭水南岸的营地，打得岌岌可危。而司马懿只能把对武功水的控制权，拱手让给诸葛亮。

郭淮在渭水北岸的北原，只能被动抵抗。

北原并非必取之地，夺取北原的价值在于切断陇道。

诸葛亮长久以来，北伐的首要目标就是夺取陇右。

要夺取陇右的一个前提就是断陇，即切断陇道，在进攻陇右的同时阻止关中魏军对陇右的增援。

这个战术目的，一直未能达成。但这是以前出兵陇右时的目标，现在进兵关中，陇右并未派兵，封堵陇道的意义不大。

诸葛亮时隔三年再次北伐，尽起倾国之兵，以十万大军出师北伐，显然是有备而来。

这次，汉军并未直奔陇右，反而挺进关中，兵临渭水，其意甚明，就是要在渭水两岸与司马懿的魏军进行主力决战。

诸葛亮此次北伐的首要目标不是长安而是司马懿跟他统领的魏军主力。

诸葛亮在渭水、武功水一带，以弱击强，主动对司马懿发动系列攻势。

而司马懿只能以极端被动的方式，比如沿渭水修筑堑垒，来消极防御，阻止诸葛亮渡过渭水。

司马懿要是真想阻止诸葛亮东进，直接在武功水东岸筑垒，堵住去武功之路，就可以了。可是，司马懿并没有那么做。

司马懿开始就是在武功水以西的渭南背水为垒，只是被诸葛亮打得岌岌可危，才不得不听从郭淮建议，在北原建营，于仓促间设立第二道防线。

郭淮在北原修的"堑垒"，不是营垒而是沿渭水北岸构筑的沿河防御工事，目的是防止诸葛亮渡河，但不论是郭淮还是司马懿都没能挡住诸葛亮。

诸葛亮在渭水和武功水两边，同时占据上风。

诸葛亮强渡渭水成功，并占据武功水东岸，控制了渭水和武功水。之后,司马懿就开始了消极避战。

既然打不过,那就躲起来不打了。

诸葛亮数次派人挑战,但司马懿打定主意,说啥也不出来了。

司马懿避战其实也不是他一个人的意思,而是魏国的国家战略。

曹叡明确下诏让司马懿先坚壁拒守以挫其锋,蜀军粮尽必走。魏军避战诸葛亮,是开始就制定好的策略。司马懿起初还是想打的,但在渭水、武功水接连败北,让他彻底抛弃幻想,改为营里蹲。

据说,诸葛亮为激司马懿出战,还特意给司马懿送去女装,以示羞辱。司马懿收到包裹,果然怒了,然后上表给曹叡要求出战。曹叡担心司马懿真的出去打仗,特意派辛毗到军前阻止司马懿出战。

这个材料从头到尾都不靠谱。诸葛亮谨慎持重,不会干这种事情,这一看便知是小说家言市井把戏,不是真的。司马懿是魏国重臣,鹰视狼顾的司马懿城府极深,怎么会因为这种小把戏就被激怒。

持重严谨的诸葛亮不会这么做。

老谋深算的司马懿也不会轻易被激怒。

司马懿确实给曹叡上表千里请战,但那是做给军中将士看的。毕竟,被人家堵着打,还不敢出头拼命,有点丢人。这种场面上的事情必须做,从曹叡到司马懿都在演戏。

司马懿本就不想打,曹叡也不让他打。但诸葛亮多次挑战,司马懿对上对下都要有个交代,这才演出千里请战的把戏。

对此，诸葛亮看得很清楚。姜维听说辛毗来到军前，对诸葛亮说，辛毗来了，看来司马懿不会出战了。诸葛亮却说出了司马懿的心思。司马懿本就不想出战，他真想打，何必千里请战。

司马懿决定还是用上次的经验，固守不出，专等诸葛亮粮尽退军。

司马懿认为，面对自己的固守不出，诸葛亮只能退兵。但之前说过，诸葛亮这次也是有备而来。对司马懿的固守不出，诸葛亮早有对策，是时候行动了。

诸葛亮的对策是屯田。

诸葛亮在渭水南岸将部队分散开来与当地百姓杂居，进行屯田，以为长久之计。

你不是想拖延等我的粮食用尽吗？我就在当地屯田种粮，这下连运粮都省了。

送女装才不是诸葛亮对司马懿的最大羞辱（况且也未送过），渭南屯田才是。

诸葛亮带领汉军在魏国的腹地关中大搞屯田。而魏军主帅司马懿连营门都不敢出，只能远远地看着汉军种田，这算不算羞辱，当然算，还是大辱。

司马懿自出世以来，唯一怕的人就是诸葛亮。

如果双方长久相持下去，胜利的人一定是诸葛亮。

但战争的胜负有时并不是只比拼双方的国力、军力，还有统帅的身体素质和意志力。

渭南屯田，进行持久战是能打败魏国的，但屯田需要很长时间才会有成效。

但诸葛亮的身体已经支撑不下去了。

诸葛亮自永安托孤以来便将整个国家的重担都挑在自己肩上,事必躬亲,常常终日劳碌,汗流浃背。

北伐以来,诸葛亮更是日夜筹谋,规划军计,呕心沥血。总之,一句话,丞相太累了。但重任在肩,诸葛亮丝毫不敢懈怠,他的责任心又很重,交给别人他又不放心,只能亲力亲为,但长此以往,他的身体越来越不好。

两军对峙,诸葛亮派使者去魏营下战书。司马懿只字不提战事,却问起诸葛亮的日常起居。

司马懿问使者:"你们丞相近日身体可好?"

使者:"丞相整日忙于军务,过于操劳,身体欠安。"

司马懿又问:"你们丞相最近饮食怎样,胃口好吗?"

使者:"丞相事务繁忙,吃得越来越少,人也消瘦了许多。"

司马懿听了,笑了一笑,没有说话。

等使者走后,司马懿对身边的几个亲信说:"诸葛食少事繁,命不久长了。"

与司马懿的轻松不同,诸葛亮的负担沉重,每每想到刘备的临终托孤,国家贫弱,而强敌在北,诸葛亮便寝不安席,夜不能寐。

北伐需要集全国之力,起倾国之兵,才能成功。

这需要举国上下团结一心,三军将士沙场用命。

在蜀汉,只有诸葛亮有这种能力,也只有诸葛亮有这种威望。

中原久经战乱疮痍未复,国力尚未恢复。

自己这边,精兵良将尚在,自己又正当年,此时北伐是最好的时机。

如只守不战，只能坐而待亡，所以，尽管困难重重，但诸葛亮仍冒危难以奉先帝之志倾力北伐。

但长期的过度操劳，诸葛亮的身体已经严重透支，病倒了。

建兴十二年（234）的夏天，诸葛亮是在焦虑中度过的，眼见病情日渐沉重，诸葛亮不得不为身后事作安排，最重要的就是确定接班人。

人选，诸葛亮心里早就有了。政治接班人是一直做诸葛亮助手分管北伐军后勤的丞相府长史蒋琬，军事接班人则是姜维。这两个人后来都没有辜负诸葛亮的期望，二十年后，姜维也秉承丞相之志，出兵北伐。

建兴十二年（234）八月，秋风萧瑟，五丈原汉军大营中，汉丞相武乡侯诸葛亮带着壮志未酬的遗憾离开了人世，病逝于北伐前线，终年五十四岁。

出师未捷身先死，长使英雄泪满襟！

诸葛亮去世后，姜维、杨仪等人整理行装，准备率军撤回汉中。

当地百姓因为跟汉军住得很近，汉军屯田，很多部队是跟百姓住在一块儿的，所以比司马懿知道消息还早，纷纷跑到司马懿那里去报信。

司马懿刚听到消息还有些不信，怕又是诸葛亮的诡计，按兵不动。

过了不久，司马懿派出的斥候回报，确定了诸葛亮的死讯，并说蜀军大营已是空营，蜀军早已撤走，不知去向。司马懿长出一口气，这才下令整队追击。

司马懿带兵一路紧追终于追上汉军。

诸葛亮生前料到，司马懿得知自己的死讯，一定会派兵来追。

姜维等人按诸葛亮之前的吩咐，全军依次撤退，井然有序，丝毫不乱，直到大队撤走，魏军依然没有察觉。

司马懿果然追来。姜维依计而行，举旗鸣鼓，做出要出击的姿态。司马懿见汉军有备，以为又中了诸葛亮的诱敌之计，狼狈退走，策马狂奔二十里才稳住阵脚。等司马懿弄清虚实，汉军早已走远。

当地百姓顺口编起民谣："死诸葛惊走生仲达。"

司马懿远不是诸葛亮的对手，这在当时已是世人所共识。

诸葛亮乃天下奇才！

诸葛亮以巴蜀之地，抗对北敌，提步卒数万，长驱祁山，慨然有饮马河、洛之志。

东吴的张俨在《默记》中说："若此人不亡，终其志意，连年运思，刻日兴谋，则凉、雍不解甲，中国不释鞍，胜负之势，亦已决矣。"

如果丞相得以延寿数年，渭南屯田收到成效，丞相克复中原，兴复汉室，指日可待！那么整个中国的历史都会因此而改写。

惜哉！惜哉！

诸葛亮出征之前在给后主刘禅的奏疏中写道："臣家在成都有桑树八百棵、田地十五顷，足够子孙衣食。臣在军中的日常用度都靠国家供给。臣死之日，家无余财外无余帛以负陛下。"

诸葛亮以一国之相受六尺之孤，摄一国之政，专权而不失礼，行君事而国人不疑，行法严而国人悦服，用民尽其力而下不怨。其用兵也，止如山，进退如风，兵出之日，天下震动，而人心不扰。

诸葛亮之治军，法令明，赏罚信，士卒用命，赴险而不顾，率数万之众，其所兴造，常若数十万之功。

蜀汉内斗——两败俱伤

诸葛亮去世的消息传回蜀中,有两个人的反应尤为强烈,这两人都曾是朝廷重臣,一个是被贬黜已久的前长水校尉廖立,另一个是才被贬数年的原骠骑将军李严。

廖立被贬后便一直在贬所汶山郡率妻儿躬耕农亩自食其力。在得知诸葛亮病逝的消息后,廖立难掩悲伤痛哭流涕,长叹道:"吾终为左衽矣。"意思是说,看来我是要终老于边陲了。汶山郡夷汉交错杂居,夷人被发左衽,故廖立有此言。廖立对他的结局预料得很准,他此生再也未能回到蜀地。

后来,姜维率军路过汶山,还特意前去拜访。廖立悲泣是因为他虽被贬在边郡仍渴望回归,但他知道诸葛亮之后的执政者不会再征召他这位前朝老臣了。

李严的反应比廖立更大,得知诸葛亮去世的噩耗不久即抑郁而死。李严也十分渴望能被重新起复,以将功补过,但他也清楚后来者是不会给他这个机会了。

他们都是被诸葛亮亲自弹劾罢黜的重臣,却都期待能再次被诸葛亮起用。这从一个侧面印证了《三国志》作者陈寿对诸葛亮的评价:"诸葛亮之为相国也,开诚心,布公道;尽忠益时者虽仇必赏,犯法怠慢者虽亲必罚。刑政虽峻而无怨者,以其用心平而劝诫明也。"

说起来,廖立被贬还与李严有关。当年廖立自恃才高,自认为名位官职只应在丞相诸葛亮之下而居同僚之右,却不想受到破格提拔的是郡吏出身名望不高的李严。廖立为此牢骚满腹大为不满,甚至公然诋毁先帝,全然不顾当年他弃守长沙,先帝不但不予追究还对他委以重任的恩情。对先帝尚且如此,对李严就更不用说,将朝廷重臣逐一贬低,出言不逊。诸葛亮在上表后主贬黜廖立的表章中写道:"羊之乱群,犹能为害,况立托在大位!"

廖立被贬在于他为争夺权位不惜挑拨离间拉帮结派,制造内部矛盾,而这是诸葛亮不能容忍的。尽管廖立有才,但破坏团结必须予以严惩。

在荆州时,诸葛亮还对孙权说过廖立为楚之良才。如果廖立不做妄语恪尽职守,以他的才名即使不如李严也迟早会被重用。但廖立在最敏感的时候,在国家处于风雨飘摇之中时不思为国分忧,反而添乱制造对立,这才造成了他的悲剧。

因为蜀汉政权由荆州派、东州派、益州派等政治集团组成,最担心的就是派系斗争,最看重的就是维护团结、举国一心。

但李严明显没有吸取廖立的前车之鉴,甚至在错误的道路上走得更远。

李严被贬起因也是争权,但他的问题比廖立严重得多,因为他要与诸葛亮争权,性质也更恶劣,他不但要争权夺势,还搬弄是非拉帮结派制造分裂,图谋割据。

诸葛亮率军北伐之前曾要李严派兵镇守汉中。李严推三阻四找各种理由拒绝,反而要求在巴地划出五郡以他为巴州刺史,要挟的意味已经很浓厚。

诸葛亮第三次北伐西出陇右时,想留李严总督汉中又被其搪塞。李严再次趁机提条件要求开府。

当初,刘备选定李严做诸葛亮的副手,是希望李严能协助诸葛亮处理军政,诸葛亮出征留李严守后方也是遵从此意。可是,李严自受托孤以来,专心于谋一己之私利,全然不顾国家大政,意图专权分裂国家的野心已昭然若揭。

诸葛亮要北伐,李严不但不鼎力相助,反而趁机要挟,要做巴州刺史。从李严提出这个要求之时,诸葛亮便意识到问题的严重性。李严已不可用,并且要尽快将其罢黜。

因为李严的危害要比廖立大十倍。廖立只是想争夺官位,求之不得也不过口出怨言发发牢骚。

但李严不同,他手握兵权,实际控制着三巴之地。他要求做巴州刺史是有这个条件的。李严也正是以此为资本进行要挟,这个性质就变了。

李严这不是想当刺史,而是要分裂国家。诸葛亮当然不能允许。但考虑到处置李严时机尚未成熟,诸葛亮才隐忍未发。

建兴八年(230),曹真三路攻蜀,诸葛亮令李严率兵两万北上汉中,增援只是目的之一,主要是要将李严调离江州。

李严自建兴四年(226)移驻江州(今重庆)便开始在当地大兴土木营建新城,俨然是要将江州当作他的大本营长期盘踞。为消除李严疑心,诸葛亮特意上表让李严之子李丰接任都督江州。

建兴九年(231),诸葛亮第四次北伐,以李严留守汉中督运粮草。诸葛亮在卤城击败司马懿，前线告捷，时值夏秋之际，秋雨连绵，粮草转运不及，而军粮即将告罄。李严担心被追责，谎称朝廷要诸葛亮退兵。

而当诸葛亮率军南归后，李严又向后主刘禅撒谎说诸葛亮并非撤兵，撤退只是诱敌之计。

当诸葛亮出示李严前后所写文书时，在证据面前，李严理屈词穷，只得俯首认罪。

尽管事件详情不得而知，但李严有罪，诸葛亮有李严犯罪的证据，最后李严伏罪，这些都是确定的。李严由是被罢黜为平民，发配梓潼郡。

廖立、李严曾深受先帝赏识器重，本有大好仕途，但他们利欲熏心，一味争权夺势，不惜诋毁朝臣制造分裂破坏团结。诸葛亮只能将他们依法处置。相比廖立、李严，下面的两位结局就更为可悲。

诸葛亮在北伐军中有一文一武两大助手，文的是丞相长史杨仪，武的是征西大将军丞相司马魏延。本来这二人是诸葛亮的左膀右臂，可偏偏这二人不和，势同水火。诸葛亮爱惜杨仪的才干又倚重魏延的骁勇，对魏延与杨仪的内斗很是头痛，但也没有办法。

北伐军中事务繁杂，长史杨仪处事干练，调度部署有条不紊，是诸葛亮的得力助手。

魏延更是蜀汉名将，自"五虎上将"凋零，魏延便成为蜀中大将。建兴八年（230），魏军三路攻蜀之际，丞相诸葛亮坐镇汉中。镇北将军魏延、讨逆将军吴懿奉命西进陇右与魏后将军费曜、雍州刺史郭淮战于阳豁，大破魏军，魏延以军功升征西大将军，吴懿晋升为左将军。

魏延在军中的地位仅次于主帅诸葛亮，但他的缺点也很突出，性情狂傲，不通人情，军中文武深知其为人多避让之，只有杨仪不肯退避。魏延深以为恨，与杨仪见面必吵，这时候总是丞相司马费祎居中调解劝和。但两人的矛盾日积月累逐渐加深。

诸葛亮在时还能镇抚二人。及至诸葛亮病逝五丈原，魏延与杨仪的矛盾在撤军之际终于爆发。

诸葛亮临终之际，本意是让长史杨仪、司马费祎两位文官统领大队在前，以护军姜维、征西大将军魏延殿后掩护全军撤退。

这个本身是正常的撤军部署。如果杨仪遵令而行就不会闯下大祸，但此时杨仪身为军中文官之长，与武将之首的魏延互不信任彼此不服，最终酿成一场悲剧。

当时在诸葛亮身边的人是杨仪、费祎，还有姜维。魏延身为前锋在别处安营。这是杨仪的优势，却是魏延的劣势。杨仪正是利用了这一点来陷害魏延。

诸葛亮在军中病逝后，杨仪秘不发丧，不对外公布丞相的死讯。

同时，杨仪派费祎去探魏延的口风，因为他怕指挥不动魏延，但是这里要特别注意的是，杨仪并未让费祎对魏延宣布丞相制定的撤军安排，只是告知了丞相病逝的消息。

因为《三国志·魏延传》写得很明确"仪令祎往揣延意"，而不是宣丞相令。揣是揣测的意思。但魏延的态度其实不用揣测，杨仪也很清楚。

如将情况如实相告，丞相的撤军安排是让魏延与姜维殿后。魏延肯定会遵令执行。那他陷害魏延的阴谋就不会得逞，所以，他故意隐瞒这是丞相的部署。只说是他的安排，以此引诱魏延起兵反对他，以魏延的火暴脾气必然会被激怒中计。

如此一来，他激怒魏延进而设计陷害乃至除掉魏延的计划才能得以实行。

如果杨仪明确告知令魏延殿后是丞相的安排，那么魏延是会遵从的。

因为丞相在军中的威望是最高的，法令也是最严明的，即使骄狂如魏延也不敢违抗丞相的命令。

关键在于，杨仪并未让费祎告知魏延，令他殿后是丞相的命令。杨仪很可能是叫费祎告诉魏延，让魏延殿后是杨仪的意思，以此来判断魏延会不会听他的指挥。虽然杨仪明知魏延不会听命于他，但这一步他必须要走，因为这是他陷害魏延最关键的部分。

很明显，杨仪不说这是丞相军令只说是他的意思，他是故意这么做的，目的就是给魏延挖一个大坑，等着魏延跳进来。

因为杨仪很清楚，以他跟魏延的矛盾加之魏延的个性，几乎可以确定，魏延是肯定不会听从他的指挥的。

果不其然，魏延听说杨仪让他殿后，当场就跳了起来，说丞相虽亡，我还在。杨仪可以护送丞相灵柩还蜀，我留下来率诸军击贼。说罢，魏延当场与费祎一起按上述布置进行安排。魏延还让费祎在写好的文书上署名，然后向众将公布。

费祎当然不会签名，就说事关重大，不如我回去劝说长史，让他把军队交给您。长史是文官，不懂军事，一定会听从您的指挥。费祎稳住魏延，以回去劝解杨仪为名当即跳上快马逃回中军大营。

魏延的反应还是慢了点，不过，他也很快反应过来，赶紧派人去追，但费祎已经跑远，追不上了。

魏延派人去中军大营侦察情况，发现各营正井然有序地拔营起寨依次撤退。

魏延显然是被丢弃了。《三国志·魏延传》中"若延不从命，军便自发"，这种话不像是丞相说的，更像是出自杨仪之口。

从始至终，这都是杨仪的阴谋，他不向魏延明说殿后是丞相的命令，只说是他的意思，目的就是诱使魏延不听安排，他才能找到一个理由抛弃魏延。

待在丞相身旁的费祎、姜维等人可能并未意识到事情的严重性。在他们看来，撤军部署是丞相的命令，杨仪此时又是以长史身份代行职权。对于宣布撤军计划是丞相军令，还是杨仪之意，并没有多大区别，但在魏延这里区别很大。杨仪也知道这其中的差别之大，大到足以让魏延闹事的程度，但他的目的就是故意制造区别，引魏延中计。

魏延不出杨仪所料，掉进了杨仪精心为他挖好的大坑。

魏延得知所部被丢弃后，当即大怒，立即整队南行，向汉中撤退。因为魏延统领的是先锋部队，是军中精锐，虽然行动晚但速度更快。

魏延率军南撤并抢先一步，为了不让杨仪先于他抵达汉中。魏延令士兵放火焚烧栈道，但可能是行色匆忙，也可能是部下执行不到位，栈道并未遭到严重破坏。魏延火烧栈道算是与杨仪彻底翻脸反目。

杨仪随即上书朝廷告发魏延意图谋反。魏延与杨仪不愧是多年的老对手，"心有灵犀"，他也上书告发杨仪谋反。

两人告状的文书前后脚抵达成都，杨仪告魏延谋反，魏延告杨仪谋反。刘禅拿不定主意，只能问蒋琬跟董允。

考验人品的时候到了。

丞相府留守长史蒋琬、侍中董允都表示，杨仪不会谋反，但魏延会不会谋反，说不准。

这个反应也属正常，杨仪说到底不过是个长史，平时只是做参谋管后勤并不带兵，更不会打仗。但魏延就不同了，平时对同僚粗暴傲慢，又长期领兵在外，以现在的情势还真不好说。

魏延先行一步来到斜谷南口堵击杨仪。这时杨仪身在中军，掌握话语权的优势显现出来，他派大将王平上前抵挡魏延。

王平来到两军阵前，对魏延的部下们说，丞相尸骨未寒，你们这是要造反吗？因为杨仪率领的是中军，护送的是丞相的灵柩。大家都相信错在魏延。于是，魏延的部队一哄而散。

其实，魏延以及他的部下都上当了。杨仪利用了他身在中军的优势，故意制造错觉。他知道魏延不敢反对丞相，魏延起兵针对的是他。但杨仪欺负魏延武人粗疏的特点，加以巧妙利用，抢先发问，质问魏延及所部士兵，给人造成魏延不服从丞相军令意欲谋反的印象，不容魏延分辩，就将反叛的罪名栽赃给魏延。

本来魏延是反杨仪的，结果就变成了反丞相。如果魏延的士兵知道魏延只是反杨仪，也许会听命，但听说魏延要反丞相，自然大家就都不会为魏延卖命了。

杨仪借王平之口，只用一句质问就瓦解了魏延的部队，其心机之深可见一斑。

变成光杆司令的魏延，见此情形只好带着儿子们策马南逃汉中。注意，这时魏延的逃跑方向是向南，不是向北。他逃跑的目的地也不是长安是汉中。魏延的逃跑路线可以证明他从未想过谋反,此时的他只是想先逃回去与杨仪打官司。

但杨仪是不会给他这个机会的。而失去部队的名将与常人无异,只需一个亭长就能将他擒住。

不过,杨仪还是很重视魏延的,派大将马岱去追杀魏延父子。马岱很快追上魏延将其斩杀。

马岱拿着魏延的人头向杨仪复命。被魏延欺负多年的杨仪这下终于找到机会报仇雪恨了。杨仪抢过魏延的人头扔在地上,用脚不停地踩,借以发泄心中的怒气。

但接下来,杨仪的报复就过分了。他诛杀了魏延三族。蒋琬率军从成都北上才走出几十里,就传来魏延被杀的消息。

杨仪回到成都,自以为立下大功,全军而还又斩杀魏延,满心期待成为诸葛亮的接班人。

当朝廷宣布以长史蒋琬为尚书令、益州刺史时,杨仪先是失望至极,随即便是怒不可遏。《三国志·杨仪传》的原文是:"怨愤形于声色。"杨仪只被任用为中军师。

失意落魄、口出恶言的杨仪很快就变得如同怨妇,同僚都不敢靠近,只有后军师费祎常去劝慰。这时,杨仪又说了一句很阴险的话,他说早知今日,当初不如率军投奔魏延,也不致如此落魄。注意,杨仪是说过魏延意图谋反的,投魏延的意思也就是要造反,不是北上叛逃,那就是南下谋反。杨仪直到此时还不忘陷害魏延。这是句相当反动的话,费祎不敢隐瞒当即上报朝廷。

很快,朝廷对杨仪的处罚就下来了。杨仪被贬为平民发配汉嘉郡。杨仪到了贬所仍旧不服,上书诽谤,言辞激烈,朝廷下令郡守逮捕杨仪,但杨仪选择自杀。

魏延与杨仪的意气之争,最终的结果是两败俱伤。

萧规曹随——后诸葛亮时代

诸葛亮去世后,蜀汉的北伐也随之停滞。相继接班的蒋琬、费祎都主守。他俩既不具备进攻的能力,也缺乏开拓的勇气。蜀汉全面转入守势。姜维倒是很想有所作为,但他位卑年少,只能顺应大势,等待时机。

诸葛亮是蜀汉的丞相,更是全体军民的精神支柱。

当诸葛亮病逝五丈原的消息传回蜀中,可以想象对蜀人的打击会有多么沉重。

悲痛之后,随之而来的是惶恐,因为失去丞相的蜀人不知如何面对未来。

这时众人的目光都聚集在蒋琬身上,因为蒋琬是诸葛亮指定的接班人。可以想见,此时的蒋琬压力有多大。

万众瞩目之下,蒋琬从相府长史遽升为尚书令,领益州刺史,不久,又升为大将军,录尚书事。

面对国家新失元帅,人心惶惶、远近危悚的局面,与自己获得的超出寻常的晋升,蒋琬既未表现出过度的悲伤,也未因地位的突变而面露得意,神色举止一如平日,由是众望渐服。

蒋琬其实很早就已获得诸葛亮的赏识。二十年前，蒋琬随刘备入蜀被任命为广都县长。一次，刘备外出巡游来到广都，见到的却是不理政事、酗酒沉醉的蒋琬。刘备当即大怒，要严罚蒋琬，以当时的情形，即便免于一死也必然仕途尽毁。然而，关键时刻，蒋琬有贵人相助。那时还是军师将军的诸葛亮罕见地为蒋琬求情说蒋琬乃社稷之器，非百里之才。这个评价相当之高。诸葛亮言下之意，蒋琬当县长是屈才了。

刘备看在诸葛亮的面上才对蒋琬网开一面，只是将其免官。但蒋琬既然已被诸葛亮评为社稷之器，那东山再起就只是时间问题。刘备称汉中王，蒋琬被起复为尚书郎。

建兴元年（223），丞相诸葛亮开府治事，征辟僚属，便破格提拔蒋琬做东曹掾。蒋琬诚惶诚恐再三推让，说刘邕、阴化等人资历才干皆在自己之上，但诸葛亮只属意蒋琬。对诸葛亮的器重，蒋琬自然心存感激，做事也更加勤勉。

建兴五年（227），诸葛亮率诸军北驻汉中。蒋琬以参军与长史张裔共同处理丞相府事，第二年接替张裔为长史，加军职为抚军将军。

诸葛亮常年率军在外征战。蒋琬则在后方为大军筹措粮饷。先帝在时领兵征讨四方，坐镇成都的是诸葛亮。如今诸葛亮在外，蒋琬据守。很明显，诸葛亮是将蒋琬作为接班人看待的。

诸葛亮也常对人说："公琰托志忠雅，当与吾共赞王业者也。"蒋琬，字公琰，故有此说。诸葛亮这是有意提升蒋琬的威望，为蒋琬的未来晋升铺路。

延熙元年（238），司马懿远征辽东。汉人都以认为这是北伐的良机。于是，蒋琬奉命率军屯驻汉中。后主刘禅不愿违逆众意,但又不想出兵,虽令蒋琬治军汉中但刻意强调,须吴举动,东西并力,方可进兵。

蒋琬自然深明其意,在汉中按兵不动。刘禅对蒋琬的表现大为满意,当年即准蒋琬开府,明年再拜蒋琬为大司马。

诸葛亮之所以选定蒋琬为接班人,其中很重要的一点便是看中蒋琬的宽厚,不管是从政还是为人,蒋琬都秉持这一原则。而诸葛亮不选杨仪,也是因为诸葛亮看出杨仪为人心胸狭隘、偏激阴暗。从杨仪设计陷害魏延就能看出杨仪的阴险歹毒,这类人虽有俗吏之才,却睚眦必报不能容人,难堪大任。所以,诸葛亮在给后主刘禅的密表中指出了杨仪的缺点,将其从候补名单中排除,而明确指定蒋琬为接任者。

身为百官之首,必须要宽怀大度海纳百川。市井百姓都知道宰相肚里能撑船。

东曹掾杨戏不善逢迎,蒋琬与他谈话,他也是有一句没一句的,给人一种爱答不理的傲慢之态。于是,就有人向蒋琬打杨戏的小报告,说您与杨戏说话,他却不回应您,如此慢待上级,是可忍孰不可忍,应予严惩。蒋琬却表现得很大度,说:"人心不同,各如其面;面从后言,古人所诫。"人心的不同就如同每个人的面容;当面服从,却在背后议论,这是古人所反对的。杨戏如果表面附和赞同我,那不是他的本心;如当面反对,则是显我之过,所以才默然不语。世事洞明皆学问,蒋琬可谓洞悉人性,更体察下属之心。

督农杨敏曾在背后说蒋琬的坏话:"做事愦愦,诚不及前人。"有人向蒋琬告发杨敏,主管司法的官员请示蒋琬要将杨敏治罪。蒋琬说:"我实不如前人,无可推也。"蒋琬并未深究此事,而杨敏所说的前人，当然是说诸葛亮。蒋琬不及诸葛亮那是自然的。不要说蒋琬，两千年来，又有几人可比诸葛丞相。

诸葛亮的光辉形象，对蒋琬而言是激励也是压力。人们会不自觉地将诸葛亮与他的后任做比较，而差距是显而易见的。

很多时候，天赋的差距是不可能靠后天的努力弥补的。

蒋琬在为政上处事沉稳，深得诸葛亮治国之精髓，但在军事方面，蒋琬差得更远。蒋琬认为丞相数次出兵翻越秦岭，路途艰险，粮草转运艰难，便突发奇想欲从水路经汉水、沔水乘船东下上庸。

蒋琬的计划一经提出便遭到众人的一致反对，原因也很简单，行不通。为阻止蒋琬进行军事冒险，后主特意派费祎、姜维从成都赶到汉中当面劝说。蒋琬只得作罢。

经过此事，蒋琬也深知用兵经武非其所长，便放弃亲自领兵北伐的打算。

其实，诸葛亮的军事上的接班人一直以来都很明确，就是姜维。

想必诸葛亮在时对蒋琬也有交代，所以蒋琬对姜维也十分器重，刻意提拔。

于是就在当年，延熙六年（243），大司马蒋琬上表推举司马姜维为凉州刺史，北伐路线也重新确定为西线的陇右。

蒋琬在奏表中写道："凉州胡塞之要，进退有资；羌胡思汉如渴。宜以姜维为凉州刺史。若维征行，臣当帅军为维后继。今涪水陆四通，惟急是应。"

蒋琬深知专业的事还是要交给专业的人去做。

上表自然得到批准，姜维被晋升为镇西大将军，领凉州刺史。

而蒋琬也率军南移屯于涪城。从这时起，蒋琬就退居二线而将实权交给了继任者费祎。

蒋琬由尚书令晋升为大司马后，费祎接任尚书令。蒋琬自汉中屯驻涪城后，费祎又由尚书令升任大将军，录尚书事，与蒋琬逐步完成交接。

延熙七年（244），费祎亲自带兵上阵指挥了著名的兴势之战。

就在蒋琬退守涪城的第二年，魏国的顾命大臣掌握实权的大将军曹爽为树立威信建立军功，仓促之间，发动伐蜀之役。

征西大将军魏延被杀后接替其镇守汉中的是车骑将军吴懿，安汉将军王平为副同守汉中。建兴十五年（237），王平接吴懿之任都督汉中，领汉中太守。

大司马蒋琬退往涪城。朝廷拜王平为镇北大将军总统汉中兵马。第二年三月，魏大将军曹爽率兵十余万进犯汉中，时汉中守军不满三万，兵力相差悬殊，众将都主张撤守外围堡垒守卫，集中兵力退守汉、乐二城，周旋之间，涪城的援兵就会赶到。

王平当即予以否定说："诸君所言差矣。汉中与涪城相距千里，贼兵如入平地，汉中便为危地。为今之计，当派刘护军、杜参军领兵在前据守兴势，使贼不得入平，我亲率大队为后援。曹贼若分兵向黄金围，我当亲自带兵往援，与之对峙，周旋之际，涪城的援军也就到了。"

当时众将对王平之计都持反对意见，只有护军刘敏赞同王平的提议。真理往往掌握在少数人手里，王平身为主帅，众将只能遵令行事，当即依计而行。

再说成都方面收到汉中急报，大将军费祎奉命前往增援。大军即将出发之际，光禄大夫来敏来为费祎送行同时提出一个要求，要与费祎下盘棋，当时的情形是"羽檄交至，人马擐甲"，实在不是下棋的时候，换作旁人恐怕早就将来敏斥退，但费祎表现得很有耐心，当即与来敏围棋，其间神色如常，丝毫不见焦急慌乱之色。来敏观察良久这才说，适才我是在试探您，大将军处变不惊行事沉稳，必能破贼。

费祎率军赶到汉中后，因刘敏已据守兴势占据地利，费祎因势而行率军据险而守。魏军强攻不成死伤惨重。两军对峙，僵持到五月，魏军争险不得，粮草将尽被迫撤兵。战后，费祎以军功封成乡侯。蒋琬主动推让刺史之职。于是，费祎又领益州刺史。

延熙十年（247），镇西大将军姜维晋升为卫将军，与大将军费祎共录尚书事。从蒋琬到费祎，不遗余力地提拔姜维，这既是遵从诸葛亮的安排，也是对姜维才能的器重赏识。而姜维也不负所望，自归汉以来，忠心耿耿，南征北战，屡立战功。

同年，汶山郡蛮夷反叛，姜维率兵讨平。之后，又率军出陇右与魏将郭淮、夏侯霸战于洮西。

第二年，大将军费祎出屯汉中。卫将军姜维请兴兵大举进攻陇右，引羌胡为援，夺取凉州。但费祎没有采纳，予姜维之兵不过万人。

面对踌躇满志、斗志旺盛的姜维，费祎显得很是保守。他对姜维说："我辈才能不如丞相，比之丞相相差甚远。以丞相之才尚且未能匡复中原，何况我等。不如保境安民，谨守社稷，不可图一时之侥幸定成败于一役。"

姜维渴望建功立业报效国家，然而忠孝不能两全。当初，姜维归汉,其母尚在天水,汉军撤退仓促,姜维随军入蜀,不及接母,从此与母亲分别两地。姜母曾托人捎信,信中教姜维采寻一味中药当归。姜维当然知道母亲的意思,但既已许国,便难复母命。姜维急于北伐,也是想能早日与母亲团聚。可惜的是,二十年来,蜀汉鲜少北征。姜维再未与母亲见面。

姜维第一次北伐——兵进西平

魏国发生高平陵政变后,政局不稳。这对南方的蜀汉与东吴来说,又是一次北伐的好机会。

延熙十二年(249)秋,汉卫将军姜维出兵北伐,不过这次北上,姜维选了一条比祁山更偏的进军路线。这次他的目标是魏国的西平郡。这个西平郡的郡治在西都县,就是今青海西宁。看看中国地图,就知道姜维这次走得有多偏。汉军从国内出发一路向西北挺进。

西平郡包括郡治西都县在内共有四县,其他三县分别是临羌、破羌、安夷。听名字就知道,这里是羌人聚居区。西平郡所在的湟水流域生活着大量的羌人。

长久以来,联结羌人夹攻魏人是姜维孜孜以求的战略构想。

西平湟水流域有勇猛的羌人,有大量可供大军食用的粮食,有成群的战马。兵源、战马、粮食,都是蜀汉最需要的,而这里全都有。

联结羌人从西面侧击陇右,充分利用羌人的资源,既可减轻后方粮食转运的压力就地获取补给,又能以羌兵补充兵力的不足。

姜维率兵进攻西平郡的同时，令牙门将句安、李歆在麴山兴筑两座山城，用以保护羌人家眷。

不过，郭淮也不是平庸之辈，经验丰富的郭淮也把打击矛头对准了军属。郭淮的军龄比姜维还要长。身为沙场老将，郭淮很懂得避实击虚，这个虚就是羌人眷属。姜维不好惹，但他的部将应该容易对付。

高平陵政变后，姜维身边多了个帮手夏侯霸。不过，司马懿也给郭淮派来了一个得力干将陈泰。

司马懿执掌大权后，用心腹郭淮取代夏侯玄做了征西将军。郭淮留下的雍州刺史的位置，司马懿给了陈泰。这个陈泰是陈群之子，也是司马氏的心腹。

能被司马懿看中的人，当然有些能力，事实也是如此，陈泰到前线后，给姜维添了不少麻烦。郭淮就很难搞了，这下又来了个更狡猾的陈泰，姜维的压力陡增。

新任雍州刺史陈泰眼光异常犀利，他一上来就看出了姜维的破绽。陈泰对郭淮说："麴城虽险且易守难攻，但我们不一定非要去攻，此城孤悬在外远离蜀地，城中所需粮草当由外运。我军只要四面围住，围而不攻，切断蜀军粮道，蜀军无粮将不战自溃。到时我军兵不血刃即可取麴城。就算姜维派兵来救，山路险远，我军在此以逸待劳，也可稳操胜券。"

郭淮听了陈泰的计策，正合心意，当下两人计议已定，雍州刺史陈泰率讨蜀护军徐质、南安太守邓艾带兵围困麴山城。

魏军包围麴城却围而不攻，更狠的是他们切断了城内的水源。西北本就干旱少雨，有时水比粮食还要珍贵，而麴城依山而建，山上更缺水源，几十年前，马谡在街亭的失败也是因为水。

对守军而言，断水比断粮更可怕也更狠毒，守将句安、李歆不甘心坐以待毙主动出城挑战魏军，与其渴死，不如趁部队战力尚存，与魏军决一死战。

可陈泰、邓艾这帮狡猾的家伙，知道汉军的窘境，闭门不战，之所以不应战，不是不敢，他们只是想在取胜的同时，把损失减少到最小，此时出战，即使获胜，也要付出不小的伤亡，与其如此，不如等蜀军奄奄一息时，再上去收尸，那岂不更容易。

好在时值冬季，西北天气寒冷，下了一场大雪救了城里的蜀军，守军分粮聚雪，煮雪为水，才勉强支撑下来。

守军在山上苦熬，日夜盼望援兵。姜维得知麴山被围，急忙带兵来救，城里的情况他比谁都清楚，因此昼夜兼程，不敢怠慢。

姜维亲统大军出牛头山来救麴城，在外围遇上了陈泰军。姜维很想打一仗，陈泰却不想打，一是怕打不过，二是他另有计划。

陈泰派人联系郭淮，请后者带兵南渡白水，循水而东，赶赴牛头山，抄袭姜维的后路。如果此计成功，姜维军将面临前有坚营，后有追兵的困境，被前后夹击。

郭淮依计而行。姜维果然怕了，只好撤退。麴城守将句安、李歆孤立无援，粮草将尽，最后被迫投降。这一回合，姜维败了。

郭淮见姜维退走，这才放心，这就要去打羌人。这时邓艾说："蜀军尚未走远，若知我军撤退，必然折返，姜维素来狡猾，要防他使诈。应留下一军以防不测。末将不才，愿领此任。"

于是，郭淮留下邓艾一军屯兵白水北岸。三天后，汉军果然杀了回来。姜维用兵出神入化，鬼神莫测，得诸葛亮真传，堪称一代帅才。可惜，他的对手不仅多也很强，郭淮、陈泰、邓艾跟后来的钟会，一个比一个难斗，加之国小兵少，鲜有良将，以致屡次北伐均无功而返。

姜维派大将廖化在白水南岸邓艾军营对面安营扎寨。此时，邓艾孤军留守，兵力不多，但南岸的汉军并没有渡河攻击的迹象，而是固守不出。邓艾仔细观察汉军动静后，对众将说："姜维折而复返，兵力远多于我军，却不进攻，这很不正常。这必然是姜维令廖化在此吸引我军，他却领兵去取洮城。"洮城在白水之北，距邓艾营六十里。

邓艾连夜率军回防，悄悄回到洮城。邓艾刚到不久，姜维随后杀到，可惜晚了一步，姜维与邓艾确是棋逢对手，将遇良才。姜维见魏军已有准备，不得已率军退去。

延熙十六年（253）正月，大将军费祎与众将在汉寿（葭萌关）置酒高会。大家都喝得有点高，费祎更是喝得酩酊大醉，不省人事。这时降将左将军郭循在座，趁机将醉酒的费祎刺杀。

越巂太守张嶷曾劝费祎，让他对那些投降过来的人保持适当的警惕，可费祎并未在意，结果死于刺客之手。

随着费祎的死，再没有人能压制姜维。

二十年后，蜀汉再次吹响北伐号角。

延熙十六年（253）夏，得知东吴诸葛恪出兵北伐，姜维亲率数万大军出石营进攻陇西郡。

姜维第二次北伐——进攻陇西

大将军费祎被刺身亡后,主战派卫将军姜维成为汉军主帅。

姜维一改前任的保守策略,面对强敌,采取大胆进攻、主动出击的攻势战略,掀起了蜀汉继诸葛亮之后的第二次北伐高潮。我们不妨称之为姜维北伐。

当年夏天,东吴的主战派诸葛恪率军北伐,大批关中魏军东调支援淮南战场。姜维抓住战机率数万大军兵出石营攻陇右,正式拉开北伐战幕。

延熙十七年(254),魏陇西郡狄道县长李简秘密派人入蜀联络姜维,表示愿意归汉,请姜维出兵接应。

六月,姜维出军陇右,进兵陇西。汉军到达狄道,李简即率全城军民出城相迎。

姜维大军稍事休整即挥师东进,围攻陇西郡治襄武(今甘肃陇西南),与讨蜀护军徐质所率魏军遭遇,爆发激战,混战中,汉军大将荡寇将军张嶷阵亡。

张嶷不久前刚刚回到成都。此前的十五年,张嶷一直驻守南中任越嶲太守。之所以待了这么久,一是那里需要他坐镇,二是皇帝刘禅不想让他走。

南中情势复杂，越巂尤甚，张嶷之前的两任太守都死于非命。张嶷到任后，迅速平息叛乱，恩威并用，把越巂治理得井井有条。鉴于人才难得，那里也只有张嶷这样的猛人才镇得住，刘禅就没打算换人。还是张嶷自己多次上书请求调回内地，毕竟已经十五年了。

延熙十七年（254），刘禅也有点不好意思了。这才把张嶷召回成都。

听说张嶷要走，当地百姓扶老携幼空巷相送，不少人一路依依不舍，甚至送到蜀郡地界，跟随张嶷入京朝贡的部落酋长竟多达百人。

张嶷回成都不久，即赶上李简请降，朝臣对此都有些怀疑，三国年间，边境守将诈降事件层出不穷，最有名的就是石亭之战中的周鲂，把一个曹休活活气死，所以对李简的投降，朝廷大臣难免心存疑虑。张嶷却坚决支持姜维，把握良机，出兵接应。

张嶷虽常年身居外任，在朝中却很有威信。皇帝刘禅颇为倚重张嶷，下旨准许姜维出兵。

当时张嶷患有严重的风湿病，平时靠拄拐才能行走，所以姜维选将调兵时，未将张嶷列入出征名单。张嶷得知后，主动上书要求随军出征"肆力中原，致身敌庭"。

出征前，张嶷给后主刘禅上了一份辞气慷慨的表章："臣受陛下厚恩，常思报效，近年臣有疾在身，恐一朝陨没，辜负陛下。今如愿随军讨敌，臣能报效国家，甚是欣慰。此次出军若能克复凉州，臣愿为陛下守此地；若有不捷，臣将以死报国。"昏庸如后主刘禅看了表章也感动得为之流泪。

张嶷抱定必死之心踏上征途。战斗中，张嶷奋勇向前，不幸陷入重围，在生命的最后时刻，张嶷履行了自己的诺言，求仁得仁，在杀伤大批敌兵后，壮烈殉国。

张嶷战死的消息传回蜀中，后主刘禅为褒扬张嶷的功绩，下令加封张嶷长子张瑛西乡侯，次子张护雄继承其父爵位。越巂民夷闻嶷死，无不悲泣，在当地为张嶷立庙，四时祭祀。

张嶷并没有白白牺牲，姜维率军经激战大败魏军，阵斩魏军主将徐质，接连攻克狄道、河关、临洮。姜维将三城百姓全部迁入蜀地。

姜维第三次北伐——洮西大捷

二次北伐后,姜维回到成都。延熙十八年(255),姜维在蜀中得知司马师病亡,其弟司马昭继立,魏国国内局势不稳,当即上表后主,请求再次出师北伐。

后主刘禅还未发话,征西大将军张翼却先表态,坚决反对。张翼说我们国小民穷,连年出军,劳民伤财,不如保境安民,等待时机,并当众与姜维争论。

尽管有反对之声,后主最后还是批准了姜维的进兵计划。张翼改任镇南大将军也随军出征。虽然张翼反对北伐,但姜维出师还是带上了这位反对派。

在蜀汉朝堂上,姜维是孤独的。益州本土势力以谯周为代表反对北伐,主政的荆州集团蒋琬、费祎在诸葛亮去世后,对北伐也不甚积极。军中大将甚至公开反对,如张翼、廖化。但矢志于北伐的姜维,排除重重阻力,百折不回,再次出师。

汉卫将军姜维与车骑将军夏侯霸领兵数万三出陇右,大举伐魏。

蜀汉后期,姜维几乎是以一己之力苦撑,对于北伐,文官大多反对，武将也有很多人并不支持。夏侯霸是姜维为数不多的得力帮手。

夏侯霸原本与蜀汉有杀父之仇，还曾担任伐蜀先锋。可是，造化弄人，司马懿发动高平陵之变后，大肆屠杀曹魏宗室与正始名士。

当时魏国在西线领兵的是征西将军夏侯玄及其麾下大将征蜀护军夏侯霸两位宗室。

司马懿既已诛杀曹爽三族，自然不会允许有宗室在外领兵，随即以朝廷名义征召夏侯玄、夏侯霸入朝，目的是夺其兵权。

夏侯玄与夏侯霸明知司马懿不怀好心，想反抗但心有余而力不足。夏侯玄与司马懿还有一丝交情，又不想担负反叛之名，选择听从征召，束手归命，数年后被司马氏兄弟诛杀。

夏侯霸的情况比夏侯玄更加险恶。他知道回洛阳是死路一条，留在陇右意味着抗命，而且他与顶头上司雍州刺史郭淮不和，而这个郭淮又是司马氏的亲信。

思来想去，也只剩南下投蜀一条路。夏侯霸只身入蜀，蜀汉得知消息派人来迎。

说起来，夏侯霸与后主刘禅还是亲戚关系。几十年前，夏侯霸的表妹外出打水正巧遇上张飞从此路过。张飞一眼就相中了夏侯霸的表妹。三将军一点儿也不玩虚的，直接抢人。后来这位被抢来的夫人给张飞生下两个女儿。夏侯渊战死汉中，也是这位夫人向刘备请求安葬夏侯渊。

而张飞的两个女儿都嫁给了刘禅。所以，刘禅与夏侯霸还真是实在亲戚。刘禅指着太子对夏侯霸说，此夏侯氏之甥也。

姜维、夏侯霸率军再出陇右。此时郭淮已死，陈泰受命继任征西将军，假节、都督雍、凉诸军事，继郭淮之后，总督关中、陇右各处兵马。陈泰升职后，留下的雍州刺史空缺由王经接任。

姜维为迷惑魏军，扬言兵分三路，攻取祁山等处。

接替陈泰任雍州刺史的王经报告陈泰，说情报显示姜维、夏侯霸企图兵分三路进军祁山（今甘肃礼县东北）、石营（今甘肃武山南）、金城（当时属凉州，今甘肃榆中）。

王经提议以本部人马进兵为翅抵挡石营方向的蜀军，调凉州军至枹罕对付金城方向而来的蜀军，请讨蜀护军守祁山。

从地图上分析，汉军这次三路攻势同时攻击魏国雍、凉两州，相隔数百里，不能互相呼应，自诸葛亮以来从未有过不据险要、分兵多路的情况。

陈泰不愧沙场老将，在西线多年，熟知姜维的用兵方略。他否定了王经的提议并警告王经，一旦分兵，军势分散，容易被蜀兵各个击破。陈泰严令王经在摸清敌军虚实，搞清姜维主攻方向之前，各部不得轻举妄动。

蜀汉只有数万人马，不可能发动如此大规模的包围战役。兵势恶分，分则力弱，敌军如此，自己也是。凉州军不宜跨境到雍州作战，这定是姜维的疑兵之计。

陈泰告诉王经："先查明姜维的真正动向，我再与你东西并进夹击姜维。"

魏雍州刺史的驻地在天水郡的上邽，而从上邽到狄道要比枹罕到狄道远五六倍，姜维到枹罕之前，王经所部已向西移动，攻击石营的汉军此时顺势西进狄道。

汉军的真实意图很快被确认。八月，姜维率兵数万进至枹罕（今甘肃临夏），兵锋直指狄道。

陈泰命令王经率军进驻狄道城，固守待援，待大军到后，再行进兵。但王经却没听从上司的部署凭城固守，而是主动迎战汉军。

王经率军强渡洮水，在洮水西岸与姜维率领的汉军主力遭遇，两军随即展开大战。

姜维带兵深入，利在急战，攻城旷日持久耗费时日，于汉军不利。自诸葛亮以来，汉军北伐，首要目的都是寻求与魏军野外决战，待歼灭其主力后，再发兵攻城，事半功倍。司马懿正是清楚这点才消极避战。

现在王经主动送上门，姜维岂能放过。姜维率领的是蜀汉精锐的野战军，那是诸葛亮、姜维一手训练出来的精兵，战斗力很强。尽管雍州兵也是能战之师，但在草包王经手下也只能自认倒霉。两军混战，旌旗乱舞，箭矢如雨，双方士兵绞杀在一起，直杀得天昏地暗，血肉横飞。

一场昏天黑地的厮杀，魏军大败，战死一万余人，伤者不计其数，余者大部溃散。

这是自诸葛亮卤城大破司马懿后，汉军在陇右取得的最大的一场胜利。汉军野战甚强，魏军不是对手。就怕魏军不出来，只要出来，就好办。

从诸葛亮到姜维都在积极寻找战机，诱敌之计频出，只为野战歼敌。

洮水之战，姜维抓住机会，击溃魏军，这也是他北伐以来最大的一场胜仗。

这时王经所部伤亡数万之众，可是手下还有一万人马。魏军在城外难以立足，王经只好带着残兵败将退保狄道城。

姜维正要乘胜进兵，镇南大将军张翼又出来反对，张翼说："不如乘胜收兵，再进兵深入，未必于我军有利，反倒是画蛇添足。"姜维闻听此言，勃然大怒，张翼屡屡跟他唱反调，但姜维还是带上张翼一起围攻狄道城。

陈泰大军进到陈仓，听说王经并没有进驻狄道城，陈泰就预感到大事不妙，催促大军加快行军速度。尽管陈泰率军拼命赶路，但还是晚了一步。

陈泰还在路上，败报传来，王经军战败，部队大部溃散。王经率余部退守狄道城，正被姜维率军围攻，情势危急。

陈泰到上邽后，分兵把守各处关隘，之后率大队人马昼夜兼程来救狄道。大军到达陇西。邓艾、胡奋、王祕各部也先后赶到。

八月二十二日，魏廷得知前线战败，司马昭即令代安西将军邓艾率军支援陈泰，合力拒抗姜维。

稍后，魏廷再次下令太尉司马孚统率大军为邓艾军后继，增援陇右。当年诸葛恪攻合肥，领兵增援的就是司马孚；现在姜维攻狄道，司马孚又挂帅出征。

司马孚的水平就不必说了，这是一位靠关系上位的角色，他能当上太尉，只是因为他是司马懿的弟弟、司马昭的叔叔。

几年过去了，司马孚全无长进，面对锐气正盛的汉军，司马孚依旧徘徊不进，不敢向前。他率领的援兵似乎永远在路上。

陈泰汇合各路人马后，就要进兵，邓艾、王祕等众将纷纷劝道："王经所率乃陇右精兵，尚遭大败，今姜维大胜之后，气势正盛，将军人马虽多，却多是从各地征集的新兵，未经阵仗，操练不熟，而王经新败，各部士气低落，恐难以对敌。古人有言：

'蝮蛇螫手，壮士解其腕。'孙子曰：'兵有所不击，地有所不守。'"

邓艾等人的意思再清楚不过，所谓兵有所不击，是指此时姜维兵锋锐不可当，这时迎上去是自找倒霉，所谓地有所不守，就是说狄道那地方，该放弃就放弃，不必冒险去救。

王经，就让他自己在那守着吧。不是我们不想救，而是眼下这个形势没法救。为了顾全大局，局部的牺牲也是不可避免的，意思就是王经完了也就完了，别把大军也搭进去。

邓艾、王祕等人的想法是先占据险要，待姜维军疲困之后，再行反击。说穿了，就是没胆，不敢去。即便大将也有胆怯时，曹操这话说得真是太好了，想必此时的名将邓艾在心底里也深深认同这一说法。

陈泰知道要救狄道，先要说服众将，他说："姜维远来，利在急战，他的目的就是与我军野战。王经正确的做法是深沟高垒，坚守不战，待蜀兵锐气尽失、粮草不济退去时再出击。而他却与敌决战野外，中了姜维的圈套，这才被困狄道城。此时，姜维若乘胜东进抢占略阳粮仓，然后分兵四出，招降纳叛，引诱羌人，陇上四郡——陇西郡、南安郡、天水郡、广魏郡，恐非我有。但姜维却以得胜之师顿兵坚城之下，这正是他的失算。攻守势殊，主客不同。造盾牌、制撞车，耗费时日；堆土山，填堑壕，也要时间。蜀军悬军深入，强攻坚城，绝非易事。姜维孤军前来，所带粮草必然不多，却攻打坚城，此乃兵家大忌，大破姜维正在此时，我军当迅速推进，以迅雷不及掩耳之势，进击敌军。寇不可纵，围不可久，君等何出此言！"见主将如此态度，众人便不敢再多言。

陈泰率军继续前进，于一天深夜翻过高城岭，登上狄道城东南的一座高山。魏军在山上燃起烽火，鼓角齐鸣，黑夜里火光照出很远。

城内守军望见烽火，知道救兵已到，顿时欢呼雀跃。

火光也同时暴露了陈泰军的位置，姜维没想到敌人的援兵会来得这么快，仓促之下，紧急集合部队，向陈泰据守的山头反攻。但陈泰居高临下，占据地利，汉军仰攻受挫。为避免腹背受敌，姜维只好撤除包围。

九月二十五日，姜维拔营退走，这时狄道城中守军的粮草仅够维持十天。如果陈泰听从邓艾等人的话，不要说狄道城难保，恐怕整个陇右都可能被汉军占了。姜维的运气也真够差，每次胜利在即之时，总有强劲的对手出现，以致功败垂成。

当初陈泰进兵时，军中众将大都反对，邓艾等人都主张等司马孚率领的朝廷大军到后，再行反攻，只有陈泰坚持进兵。

陈泰曾把众将的想法向司马昭汇报，请示下一步的行动。司马昭肯定了陈泰的计划，说："切断陇道，据关陇之险，夺取四郡。昔日诸葛亮常有此志，但未能如愿。连诸葛亮都做不到，更何况是姜维。狄道城固，蜀兵短期之内难以攻陷，最令人担忧的就是城内缺乏粮草，征西（指陈泰）急速救援乃是上策。"陈泰力排众议敢率军增援，也是得到司马昭的首肯后才行动。

姜维从狄道撤军后，屯兵钟提（今甘肃临洮南），等待时机，准备再出祁山。

姜维第四次北伐——段谷之战

延熙十九年（256）正月，后主因洮水大捷晋升姜维为大将军。姜维终于成为名副其实的汉军主帅。

洮西惨败，震动魏国朝野。

姜维虽在野战中击溃魏雍州兵，但魏国国力的雄厚也在此刻显现出来，仅仅雍州魏军的实力就与姜维所率的汉军主力野战兵团的实力不相上下，所以姜维只能击溃而未能全歼敌军，致使王经残部仍有万余人的实力，得以据城死守。

魏军虽连遭败绩，但实力雄厚。汉军虽胜，但连年出兵，国内已有怨声。姜维羁旅归国，以弱国抗强敌也是举步维艰。

于是，魏国朝野认为，蜀汉国力已竭，很难再发动大的进攻。在一片乐观的氛围中，只有一个人表示反对，此人就是邓艾，别人只看到对自己有利的一面，而他却看到了对手的优势和己方的劣势，这就是名将与普通人的区别。

邓艾因救援狄道有功，从行（代理）安西将军正式转正为安西将军。

邓艾为同僚们仔细分析当前的战争形势：洮西之战，我军惨败，损兵折将，府库空虚。敌军锐气正盛，我军士气低落；敌军训练有素，久经战阵，上下协同一心，我军新募之兵，将不识兵，兵不知将；敌军器械精良，我军铠甲武器损失严重，新造的还没补充足额；敌军行军走水路（钟提附近有黑龙河、永宁河可逆水而上），我军陆地行军，劳逸不同（水路快而省力，陆路慢而耗力）；我军处于守势，狄道、陇西、南安、祁山，处处需守，分兵设防，而敌军可集中兵力，随意攻击其中任何一处。

蜀兵如从南安、陇西进兵，可从当地羌人那里就地补充粮草，如出祁山，那里的千顷麦田，对姜维更是一个巨大诱惑。

最后，邓艾得出结论，姜维一定会来，而且很快，这一次他又猜对了。

延熙十九年（256）七月，姜维率军出征，还是兵出祁山，开始第四次北伐。

姜维率军出发不久，斥候来报说祁山魏军守备严密，显然已有准备。姜维于是舍弃祁山，回军董亭（今甘肃武山南），转攻南安郡。

邓艾在武城山（今甘肃武山西南）据险力守。姜维派兵夺取山头，但没有成功。姜维决定改变主攻方向，派人联系镇西大将军胡济，让他领兵增援，与自己合击上邦。

之后，姜维率军渡过渭河，沿山东进转攻上邦（今甘肃天水）。邓艾在击退汉军后，并没有忘乎所以，与姜维交手多年，他太清楚自己的对手了，这不是一个轻言放弃的人。

于是，汉军撤走不久，邓艾便带兵下山一路跟踪追击，在段谷（今天水西南）追上姜维军。

此时的姜维孤军深入，连续转战，人困马乏，更糟的是原本约定前来接应的胡济兵团并未出现。

汉、魏两军在段谷狭路相遇，展开混战，汉军寡不敌众，折损数千兵马，被迫退回汉中。此战蜀兵死伤很多，国人怨声四起，姜维主动上书请求处分，不久处分结果下来，姜维被免去大将军之职，降为后将军，代理大将军职权。

姜维被贬，邓艾却升官了。因为成功击退汉军，邓艾被晋升镇西将军都督陇右军事，封邓侯。

这次兵败，原因之一在于胡济的失期不至，战后，姜维被从大将军贬为后将军。但令人奇怪的是，胡济却未受影响，不久还从镇西将军升任骠骑将军。

要弄清事情的来龙去脉，还要从他们约定的地点说起，姜维与胡济约好两军会师的地方很可能是上邽。

从诸葛亮到姜维都有一个战术目标，那就是切断陇道，孤立陇右之敌，同时阻止关中魏军增援，这是夺取陇右最关键的一步。

只是可惜，当年丞相未达成这个目的，而姜维是最懂丞相的用兵方略的，他几乎完全继承了丞相的北伐战略。

姜维要做的也是断陇，上邽相比陈仓距陇右更近，这里还存有大批军粮。攻占上邽可补给粮草，更可以封锁陈仓渭水道。

姜维此前北伐很少调动留守汉中的部队。魏军对汉中守军的动向自然也不会特别关注，而这正是姜维调动胡济的目的，这次令胡济与他会攻上邽，也是希望出其不意，攻取上邽。

姜维知道，只要他出现就必然会吸引邓艾所率的陇右魏军主力。姜维的计划是以自己调动魏军，给胡济创造机会，以胡济率领的汉中留守部队，出奇兵，攻占上邽。

而胡济军从汉中出发走祁山道去上邽，必然要经过祁山。之前说过，祁山控制着从汉中进入陇右的关口。这里也是当年诸葛亮北伐时与司马懿争夺的焦点。

魏军对祁山向来守备严密。胡济未必能攻下祁山。当然，对胡济的能力，姜维也未做多大指望。姜维原本是打算亲自攻下祁山，为胡济打开进兵通道的。

姜维的本意是准备从钟提突袭祁山。但祁山魏军已有防备，姜维于是开始执行第二套方案，掉头猛攻南安，目的则是调动祁山魏军来援，给胡济进攻祁山创造条件。姜维的确调动了魏军，但来的是从上邽赶来的邓艾部，祁山的魏军并未行动。

姜维强攻武城山与邓艾争险苦斗，也是想迫使邓艾从祁山抽调兵力增援，从而达到调动魏军助攻胡济的目的。

但在姜维猛攻之下，邓艾只守不出也没有从祁山调兵。这下姜维军就处于十分危险的境地。

祁山仍在魏军手里，而胡济军即将抵达祁山。劳师远征的姜维不甘心就此放弃。于是，姜维决定兵行险招，从武城山直取上邽，这意味着姜维在失去友军接应的情况下，已经成为深入敌后的一支孤军，稍有不慎就会满盘皆输。

姜维率军连夜渡过渭水。

姜维甩开邓艾后如能在邓艾援军到达前攻下上邽，战局将彻底扭转。即使不能拿下上邽，如果能调动祁山守军支援上邽，只要胡济援军一到，胜负仍未可知。

但邓艾没有给他这个机会。姜维夜渡渭水后。邓艾很快判断出姜维的动向，于是率兵连夜赶回上邽，而祁山魏军还是不动。胡济的部队被堵在祁山过不来。

事已至此，姜维败局已定。

姜维已经竭尽全力，但还是兵溃上邽。

姜维第五次北伐——骆谷长城之战

延熙二十年（257），诸葛诞在淮南起兵，司马昭为围攻寿春，不得不从关中抽调兵力支援东线。

姜维获知消息，趁关中魏军兵力空虚，率兵数万，出骆谷（今陕西周至西南），向关中进兵，开始了第五次北伐。

与之前四次进军陇、右兵出祁山不同，这次姜维改变了主攻方向，兵锋直指关中。

不论是诸葛亮的五次北伐，还是姜维的"九伐中原"，主攻方向都是陇右，很少直接进攻关中，诸葛亮五次北伐也只有最后一次指向关中。道理很简单，不解除来自陇右的侧翼威胁，进兵关中就很冒险。姜维这次突然改变路线，只是因为，这里的魏兵少于平时。守军虽少，却并非没人守。

当姜维率军抵达沈岭（今陕西周至西南）附近的长城（魏国沿边所筑的防御要塞）时，姜维遇到了敌手——魏军主将司马望。

当时的长城存有很多军粮，而守军却很少，所以当守军得知姜维杀到，顿时惊慌失措。但主将司马望却泰然自若，这早在他的意料之中，关中部队东调，这么好的机会，姜维怎能放过，姜维不来，那才是怪事呢。

将是军中之胆，士兵们见主将如此镇定，人心也渐渐安定下来。

司马望，司马懿三弟司马孚的次子。有司马懿的背景，司马望的仕途可谓一帆风顺，举孝廉入仕（世家子弟的普遍现象，寒门子弟被排斥在外），先后做过平阳太守、洛阳典农中郎将。

高贵乡公即位后很赏识司马望，后者常被召入宫中，与裴秀、钟会等一班名士成为幼主曹髦的座上客。但司马师、司马昭执政时的魏国，朝廷政治斗争日趋白热化，司马望不愿卷入其中，主动申请外调，以征西将军衔出镇关中，接替陈泰都督雍、凉兵马。

司马望对付姜维的办法，说起来也很简单，坚守不出。司马望凭险固守，不论汉军如何挑战，魏军就是不肯出战，这场景几乎就是当年诸葛亮与司马懿在渭水南岸对垒的情景再现。

而不久之后，姜维的老对手安西将军邓艾奉命自陇右率兵增援长城。邓艾的到来更坚定了守军的信心。

姜维只好在芒水（今陕西周至南里水谷）扎下连营，长期围困。但姜维不同于司马昭，他的兵力单薄，又是劳师远征，拼消耗对汉军不利。转年，寿春被司马昭攻破，大批魏军回援。战机已失，姜维不得不再次退兵，第五次北伐无功而返。

景耀元年（258），姜维回到成都后官复原职，再次被拜为大将军。

姜维第六次北伐——侯和之战

　　景耀五年（262），在沉寂了数年后，大将军姜维再次上表后主，请求出兵北伐。而朝廷上不出意外再次出现反对的声音，这次反对出兵的是右车骑将军廖化。

　　廖化最为人熟知的就是那句流传颇广的谚语——蜀中无大将，廖化做先锋。这句话常常用来说明蜀汉后期良将的匮乏，连廖化这等不入流的武将都做了先锋。

　　其实这完全不符史实，因为廖化与时任左车骑将军的张翼都是北伐的反对者，这次廖化更是公开站出来反对姜维出兵，他怎么可能会做姜维的先锋！而且，此时廖化的年纪已经很大，姜维更不可能用一位比自己年纪还大的老将做先锋。

　　几乎每次出兵，朝堂上都会有人反对，但后主还是批准了姜维的请求。

　　十月，姜维再次出兵陇右，开始了自己执掌兵权以来的第六次北伐。如果算上费祎时代的三次，这已是姜维第九次伐魏，即《三国演义》说的九伐中原。

　　姜维率军进攻洮阳（今甘肃临潭西南），在洮阳东面的侯和

（今甘肃舟曲西北）与自己的老对手魏征西将军邓艾再次相遇，不过这次，姜维却败给了对手，不得不退兵回国。

消息传回成都，朝野哗然，姜维的北伐本就不被看好，这次又兵败而归。姜维的处境更加艰难，用四面楚歌形容也不过分。

军中的高级将领、资深元老如左车骑将军张翼、右车骑将军廖化等人都反对姜维北伐，朝中执政的董厥、诸葛瞻也不支持姜维，宦官黄皓甚至打算用右将军荆州南郡人阎宇取代姜维，只因姜维手握兵权，一时还没找到机会而已。

姜维虽常年领兵在外，但对小人黄皓的所作所为，还是知道一些的，特别是当他得知黄皓竟阴谋要夺其兵权时，再也压抑不住心中的怒火，直接找到后主，请皇帝陛下诛杀这个祸国殃民的小人。黄皓是刘禅的宠臣，刘禅当然舍不得杀，姜维碰了一鼻子灰，无可奈何，成都的官僚大多是黄皓的党羽，姜维人单势孤，深恐久留京师于己不利，于是主动提出到沓中去屯田避祸，不敢回成都。

姜维是陇右人，在蜀中并无根基，加之连年征战，兵疲民困，功业不建，此刻又受到朝野内外群起攻之，令姜维更苦闷的是从始至终北伐都只是他一个人的北伐，从未得到朝中有力的支持。姜维和他的兵团一直在外孤军奋战。

不少人将蜀汉的灭亡归咎于姜维，岂不知导致蜀汉衰亡的正是昏庸的后主、碌碌无为的董厥为代表的荆州派势力，这些人因循守旧、不思进取，只顾自己小团体的利益，排斥益州势力，造成益州本地人的日益离心，对黄皓在朝中勾结党羽、干预朝政的所作所为，听之任之，毫无办法。导致蜀汉早亡的正是这些人。

姜维北伐虽劳而无功，也的确劳民伤财损耗国力，但尚不致亡国，如果没有姜维，以蜀汉之主昏臣暗，怕早为吴、魏两国所灭。连敌国的司马昭等人都看得十分清楚，蜀汉只有一个姜维。可对这位国之柱石，蜀汉的武将、文臣甚至宦官却都视若仇敌。

满朝文武之中，只有参军来忠（来敏之子）、尚书向充等少数中下级官员支持姜维。

从始至终，姜维都是孤独的。

姜维北伐更是孤独者的孤军奋战。

剑阁拒敌　偷渡阴平——蜀汉亡国

三国后期,蜀汉在走向衰落,外人都看得很清楚。孙休曾派一个叫薛珝的大臣出使蜀汉。

薛珝从蜀中归来,回国复命。孙休问薛珝在蜀地的见闻,薛珝回答:"主暗而不知其过,臣下容身以求免,入其朝不闻正言,经其野民皆菜色。"

朝堂上,主上昏庸糊涂,大臣们只求自保苟且偷安,走在田间到处都可以看到因营养不良而面黄肌瘦的百姓。

诸葛亮之后,蒋琬、费祎、董允相继执政。在此期间,蜀汉大体保持了稳定,费祎遇刺身亡成为蜀汉走向衰亡的转折点。

此后,刘禅昏君的本性逐渐暴露出来,而成就其昏君之名的主要有两个人,黄皓与陈祗。

诸葛亮深知刘禅性情,因而特意派秉性刚直的董允主管宫中之事。二十余年来,刘禅被管得十分规矩,董允在时,刘禅宠信的宦官黄皓不过是一个黄门丞。直到陈祗的出现,平静被彻底打破。

陈祗是许靖哥哥的外孙。随许靖入蜀,入仕为选曹郎,后被费祎看中破格提拔,一路高升。与之前严肃刻板的蜀中四相不同,此人"多才多艺",很会玩,这一点特别对刘禅的脾气。董允死后,刘禅失去约束,而陈祗这个玩伴的出现,让刘禅彻底放飞自我。想想之前董允在时,自己过得简直就是囚徒生活,与董允一比,刘禅更喜爱陈祗,也更加痛恨董允。

陈祗是一个很会揣摩人主心意的人,善于察言观色、投其所好。

陈祗接替吕乂出任尚书令后,很快便与黄皓勾搭成奸。所谓臭味相投,两人一内一外,把持朝政,蜀汉国势日衰,初露亡国之兆。

陈祗虽官位居姜维之下,但姜维常年领兵在外,很少回成都。刘禅最亲近信任的除了黄皓就是陈祗。陈祗做尚书令的几年,真正是一人之下,万人之上。

姜维不遗余力筹划北伐,后主刘禅与陈祗、黄皓在后方极尽享乐。孰料乐极生悲,景耀元年(258),陈祗死了,刘禅为此难过了好一阵,只要有人提到这位爱臣的名字就流泪,当年刘备哭法正也不过如此,而刘禅为之痛哭的却是这么一个佞臣。

哭过还不算,刘禅又下令给爱臣陈祗追加谥号,蜀汉很少给大臣赠谥号,只有功勋卓著者,方能享此殊荣。昭烈帝刘备一朝,大臣追谥者,只有法正一人。后主刘禅时,也只有诸葛亮、蒋琬、费祎有谥号。陈祗能被追谥,只因他是刘禅的宠臣。

既然文臣都已加了谥号,武将自然也要追谥。昭烈皇帝刘备生前所封的四大将军:前将军关羽、右将军张飞、左将军马超、后将军黄忠也一一被追加谥号。

蜀汉之名将只有这四大将,"五虎上将"是小说《三国演义》

的说法。刘备时代，赵云自始至终都是一个杂号将军，从未与四大将平起平坐。真正赏识提拔赵云的人是诸葛亮。不过，诸葛亮当政时，赵云已"廉颇老矣"，再难有所作为。

后主刘禅追谥前朝武将，只追谥了关羽、张飞、马超、黄忠。对当年在长坂坡万军丛中舍命救他的恩人赵子龙，却置之不理，很是薄情。后来还是大将军姜维看不过去，据理力争，最后，刘禅才给赵云补赠了一个"顺平"的谥号。

继陈祗之后担任尚书令的是原诸葛亮丞相府令史董厥。

董厥，字龚袭，荆州义阳人，而董厥的继任者也是蜀汉帝国最后一任尚书令的樊建也是荆州义阳人。

蜀汉从开国到亡国先后有十一任尚书令（算上开国前的第一任尚书令法正共计十二位）。

尚书令法正，右扶风郿人，东州集团背景。219—220年在位。

尚书令刘巴，荆州零陵郡人，220—222年在位。

尚书令李严，荆州南阳人，东州集团背景。

尚书令陈震，荆州南阳郡人，荆州集团背景，随先主入蜀。

尚书令蒋琬，荆州零陵郡人，荆州集团背景，诸葛亮相府班底。234—235年在位。

尚书令费祎，荆州江夏郡人，具有东州、荆州双重背景，诸葛亮相府班底。235—243年在位。

尚书令董允，荆州南郡人，东州集团背景。244—246年在位。

尚书令吕乂，荆州南阳人，东州集团背景。246—251年在位。

尚书令陈祗，汝南郡人，东州集团背景，251—258年在位。

尚书令董厥，荆州义阳人，诸葛亮相府班底。259—261年在位。

尚书令樊建，荆州义阳人，诸葛亮相府班底。261—263年在位。

尚书令诸葛瞻，徐州琅邪阳都人，诸葛亮之子。263年在位。

首任尚书令法正乃刘备心腹重臣，握有实权，可惜在位时间不长。诸葛亮时代的尚书令李严、陈震，不过充位而已。诸葛亮死后，蜀汉不再设丞相，而政归尚书令。

纵观十二位尚书令不是刘备心腹、旧部，便是诸葛亮相府班底，之后具有荆州集团与东州集团背景的士人轮番执政，益州本地士人竟无一人入选。

在益州本地士人看来蜀汉帝国从始至终都是一个外来政权。如此鲜明的排他性，令蜀汉缺乏本地势力的衷心拥护与支持，尤其在刘备、诸葛亮去世后，这种情况尤为明显。也无怪乎，益州本土士人对刘禅政权采取消极态度，这也是蜀汉亡国的原因之一。

尚书仆射董厥升任尚书令后，留下的仆射一职由尚书诸葛瞻接任。

诸葛瞻，字思远。汉丞相诸葛亮之子。

以下是诸葛瞻的成长史：

十七岁迎娶公主，同年入仕，官职是骑都尉。

十八岁升任羽林中郎将，之后先后历任射声校尉、侍中。

景耀二年（259），三十二岁的诸葛瞻荣升尚书仆射加军师将军（他父亲曾经担任的职位）。

蜀人追思诸葛亮，爱屋及乌，对诸葛瞻也十分喜爱。朝廷每有惠民之举，大家总是奔走相告，说这又是葛侯为百姓做的好事。其实，有些事并非诸葛瞻所为，甚至他根本不知情。

景耀四年（261），诸葛瞻升任卫将军，与辅国大将军董厥共理朝政。

回到成都的大将军姜维向后主刘禅提出了他酝酿已久的新的战略构想：放弃汉中外围诸营堡，退守汉城、乐城。诱敌深入，待其兵疲粮尽，集中主力与城内守军，内外夹击，聚而歼之。概括起来就是八个字：弃险退守，诱敌深入。

姜维的这一设想源于以往北伐的劳而无功及洮西之役歼灭战的胜利带给他的刺激。

多年的北伐战争，令姜维意识到必须大量歼灭敌军方可夺关占城，恢复汉家江山。而劳师远征，不仅劳民伤财，且魏军多避而不战，令求战心切的姜维苦恼不已。如何击败敌人，姜维不得不另寻对策，这就是主动退守，引诱敌人主动来攻，与其长途跋涉去攻，不如就在自己的大本营汉中设伏，将决战的战场放在汉中，可省去舟车劳顿，更可以逸待劳。

姜维就是要示弱于敌，引诱魏军主动来攻，以少量守军固守坚城，在内线牵制敌军，自己则率领主力机动兵团在外线寻觅战机，一旦时机成熟，就张开大网，围歼魏军。

姜维的想法不错，但仍有不足之处，他忘记了重要的两点：

第一，他的对手很强，司马昭、邓艾、钟会等人，不会轻易上当，且放弃险要，纵敌入平，需要冒很大的风险。如处置失当，便会酿成大患。姜维对自己的统兵之才很有自信，但战场之上，局势瞬息万变，后来战局的发展就超出了他的可控范围。这是后话。

第二，魏国国力、兵力远在蜀汉之上，蜀汉全军不过十万，姜维率领的蜀汉精锐兵团也不过四五万人。而魏军若是远征，必然起倾国之兵来犯（后来果然如此，司马昭伐蜀前后用兵十八万），以汉军的兵力很难在野战中歼灭对方主力，而围歼不成，敌军便会长驱直入，后果不堪设想。邓艾不是王经，司马昭更不是曹爽。姜维摆出如此险棋，留下了深深的隐患。

蜀汉后期，良将匮乏，刘禅更是一个只懂享乐的昏君，对军事一窍不通，蜀汉所依赖的只有姜维。后主当即批准了姜维的计划，命汉中都督、镇西大将军胡济率部退驻汉寿，监军王含守乐城，护军蒋斌（蒋琬之子）守汉城。

汉中的地形就是一个被周围群山环抱的大盆地，汉中诸城就在盆地里，而此前汉中的主防御线就设在汉中外围的重重山岭之上，以拒敌于国门之外，当然既然把敌人挡在了外面，自然也就很难歼敌了。

姜维撤去部分外围堡垒，听敌入平，但并非完全不设防，仍保留了黄金堡等重要据点，并在建威、武卫、石门、武城诸地（今陕甘交界地区）设防派兵驻守，阻止魏军由武都、阴平一线入蜀。

姜维踌躇满志，却不知自己的新方案潜藏着巨大隐患，待他意识到自己的疏忽时，已经回天乏术。历史告诉我们，不要轻易否定前人的经验，特别是成功的，魏延、王平就是靠乘高据险，才确保汉中成为牢不可破的金城汤池，可惜姜维百密一疏。

诸葛亮用兵的特点是谨慎持重，先为不可胜以待敌之可胜。先做好防守，不给敌人以可乘之机，然后步步为营，稳中求进，直至取胜。诸葛亮自北伐以来，只有错用马谡败过一次，以后基本掌握主动，连战连胜。

但姜维用兵过于大胆甚至可以说是冒险，这从他的战绩上就能看出来，不是大胜就是大败，他不求稳，只求胜，还要大胜。他要摆出诱敌深入的阵形，可是，他忘了蜀汉的兵力很难支撑起他的过于冒险的雄心。

寿春之役后，司马昭已然完全掌控魏国军政大权，心腹爪牙遍布内外，各地领兵将领大都是他的亲信，司马昭下一步的打算就是篡魏自立，夺取天下。对司马氏来说，最大的敌人在国内，南方的吴、蜀两国不足为虑，如今内患已除，可以安心篡位了。

不过，在这之前，司马昭还需建不世之勋，树立威望。

谁都知道司马昭是凭父兄之势上位的，臣民们对他的能力与水平并未完全认可，之前的寿春之战，虽规模空前，但毕竟是内战，司马昭需要建立新的军功以压服众人，为自己捞取足够的政治资本。对外征伐不可避免地被提上议事日程，先伐吴还是先攻蜀？司马昭选择了后者。

司马昭之所以选择蜀汉作为自己的第一攻击目标，也是遵循那条古老的规律，先弱后强，相对吴国，蜀汉更弱。

但令司马昭始料不及的是，他的伐蜀想法一经公开，即遭到属下的群起反对，只有心腹谋臣司隶校尉钟会极力赞同他的伐蜀之议。

三国鼎立已数十年，大家早已接受了天下三分的事实。况且蜀汉虽弱，但地势险阻、路途遥远，曹操、曹真、司马懿、曹爽几次伐蜀都无功而返，群下的意思很明白，您虽英明神武，但比起曹操、司马懿还是要差一些吧。先人都办不到的事，您就有把握一定能做到吗？

为了说服众人，司马昭给大家分析形势，如先打吴国，势必要修造大批战船、训练水师，这些都耗费时日，旷日持久；吴有长江天险，若想灭吴，必须在水上与之决战。而攻蜀只要派马步军就行了。

司马昭还讲了自己的作战构想以及对敌情的分析判断，他认为蜀汉全国的总兵力也不过九万余人（基本属实），比起吴国还不足半，而且就这些军队，还要分出留守成都、屯戍各地的部队，蜀汉能集中的机动兵力最多也就四五万人。

只要让陇右诸军拖住在沓中屯田的姜维军主力，然后以中央军十万从关中进兵骆谷、斜谷，数道并进，直取汉中。汉中必破，以刘禅的昏庸，边城外破，百姓奔溃，蜀汉必亡。司马昭说得头头是道，属下不得不服（当然也有一些是口服心不服）。

只有一个人从始至终坚决反对出兵伐蜀，而这位高调反战的不是别人，正是姜维的老对头，时任魏国征西将军的邓艾。对此，司马昭也颇感意外。

别人反对，邓艾也反对。别人都顺从了，邓艾还反对。不会看风向也就罢了，还直言犯上，邓艾会有后来的悲剧命运也就不足为奇了。

邓艾在陇右多年，多次击退姜维，在军中颇有威信，因此他的话在魏军中还是有影响的。

这令司马昭很是头疼，因为南下伐蜀，陇右诸军是主力，邓艾这么一搞，令司马昭很被动。邓艾如此不明事理，司马昭只好派自己的主簿师纂去陇右军中做邓艾的司马，令师纂当面对邓艾晓以利害。师纂传达了司马昭的意旨，得知主帅决心已定，邓艾也只能遵命行事。师纂与其说是邓艾的司马，不如说他是司马昭派到邓艾军中的监军更合适。

曹魏景元三年（262）冬，也就是姜维九伐中原不久，司马昭以钟会为镇西将军都督关中诸军，赴长安集结军队，为即将发起的进攻做准备。

与此同时，为了迷惑吴国，司马昭又下令东方的青州、徐州、豫州、扬州大造舟船，制造声势，做出将要渡江伐吴的姿态，令吴军高度戒备，不敢轻易西调援蜀，此举的另一功效也是对蜀汉的麻痹，令吴、蜀两国摸不清魏军的虚实。

曹魏景元四年（263）五月间，除陇上驻军外，魏军各部奉命向关中集结，大军陆续抵达长安。八月，魏军正式出师，大举伐蜀。

魏征西将军邓艾率本部三万人出狄道（今甘肃临洮）向沓中进攻，邓艾的任务就是死死缠住姜维，使其不能回救汉中。

司马昭用邓艾对付姜维，算是人尽其才，物尽其用。姜维、邓艾这对冤家对战多年，这是他们的最后一次交手，此时谁也不曾料到，这两位三国名帅最后都以悲剧结束了自己的人生。

魏雍州刺史诸葛绪奉命领兵三万出祁山，夺取武街（今甘肃成县西北）、桥头（今甘肃文县东南），以切断姜维回汉中的退路。魏镇西将军钟会则率中军精锐主力十万，分别出骆谷、斜谷直取汉中。

从司马昭的战前部署不难看出，不论是邓艾还是诸葛绪，都是给钟会做配角的，钟会才是这次出兵的主帅、主角。但导演司马昭跟主角钟会都想不到已经被指定当绿叶做配角的邓艾会抢戏，不按他们设计的剧本走，而整场战争也因为配角邓艾的抢戏而改变走向。

魏廷尉卫瓘出任此次远征军的监军，此人看似不起眼，但在后来的事变中却发挥了关键作用，几位当事人中只有他得以全身而退。

蜀汉大将军姜维早在去年冬天钟会在关中整军备战时就觉察出了危险。

尽管司马昭、钟会在东南大造声势，但这些伎俩骗不过姜维，近二十万大军云集关中、陇右，这么明显的军事意图，姜维岂能看不出。

姜维上表后主请求派左车骑将军张翼守阳安关口，右车骑将军廖化守阴平桥头，加强汉中的防守，防备魏军进攻。

如果后主刘禅听了姜维的话，就不会有后来的大祸。可惜，这位昏君一向听黄皓的，黄皓又信巫师的，巫师说魏军决不会来，黄皓深信不疑，于是刘禅对姜维的建议置之不理，错失良机，没有及时派兵北上，导致秦岭一线门户洞开。

直到魏军大军压境，刘禅君臣才如梦初醒，急派右车骑将军廖化率军前往沓中接应姜维；再派左车骑将军张翼、辅国大将军董厥等率军赶赴阳安关口，作为汉中各要塞屯堡守军的后援。

关键时刻，刘禅君臣却昏招迭出，下令汉中外围守军不得与魏军交战，守军大部退守汉城、乐城，此举似乎在执行当年姜维的诱敌深入的战略，但此一时也彼一时也，魏军此次兵分几路，近二十万大军，蜀汉不具备围歼强敌的实力，这么做只是敞开大门放敌人进来。

魏魏兴太守刘钦率偏军出子午谷南口，先行攻击汉中，保障主力南下的侧翼安全。魏军东路军十余万人是此次伐蜀的主力，在钟会率领下几乎未遇抵抗，长驱直入，顺利进入汉中盆地。

此时汉中守军兵力很少，姜维主力尚在沓中，成都的援军还在路上。

远水难救近火，面对十余万魏军的进攻，汉军全线陷入被动，只好退保汉、乐二城，固守待援。护军蒋斌领兵五千守汉城，监军王含率兵五千守乐城。将军傅佥、蒋舒守阳安关口。

九月，魏镇西将军钟会率军进入汉中，命护军荀恺率军一万围汉护军蒋斌于汉城，令前将军李辅领兵一万困汉监军王含于乐城。钟会自率主力径行西进，直扑阳安关口。

钟会此举不可谓不高明，兵贵神速。钟会深知顿兵坚城之下，必然耗费时日，二城皆是当年诸葛武侯亲自选址督造，城高池深，一时难以攻下，眼下既已深入汉中，当务之急便是攻取关口，打开入蜀通道，只要攻占阳安关口，汉中指日可下。两座孤城兵少力弱，又处于重兵围困之中，不必与之纠缠。钟会留下围困的兵力两倍于守军，也不用担心后路的威胁。

钟会置两城于不顾，一路急进，杀奔阳安关口。途中路过定军山诸葛亮的墓地，出于对诸葛亮的尊敬，钟会特派专人到墓前祭扫，并下令禁止军士在诸葛亮墓地周围砍柴放牧，违令者严惩不贷。

再说阳安关口的汉军，守将蒋舒原是武兴都督，因不称职被撤换，正巧这时魏军打来，朝廷就让蒋舒协助将军傅佥守城。

蒋舒本就心怀怨恨，见魏军势大，难以抵抗，就动了邪心。

钟会令护军胡烈为先锋率军攻城。守将傅佥遵照命令固守不出。谁知一向怠工的蒋舒这时却一反常态，对傅佥说："敌军兵临城下，岂有不战之理。"坚决要求出战。傅佥说我接到的命令就是固守，若违令出战，万一出击不利，身死是小，恐丧师辱国，误了国家大事。两人各执己见。

最后蒋舒率本部人马出城，傅佥以为蒋舒此去是迎战魏军，可蒋舒到了军前即向胡烈投降，随即充当向导带着魏军返身杀回。守关军士本就不多，又被蒋舒带走不少，力量更弱。傅佥率部拼死抵抗，怎奈寡不敌众。傅佥力战而死，关口陷落。

傅佥之父傅彤随刘备征吴，死于伐吴之役，如今傅佥也为国死难，父子二代尽忠于国，一门忠烈！

东线钟会军轻取汉中，蜀中门户洞开，形势危急。

此时西线邓艾军也对姜维发起进攻。

魏军西路军分为两路，分别由邓艾、诸葛绪统领。邓艾部的任务是牵制沓中姜维军主力与之缠斗使其不得东顾，诸葛绪部的任务是阻断姜维军退向汉中的归路。

魏征西将军邓艾将所部人马一分为三，令天水太守王颀从东面直接攻击姜维沓中大营。陇西太守牵弘从北面在姜维军退路上进行阻击。金城太守杨欣从西面攻击甘松。三面进逼沓中，围攻姜维。邓艾自己率本部人马继牵弘之后，随后跟进。

此时姜维尚在沓中，后人对姜维屯兵沓中不解其意，很多人认为这是姜维的一大失策。其实不然，姜维屯兵沓中有他的考虑，原因还是为了北伐。

姜维之所以选择沓中是因为在北伐后期，他的战略是西攻东守，即在汉中方面取守势，吸引魏军进入，伺机歼敌；在陇右一线取攻势，依托羌、氐，力攻陇右甚至整个凉州。

姜维在最后一次北伐攻狄道不克退守沓中，就其战略而言并未改变，仍在为下次进攻做准备，只是未料这次魏军竟然主动出击，且倾国而出。

受通俗小说《三国演义》的误导，很多人以为姜维前往沓中是避祸。成都方面确实有人想谋夺姜维兵权，但姜维手握重兵身在前线，只要留在前方，在哪里都能避祸，何必一定要去沓中。

其实，姜维去沓中是去屯田，而屯田的目的是为进攻。昔日丞相诸葛亮在渭水南岸屯田，原因就在于，北伐最大的敌人不是魏军，而是漫长而又艰辛的补给线。粮草转运艰难不足以支撑大军的消耗，而就地屯田是最好的办法。

姜维屯田沓中也是为能缩短补给线，更能减轻百姓负担，一举两得。

而沓中不仅是屯田之地，也是汉军北伐的攻击前进阵地。姜维的进攻路线是西面的陇右，沓中地处前线，攻击路线更短，发起攻击的速度也就更快。

汉军北伐，有两个战略方向，一为关中，二为陇右。

从防守的层面说，魏军攻击蜀汉，也是两条进攻路线，一从关中，二从陇右。

以魏国的这次攻蜀来说，钟会率军从关中出兵，邓艾领兵从陇右进袭即是例证。

很多人质疑，姜维得知魏军动向为何不回防汉中而是请成都派兵，因为沓中守护着汉中的西面门户阴平道，这里也是重要防线，也需要重兵防守，防的就是陇右魏军。

姜维既要防阴平也要防汉中。可是，姜维也是人，分身乏术，难以同时兼顾两个方向。而且，姜维也想不到成都的那些反对派那么迟钝，这次纯粹是被猪队友给坑了。

当姜维得知汉中危急，即刻率军回援。毕竟，相比阴平道的西北防线，汉中更为重要。

可是，后来的事情大家都知道，姜维从沓中撤兵，结果阴平道门户洞开。邓艾才抓住机会领兵乘虚而入，从阴平道南下长途行军七百里，偷袭得逞，蜀汉才会亡国。

如果姜维一直率军守在沓中，邓艾就不可能从阴平道过去，自然也就不会发生偷渡阴平的悲剧。但悲哀的是，蜀汉只有一个姜维。

两面都要守，但此时姜维只能二选一，在沓中与汉中之间做出选择。自然，姜维要选汉中。姜维率军从沓中出发，打算经阴平回汉中。

从沓中（今甘肃临潭西南）到阴平（今甘肃文县），需要翻越横亘南北的迭山，有山南、山北两条路可走，即白龙江路线和洮水及其支流路线。

南路沿白龙江向东南走；北路沿洮河支流到达今岷县，转入今迭藏河流域，过分水岭进入宕昌县的岷江，通过甘肃宕昌县岷江河谷进入白龙江。

南路较短，但道路崎岖。北路虽远，但地势平坦，利于大部队机动，此时进攻甘松的杨欣部已陈兵北路。邀击姜维的牵弘部，以及邓艾本部人马也都集中于北路。

急于回军的姜维只能选择南路，以便迅速摆脱邓艾等人的纠缠，回救汉中。

受命直接攻击姜维的王颀部，与从甘松而来的杨欣部尾随追击回撤的汉军，一路追到强川口（今白龙江源头），与姜维率领的汉军展开一场混战。姜维部将赵云的儿子牙门将赵统于此役阵亡，战死沙场。赵统虽非名将，但尽忠为国，力战而亡，亦不负名将之后。

激战过后，姜维率军突围，一路到达阴平，这时他才发现魏雍州刺史诸葛绪已经抢先一步屯兵桥头，堵住了他的归路。

桥头在今甘肃文县东南玉垒、碧口之间，白水江入白龙江处，距阴平不远。诸葛绪军之所以屯兵桥头而不屯阴平，是因为姜维军到阳平关并不必然经过阴平，却必经桥头。

姜维见诸葛绪挡住去路没有直接去攻桥头，而是带兵进入孔函谷，扬言从北道进攻雍州。诸葛绪怕后路有失，急忙率军后撤。

姜维带兵入北道走了三十里，确知诸葛绪中计后，立即前队变后队，率军去而复返杀散留守的魏军，顺利通过桥头。等诸葛绪发现上当，再回军阻截时，姜维率军早已过去多时了。

西路军邓艾、诸葛绪所部六万人前堵后追，还是没能拦住姜维，相比于轻取汉中的钟会，这两人显然是失职了，没有完成战前的预定部署。

姜维略施小计摆脱了追兵，正要去救汉中，却传来汉中失守、傅佥阵亡的消息。姜维只好率军退往白水关，在这里遇到了张翼、廖化、董厥等人率领的姗姗来迟的援兵。虽然这几人一向反对姜维，但大敌当前，也只能捐弃前嫌、共赴国难。

两军合兵一处退守剑阁天险，希望凭借险关挡住钟会大军。

钟会攻占汉中后率军沿金牛道南下，经七盘岭、朝天驿进抵剑阁。自秦代以来入蜀皆走此路。诸葛亮治蜀时，对蜀中防务早有部署，即守蜀必守金牛道，守金牛必守剑阁。

剑阁关所在的大、小剑山绵延数十里，山势陡绝险峻，险要处只能容一人通行，可谓一夫当关，万夫莫开。钟会到了剑阁，终于尝到了"蜀道难，难于上青天"的滋味，面对居高临下的汉军，魏军只能抬头仰攻，而迎接他们的则是守军射下的箭雨、投下的飞石，魏军强攻受挫死伤惨重，只能望关兴叹。

面对姜维的严密防守,一向足智多谋的钟会也黔驴技穷,只好展开政治攻势,写信劝降。姜维连看都不看。

汉军列营守险,魏军前进不得。战局至此开始朝着对蜀汉有利的方向发展,姜维知道钟会远道而来,不能久留,到时只要等魏军粮尽退军,自己就可率军出关掩杀,一举收复失地。

姜维把主要精力都用来对付正面的钟会,却忽视了老对手邓艾的去向。邓艾没能阻挡住姜维,眼看钟会攻下汉中立下大功,他也不甘人后,特别是当钟会在剑阁关下停滞不前、一筹莫展之时,邓艾觉得他的机会来了。

邓艾想出了一个更为大胆的作战方案,绕过姜维重兵设防的正面,而从西北偷渡阴平,经汉德阳亭直取涪城。因为涪城是蜀中重镇,蒋琬曾设营于此,涪城水陆四通,是连接汉中与成都的枢纽,乃兵家必争之地。

邓艾的设想是亲率一支精兵从人迹罕至的阴平直插蜀中腹地,长途奔袭,避实击虚,翻越崇山峻岭,孤军深入,这样虽然冒险,但一旦成功,就可切断剑阁守军与成都的联系,令其首尾不能相顾,北上可与钟会南北夹击姜维,南下可直逼成都。到时姜维若回兵去救成都,剑阁势必空虚,若不去救,将坐视成都被攻,进退两难。

邓艾邀诸葛绪与自己一起进兵。诸葛绪不愿跟着邓艾,他以自己受命阻击姜维,不敢擅作主张为由拒绝了邓艾,领兵前往白水关与钟会汇合。谁知钟会早就想吞掉诸葛绪的部队,以便将西征军尽数纳入自己麾下,就密奏司马昭,说诸葛绪畏敌不进,应予严惩。司马昭正倚仗钟会,加上之前诸葛绪又放跑了姜维令其从容退守剑阁,没能完成阻击任务。于是,司马昭下令将诸葛绪押回京师受审，所部三万余人归钟会调遣。

邓艾决定经阴平入蜀，虽是冒险，但也是不得已而为之，入蜀之路只有金牛道与阴平道。

钟会十几万大军受阻于剑阁，他邓艾手下区区数万人马，去了也于事无补，此其一。其二，邓艾在陇右征战多年，战绩彪炳，而钟会此前从未领兵，资历浅薄，让一位年近七旬的老将受制于一个得宠一时的贵胄公子，邓艾内心极为不满，因为军队是最讲资历的地方。

邓艾出身寒微，而钟会乃世家名门，两人年龄、出身迥异。邓艾不愿与钟会为伍，决定另辟蹊径，夺取入蜀的首功。

阴平古道以今甘肃天水为起点，经甘肃礼县、宕昌、武都至文县，在文县分出两条路，一条从文县循白龙江至碧口入川，进入青川县境后到达平武；另一条则从文县东南经丹堡、刘家坪，翻越摩天岭后入川，直达平武。

景耀六年（263）十月，邓艾与儿子邓忠、司马师纂带领精兵一万进入阴平七百里无人区，这里地广人稀，山高谷深，极为荒凉，很多地方根本就没有路。邓艾只好令兵士凿山填堑、伐木造桥，一路艰辛异常，因为道路崎岖难行，部队时常断粮。

尽管如此，邓艾还是很走运，阴平古道上的第一道险关花石峡险峻不逊剑阁，诸葛亮曾在此地设花石关派兵驻守，可惜后来被刘禅废弃，要不是刘禅昏庸，姜维大意，邓艾就算到了这里也飞不过去。

花石峡有大、小之分，大花石峡自北峡口起，向南止于岷江汇入白龙江的两河口，全长五十里，峡内谷深流急、山石巍峨、道路险峻。而小花石峡是大花石峡的其中一部分，但也是最险要的一段，虽然长度只有五里，但涨水时，由北而来的岷江会像一条发怒的巨龙冲入小花石峡中，拍岸击石，翻腾咆哮。

邓艾令兵士在崖上修筑栈道，并在花石峡口以西岸岩石为墩，修造桥梁，费了一番周折渡过岷江。由于桥是邓艾父子主持建造的，后人便取名"邓邓桥"。今天，在附近的悬崖绝壁上，还可以看到当年邓艾父子指挥修建的许多古栈道石孔及木桩遗迹。邓邓桥北峡口外的山谷里，还有一个村庄叫邓邓桥村，据说那里是邓艾留下的守桥士兵的兵营。

邓艾军循岷江而东经文县，来到了著名的险崖坝栈道。险崖坝栈道相传为姜维主持修造，栈道位于武都县城东四十里，西起笼幢沟，东至固水村，全长四里，是世界上使用时间最长的古栈道。今天尚存的古栈道遗址凌空架于悬崖之上，依山势而变化，结构多样，险峻异常。最险要的一段为"天柱式"结构——有三百多米的悬崖因无法立柱或斜撑，仅在崖石中凿洞插入横梁，铺设木板而成，人行其上震颤不已，抬头则危崖碰额，俯首则见滚滚白龙江奔腾于脚下。

过了险崖坝栈道，不远便是阴平桥、玉垒关。阴平桥横跨两座对峙的山头之上，玉垒关则立于阴平桥头。关下是万丈深谷，桥头乃险关要隘，因而这里在历史上被称为"陇蜀咽喉"，与剑门关齐名。唐代大诗人杜甫有"玉垒浮云变古今"的吟咏，而"玉垒"指的正是玉垒关。

古阴平桥为伸臂式廊桥，在三国时代是玉垒关唯一的渡桥，站在桥上举目四望白水江和白龙江两江相汇，川泽气蒸，望如云海。

既然阴平桥与玉垒关如此险峻，那邓艾又是如何过去的呢？

答案是邓艾根本没走阴平桥。

邓艾放弃了阴平正道，而选择了更为艰险的山路——翻越被视为鬼门关的摩天岭。

可以看出，邓艾以七十岁的高龄敢玩极限攀岩，为博功名有多拼。

摩天岭位于川甘交界处，海拔2227米，是阴平道上最险恶难行之地。北坡山势相对平缓，从这里爬上去也比较容易，可上山容易下山难，如果说北面还有路可上的话，南面几乎到处是峭壁悬崖，无路可寻，人到了这里，往往前进不得，归途中很容易在原始森林中迷路，被困死在山里。

但一路历尽艰险的邓艾军到了摩天岭已经没有退路，退回去是不可能的。于是，邓艾用毛毡裹住身体，把心一横，带头朝山下滚去，众军见主将身先士卒，也纷纷仿效，不顾死伤往下滚，很多人跌得头破血流，甚至命丧于此。邓艾这等于是逼着士兵们跟他一起玩命。人活七十古来稀。反正他是活够本了，剩下这条老命，赢了，功成名就；输了，也有优待。总之，他是豁出去了。

邓艾不仅把自己的老命豁出去，连带着也把部下们的命也豁出去了。

邓艾军不计伤亡九死一生终于翻过摩天岭，前面便是江油城（今四川平武东南）。

邓艾军突然出现在蜀中腹地，令江油守将马邈大惊失色。蜀汉兵力本就不多，此时要么守在剑阁，要么集于成都。江油小城，并无多少守军，马邈也无心抵抗直接开城投降。疲困已久的邓艾军不费一兵一矢进入江油，获得了喘息之机。

江油为涪城北面屏障，山道险峻，两岸尽是峭壁悬崖，刘备曾于此设关尉戍守。后主刘禅时将军队调走，这时酿成大祸。

魏军偷渡阴平小道，深入蜀中，令成都的蜀汉君臣震惊不已。刘禅惊慌失措。诸葛亮之子卫将军诸葛瞻临危受命率京师诸军北上迎敌，诸葛瞻的长子诸葛尚也随军出征。

此时蜀汉的精兵勇将大都在姜维麾下，姜维兵团属野战军，是蜀汉战斗力最强的部队，长年在外征战。其次则是张翼、廖化率领增援汉中的部队，眼下这些主力部队都在前方，成都已无兵可派。诸葛瞻率领的是蜀汉最后的可用于作战的部队，跟随诸葛瞻出征的都是一些未经战阵的功臣子弟，如尚书郎黄权之子黄崇、李恢的侄子羽林右部督李球、张飞之孙尚书张遵等，因为有经验的都已经上前线了。

诸葛瞻率领的这些功臣子弟虽年轻有为、满腔热血，但明显缺乏作战经验，统帅诸葛瞻自己之前也从未有过领兵打仗的经历，这么一支仓促组成的队伍去与骁勇悍战久经沙场背水一战已经没有退路的邓艾军对阵，实在令人担心。

两军战力强弱悬殊，而关键时刻，缺乏军事经验的诸葛瞻又犯了一个致命的错误——听敌入平，未及时据守险要将邓艾军堵在山险之地。

诸葛瞻率军到了涪城就停滞不前。尚书郎黄崇劝他应迅速抢占有利地形，不要把邓艾放进平原，可诸葛瞻却犹豫不决，眼见情势紧急，黄崇最后是哭着劝说的。可惜，诸葛瞻听不进去，错失良机。

邓艾率军长驱直入，击破诸葛瞻的前锋部队。败报传来，诸葛瞻没有选择北上，而是率军退守绵竹。

邓艾一路进到绵竹，还未开战，先派人送来了一封劝降书。邓艾在信中表示，只要投降就封他做琅琊王。诸葛瞻当即大怒扯碎书信，将邓艾的使者斩首示众，以示自己死战的决心。

邓艾确实有点自作多情，擅作主张，他也不过是个征西将军，有何权力封王。邓艾见劝降不成，令儿子邓忠、司马师纂兵分两路夹攻诸葛瞻，却遭到汉军的顽强抵抗。两人大败而回，向邓艾诉苦，说蜀兵太强，很难打。

邓艾勃然大怒，说：我军远来，存亡在此一战。胜，可取成都，建不朽之勋；败，则父子二人与数万将士死无葬身之地。邓艾发下话，你们要么回去接着打，要么我现在就砍你们的头，邓忠、师纂见主帅震怒，深知邓艾脾气的二人不得不杀回去跟诸葛瞻拼命。

凉州兵本就骁勇，加上已经没有退路，拼死冲锋，在邓忠、师纂的率领下，向汉军猛攻。野战军与内卫部队的巨大差异，沙场宿将与白面书生的较量，很快就有了结果。

诸葛瞻与他率领的"青年军"的第一次出征也成为他们的最后一战。主帅诸葛瞻战死沙场，随他一起为国捐躯、殒命疆场的还有其长子诸葛尚，以及黄崇、李秋、张遵等一干文武，这支临危受命仓促成军的队伍最终没能挽救蜀汉的危亡，却以最壮烈的方式进行了最后的抵抗，他们虽未成功，却尽了自己最大的努力，最终以参战主将几乎全部阵亡的惨败而结束。

疾风识劲草，国乱显忠臣。

蜀汉殉国的名臣名将之后有：傅肜—儿子傅佥、赵云—儿子赵统、诸葛亮—儿子诸葛瞻—孙子诸葛尚、黄权—儿子黄崇、张飞—孙子张遵。

绵竹之战后,邓艾攻占绵竹,成都近在眼前。

诸葛瞻兵败身亡的消息传回成都,刘禅君臣慌作一团,不知如何是好。成都乃一国之都深在蜀中,即便前方战事频告失利,蜀汉朝廷也认为成都距敌尚远,全然不做防备,直到诸葛瞻兵败,邓艾即将兵临城下,这才慌乱起来,但为时已晚。成都及附近的百姓听闻魏军已入平地,就要杀奔成都而来,纷纷出逃,或南下,或躲入深山,以繁华著称的通都大邑成都转瞬间逃散一空,官吏禁止不住,甚至也随着逃难的人流涌向城外躲避兵灾。

此时的刘禅彻底蒙了,诸葛瞻已经将京师能调动的军队大部带走,如今成都要兵无兵,要将无将,百姓逃散,成都眼看不保。刘禅无奈只好召集群臣商议对策,可眼下的形势,群臣也无计可施,君臣面面相觑,呆若木鸡,商议来商议去,有人提出既然成都守不住,不如去南中避难,南中七郡地势险远,可以固守。也有人建议东下投奔吴国。

刘禅一时拿不定主意,这时光禄大夫谯周站出来反对。他既不主张南下,也反对东进入吴。谯周有他的理由。谯周说自古以来没有寄居他国的天子,陛下一入吴境便是人臣,何况按大吞小、强灭弱的常势,吴国早晚要被魏国所灭,与其投吴,不如降魏。

南逃,谯周也极力反对。谯周说南中叛乱无常,对朝廷本就心怀二心,当年丞相亲征,才迫使南人归附,但南人屡降屡叛。现在我们君臣落难,难保他们不生叛心,一句话,南人不可靠。

尽管谯周费劲唇舌,刘禅还是打算跑。这时,谯周又说,陛下要去南方应早做准备,眼下人心已散,城中官民早已逃窜一空,臣恐陛下您一出都城大门,侍从左右就会一哄而散,到时您可就真成了孤家寡人,如何能到南方?

刘禅被谯周的一番话说得哑口无言,平心而论,刘禅与群臣并非不想投降,可邓艾随时都可能攻破几乎不设防的成都,他们担心的是邓艾不肯接受他们的投降。

谯周为了打消刘禅的顾虑,表示如果邓艾对陛下您无礼,臣愿舍命与之据理力争。刘禅这才决意投降,并派张飞之子侍中张绍、力主投降的光禄大夫谯周、驸马都尉邓良北上洽降。

北地王刘谌坚决反对投降,主张父子君臣背城死战,战斗到底,决不降魏。刘谌苦劝其父,但刘禅一心保命,全然不做理会,失望至极的刘谌跑到刘备庙中大哭一场,随后自杀。

再说张绍一行奉命北迎邓艾,在雒城(今四川广汉)遇到魏军。张绍说明来意,邓艾大喜过望,这下他可夺了灭蜀的头功,将钟会小儿远远甩在后面。

邓艾当即传令,加快行军速度,向成都方向急进。

待邓艾大军来到成都郊外,刘禅派尚书郎李虎奉上蜀汉户籍典册,当时蜀汉全国登记在册户口共计二十八万户,人口九十四万人,另有军队十万二千人,官吏四万。

刘禅随即率太子刘璿及文武官员共六十余人,反绑双手,抬着棺木("面缚舆榇"表示接受诛杀),前往邓艾大营请降。邓艾亲自为刘禅解开绑绳,并下令焚毁棺木,表示接受刘禅的投降。

受降仪式结束,炎兴元年(263)十一月,邓艾率军进入成都,蜀汉亡国。